社会づくりとしての学び

信頼を贈りあい、当事者性を復活する運動

牧野 篤——[著]

東京大学出版会

Learning: The Movement to Create Community
and Strengthen Society
Atsushi Makino
University of Tokyo Press, 2018
ISBN978-4-13-051338-8

はじめに　学ばずにはいられない私たち

人間と人間社会に対する信頼

名古屋外国語大学学長の亀山郁夫さんは、二〇一五年度卒業式（二〇一六年三月二一日）の式辞[1]で、サン＝テグジュペリの『人間の大地』を取り上げ、この本の中でサン＝テグジュペリが触れている同僚パイロットのアンリ・ギヨメのエピソードを紹介している。

ギヨメは飛行機の墜落事故で遭難するが、彼は零下四〇度にもなるアンデス山地を越えて、最後には救出される。このとき、ギヨメは心が挫けそうになるたびに妻ノエルを思い浮かべて、気持ちを奮い立たせたのだという。ギヨメはいう。

「僕が一番苦労したこと、それは考えるのを止められないことだった。……頭の中がタービンみたいに回転し続けるんだ。」[2]「希望はまったくない。とすれば、これ以上苦しみつづけることに何の意味があるだろう?」[3]

意味にとらわれ、自分の生が無意味だと思えてくる状況下で、ギヨメがとった行動は、「救いをもたらしてくれるのは、一歩踏み出すことだ。一歩、また一歩。同じ一歩を繰り返して……」[4]だった。

そしてギヨメが救助され、仲間が奇跡だと涙にむせんでいるとき、彼が最初に発した言葉は、こうだったという。

「誓ってもいい、僕がしたことは他のどんな動物にも真似できない。(5)」

このエピソードからサン＝テグジュペリは次のような真理を導いている。

「人間であるということ、それはとりもなおさず責任を持つということだ。自分のせいではないと思えていた貧困を前に、赤面すること、僚友が勝ち取った栄冠を誇りに思うこと、自分に見合った石を積むことで、世界の建設に貢献していると感じることだ。(6)」

ここから亀山さんは卒業生たちにこう語りかけている。

「とても大切だと思うのは、他者そして世界に対するゆるぎない信頼です。生きてある友や仲間たちの誠意、真摯さを信じ切るという態度です。そしてその信頼の底に横たわっているのは、人間はともに生きて世界にあり、世界から孤立しては絶対に生きられないという運命共同体の意識です。この認識に立てば、もはや、同僚や仲間たちの成功を羨むことなく、これを素直に喜ぶことができるようになり、翻って、一個の小さな石にすぎない自分が、世界にとってはかけがえのない存在であるという自信をもつことができるのです。」「サン・テグジュペリは、言外に、人間と人間社会にとって、信頼こそがすべてと言っているかのようです。(7)」

「生きて帰る」このことそのものが、人間としての責任なのだ、その基礎には、後付けの意味などではない、人間と人間社会に対する揺るぎない信頼が存在していると、亀山さんは卒業生たちに語りかけたのだ。

偶然だが、亀山さんのおっしゃっていることに通じるものがあるようにも思う。

学ばずにはいられない私たち

ここまで格調高くはないが、筆者は、同じ年の自分の大学の卒業式の謝恩会で、次のように学生たちに語りかけた。

――来年度から、近くの大学で生涯学習論を非常勤で教えることになりました。シラバスを書いて送ったら、学長からメールが来て、書き直せ、と。このシラバスには、「この授業を受けたら、こういうことがわかる。この授業を受けると、こんないいことがある」こういうことが書かれていない。これでは学生の学習指針にならないし、評価できない。学生たちが、この授業を受けることにどんなよい効果があるのかわかるように書き直せ、と。そこで、仕方がないので、「授業の目標」というところに、こう書き加えました。「この授業を受けると、学問や教養とは、学長がいうような功利的なものではないことがわかる」と。それを送ったら、事務長からメールが来ました。めんどくさいなあ、と思ってメールを開いたら、こう書かれてありました。「おっしゃるとおりです！」ああ、この大学は、まだしっかりしているなあ、と思いました。

私は、この事務長は知性的な人だと率直に思いました。そして、これは市井の人々の感覚なのではないか、とも思ったのです。

学ぶのは、何か功利的なことがそこに待っているからではありません。学ぶことで、人格が高まるということも、実感できるわけではないでしょう。でも私たちが学ばないではいられないのは、学ぶことで、自分が人を信じられるようになる。自分にこの知識を届けてくれた先人たちに思いを致し、また自分がこの知識を受け渡していくまだ見ぬ世代に思いを馳せ、自分がこの社会と歴史を構成しているということが感じられるからではないでしょうか。それはまた、この世界に信を置くことができるということでもあります。

そのことは、自分がこの世界に「場所」を占めて存在しているし、その存在を認められていると思えるということです。それはまた、自分に信を置くことができるようになるということです。そしてそれは、すでに逝ってしまった先人たちと、まだ見ぬ次の世代への想像力によって支えられているのではないでしょうか。学ぶことで、この想像力が自分の中から湧き出てくるということなのではないでしょうか。そのことで、自分をこの世界に位置づけることができ、人を真正面から見つめることができるようになるのではないでしょうか。

これから社会に出、また大学院に進学する皆さんには、学び続け、人を信じ、自分を信じて、社会に自分の「場所」をつくりつづけて欲しいと思います。――

このように語りかけても、反面、人を信じられなくなるような状況が社会でつくりだされ、誰もが同じように不安を感じていることに変わりはない。それに対して多くの人々が憤りを抱いているのに、それがどんどん悪化していくように思われてならないのはどうしてなのか、それこそ不安でならないという思いも抑えることができない。この社会のありようはまた、「学び」を貶めようとする社会の雰囲気として表出しているのではないだろうか。しかも、それを声高に喧伝する風潮があるようにも思われる。それは、大学におけるいわゆる文系の学問や教養を役に立たないといって切り捨てようとする、この国のリーダーを自任する人たちの姿と重なってくる。

しかしまた、社会よりももっと小さな、この社会のさらに基層のところで、人々は新たな信頼を紡ぎ、活発に動き回ることで、多重の層《レイヤー》で構成して、生活の喜びに溢れた、価値豊かな、成長や拡大ではなく、豊穣性を基本としたコミュニティをつくりだし、そのコミュニティでこの社会の基盤を覆おうとし始めてもいる。これこそが「学び」の営みである。

社会の当事者となる

また、自分の研究室が主宰した社会教育に関する会合で、筆者は次のように述べたことがある。

――少子高齢化、人口減少といった社会の変化に対応して、過去のイメージにとらわれず新しい社会を構想していかなければならない時代に入っている反面、社会が流動化する中で生活に不安を抱える人々も増えています。さらに、貧困、孤立といった問題が人々に降りかかっており、大きな社会的な問題が発生したときには、人々が個人として対処し、またその結果に責任を負わなければならなくなっています。加えて、首都直下型地震も起こるといわれています。他方、東京においては二〇二〇年にオリンピック・パラリンピックが予定されていて、すべての人が活躍できる社会づくりが求められてもいます。こういう状況において、一人ひとりが主役になれるような社会をどうつくっていくのかを考えていきたいと思います。

次の東京オリンピック・パラリンピックの頃には、東京の高齢化率が二三パーセントになり、その五年後には東京でも人口減少が始まるといわれています。人口減少が始まると、東京はいまの社会構造のままでは、脆弱ではないでしょうか。

年金問題も七五歳から年金を支給することにすると、財政は楽になります。確かに、高齢者の肉体年齢は若返っているといわれています。一〇年前と比べて、生理的に一一歳ほど若返っています。今年、六五歳の人の身体は二〇〇七年の五四歳の人の身体と同じくらいだといわれます。頭はどうかというと、短期記憶は衰えますが、言語処理能力や問題解決能力は向上し続けます。いまでは、外部記憶装置が発達しているので、短期記憶の衰えはカバーできます。これからは、むしろ言語処理能力や問題解決能力が重視される社会がやってくるといわれます。

ところでいま、ＩＣＴが重視されています。しかし、ＩＣＴの安易な利用は、考えものではないでしょうか。ＩＣＴは私たちのイメージを「見える化」してくれる便利な技術ですが、それはいわばイメージを二次元、三次元にして、視覚的・感覚的に触れられるようにするということです。ところで、私たちは言語を用いて高次元なイメージをつくりだし、それを交換することで日常生活を送っています。単に目で見て、感覚で感じる以上に、言語でものごとを理解するのです。ですから、安易な二次元、三次元化は、かえって低次元な認知活動へと日々の生活を枠づけしてしまう危険があります。それは、わかりやすさにつながりますが、言語を介した、お互いに想像力で結ばれた、粘り強いコミュニケーションを阻害し、かえって人々を孤立させることにならないでしょうか。そのことで、人々の認知機能が落ちる心配はないのでしょうか。これからは、言語能力を向上させ、そのことが個性化へとつながっていく社会を目指す必要があるかと思います。

私が勤務校で教員を兼任している高齢社会総合研究機構では、高齢社会を研究していますが、誰もが、高齢者を問題とみなして、その問題だけを研究することに疑問を持っていません。日本のような超高齢社会でも、六五歳以上の高齢者は最高で四割ほどになり、その後は減少すると予測されています。六割の人は高齢者ではないのです。高齢社会に生きる子どものことを研究しなくてよいのか、というのですが、あまりピンとこないようです。

なぜなのでしょうか。それは、私たちがいまだに過去の拡大再生産の価値観の中で生きているからではないでしょうか。拡大再生産の社会の価値観からは、いまの社会、とくに少子高齢・人口減少という社会は問題ばかりに見えてしまいます。しかも、拡大再生産の価値観の枠組みは、国を単位にしています。ですから、国というシステムが前景化して、そのシステムを維持することに汲々としてしまうことになっているのではないでしょうか。

もう、日本という国全体で考えるより、自分の生きているコミュニティを足場にして、生活のあり方を考える方がよいのではないかと思います。生活のあり方や相互に存在を認めあう関係のあり方を具体的にイメージしていくことが大切だと思います。そうすることで、子どもも高齢者も含めた、すべての人が社会のアクターになれるのだと思いますし、それは社会のあり方を私事（わたくしごと）としていく、つまり社会の当事者となるということです。

——

ここで課題化されてくるのが、「学び」のあり方である。高齢者を問題と見なし、その解決を模索するという論理ではなく、むしろすべての人々が人生を謳歌できるような社会の仕組みをつくりだしていくことを考え、そのためにも、人々が学び、自治的にこの社会を治めていく方途が検討されなければならない。

社会をつくる学び

さらに、筆者は次のように続けた。

——学びあうことで、何をつくっていこうとするのか。このことを、少し考える必要があります。教育という枠にとらわれすぎず、社会教育という概念の翼《ウイング》をもっと広げてはどうでしょうか。それは、権利論とかかわります。

これまでは、住民が、一般行政つまり権力に対して、介入されない権利を主張しつつ、行政サービスを求める権利を行使してきました。しかし本来、「自治」というのは、このような自由の権利だけではなくて、みんなで一緒にこの社会をつくっていく権利、つまり受け身の主体ではなくて、もっと能動的な主体としてこの社会をつくり、その社会を生きる権利によって、実現していくものではないでしょうか。その権利は、常に私たち自身によってつくりだされ続けるものとしてあるのではないでしょうか。そのためのベースは社会への信頼と他者への想像力です。

自分たちで、まちをつくっていく意識を持ち、行政を「学び」化していくことが求められるのだといえます。住民が要求するだけでなく、行政に対して提言し、自らその提言を実現しようと動き、社会をつくりかえ続けること、そういうことによって行政負担も減るし、自分が構想したことを実現していく楽しさも得られる、こういうことなのではないでしょうか。そういう楽しさがあり、多様性のある、想像力に定礎された、人々が信頼を贈りあう「小さい社会」をたくさんつくっていくこと、このことが求められているのだと思います。

そのためには、そのような営みを担う専門職の役割が大事になります。たとえば、社会教育主事は、指導助言という上から目線の役割を担うのではなく、人々の間に入り込んで、言葉にならない声を聞き取って、それを言葉にして、お返しし、住民の間に対話と学習を組織することができる専門職であり、さらに住民自身ではどうにもできない問題を、行政課題へと練り上げて、行政がきちんと人々の生活の基盤を支えることができるようにする、人々の生活にかかわる専門職、そういうものに組み換えられる必要があります。

また、少子化は決して悪いことではありません。子どもを産みたい人が産めない社会であることは問題ですが、本来、少子化は私たちの先達が、子どもがきちんと大きくなれる社会をつくってきたことの結果としてあるものです。過去の多産多死の時代から、多産少死、少産少死の社会へと、人間社会は移行してきたのですが、この過程で、人々は社会への信頼感を高め、子どもをたくさん持たなくても大丈夫だということを学んだ結果が少子化なのです。いまから一〇〇年前の日本では、毎年二〇〇万人ほどの子どもが生まれていましたが、一歳になれたのは一六〇万人でした。二割の子どもが一歳になれなかったのです。それが、子どもはそのまま大きくなるものだと思えるほどに、栄養も、医療も、衛生も、どれもがきちんとしている社会をつくってきたのです。ですから、たくさん産まない社会になったのです。

その上でしかし、少子化が問題となっていて、拡大再生産の価値観を下敷きにして、国というシステムを前提にしていると、どうしても、出産を強制するという議論になっていってしまいます。もっと小さいコミュニティで考えたらどうでしょうか。たとえば、一三〇〇人のコミュニティなら、このところ、一年に一〇人生まれています。それを一三人にしたい、そうすれば二〇六〇年になっても国は一億人を確保できるという話です。あと三人、子どもを産みたい人がいたら産み育てることができる社会を、それぞれのコミュニティでどうつくったらよいのか、具体的に考えることができるのではないでしょうか。そこでは、小さなコミュニティにある顔の見える関係にもとづく信頼が大切になります。

自分が生きている足場を見つめながら、どうこの社会に参画し、また社会を組み換えていくのか、「学び」のあり方がいま、問われています。新しい「学び」と「社会」をつくりだすのは、私たち自身です。——

「見とどける」ものとしてある

「答えの無い教科。それが「道徳」の「答え」なのではないでしょうか。(8)」

道徳の教科化について、一二歳の少女・神谷瑞季さんはこう問いかける。そして、こうもいうのだ。「郷土を愛するというのは、そこに昔から、そしてこれから生まれ育っていくものを見とどけることなのではないでしょうか[9]」と。

彼女は、道徳の授業が好きで、教科になってくれるのは嬉しいけれど、それが考え方の枠をはめてしまうようなものであったなら、道徳ではなくなってしまう、そういう「少なからず答えのある「道徳」は、子どもには必要ない[10]」ときっぱり主張する。

きっと神谷さんは、小学校の道徳の授業で、こういうものの見方を学び、自分がこの社会で、先人たちから生を受け、存在を先人たちに負っていながら、次の世代への責任を負っている、そういう感覚を郷土を愛するということとして、日頃の生活の中で、育んできたのではないだろうか。

民主主義国家の一員として、フィクションである社会契約を結んだとされた後で、そこに、私に先んじて〈わたしたち〉としての〈わたし〉が存在していなければならず、そのことを〈わたしたち〉の〈わたし〉として認識せざるを得ないという、当為の存在として、自分を私たちは発見し直している。それはとりもなおさず、自分がこの社会に生きているということ、存在の場所を占めているということそのものが、〈わたしたち〉という他者でありながら自分である、他者と不可分な関係態としての私に負っていること、そしてそれは「いま、ここ」でということの他に、歴史的にも、私の存在は〈わたしたち〉に負っている、つまり先人たちに負っていて、私は〈わたしたち〉としてその負債を次の世代に向けて返済し、かつ自分を〈贈与〉しつづけなければならない、つまりこの社会で生まれ育つ人々や物事を見とどけなければならない、そういう存在として、ここに生きているということ、そういうことを示している。

それはまた一般意志の議論と重なるものである。そうであるからこそ、この社会は持続可能なものとして、そして常に〈わたしたち〉の不可分な意思である一般意志によって確認されながら、次の世代へと手渡されていくことになる。それは、薄っぺらな日本の伝統云々という徳目や価値で語ることのできるようなものではなく（神谷さんも、「和菓子屋」や「和楽器店」は、「パン屋」や「アスレチックの遊具で遊ぶ公園」に比べてほとんど見ません、と論破している通り）[11]、切れば血が出るような切実な生活の営みから生まれる、〈わたしたち〉という存在の感覚であり、根拠でもあるものである。

神谷さんは、その小さな身体で、日々を豊かに過ごすことで、こういう感覚を、つまり人としてこの社会に他者とともに生きているし、生きていこうとし、それを次の世代につなげようとする、このことの豊穣さを育んできたのではないかと思う。それを、彼女は「見とどける」というのである。

良心の自由と権力

このような子どもが育っているということは、この社会に希望を感じさせる反面で、しかし、筆者にある種の不安をもたらすものでもある。それは、彼女が毎日の生活を、情緒豊かに送っているからこそ、このような郷土への愛を感じ取り、道徳の枠づけに疑問を抱く、〈わたしたち〉つまり一般意志の感覚を身につけたのだとしたら、むしろおとなたちも含めて、そうではない人々、そのように自らのからだを他者との「間」に感じ取りながら、他者との関係を豊かに生きてはいない人々は、たやすく、昨今の日本の伝統云々の議論に絡め取られてしまうのではないかと思うからである。

政府は、教育勅語を憲法や教育基本法に反しない範囲で教材として使うことを認めるとの答弁書を二〇一七年三月に閣議決定した。とくに徳目に触れた部分の、前半部分の人としての道徳・規範は普遍的なものだから、教えても構わないのではないかという考えのようである。しかし、きちんと教育勅語を読めば、前半部分の道徳・規範と中段の国家の法制度の遵守、そして最後の「一旦緩急アレハ」天皇のために命をなげうって皇室国家のために尽くせ、という部分は、それぞれが独立しているのではなく、人としての道徳や規範（いわば普遍）が、皇室国家の法制度（いわば特殊）を媒介として、君主（いわば個別）のために命をなげうてという、疑似血族制度に立脚した立憲君主制へと収斂する構造を持っていることは明白だといわざるを得ない。いわば、システムを維持するための個人のあり方が述べられているのだといえる。それは、道徳・規範から、近代社会の基本である自立や自治が排除されていることからも明らかであろうし、すべてが最後の部分「以テ天壌無窮ノ皇運ヲ扶翼スヘシ」へと「以テ《かくし》（その結果）」によって回収されていることから見ても否定できないのではないだろうか。

近代ヨーロッパの国家と個人の関係に通じていた井上毅は、立憲主義の国で君主が国民の良心の自由に干渉してはならないと主張し、教育勅語原案の宗教色などを排除した草案を起草し、さらに教育勅語への署名を拒否したとされる。その結果、勅語は国務大臣の副署を欠くことになり、国務にかかわる法令・文書としてではなく、天皇個人の言葉として出されざるを得なかったという歴史を持つこととなった。国家権力が個人の内面に介入することは、近代立憲国家としてはあってはならないことだと、井上には認識されていたのであり、それを受け入れるだけの見識が当時の政府にはあったのだといえる。

人として分かつことのできない〈わたしたち〉

教育勅語の構造を担うのが、地縁社会がつくる国家の血の論理である。そして、ここで思い出すのは、同じ血の論理であっても、血縁社会である台湾の人々の教育勅語の受け止めである。筆者が、植民地時代に日本の教育を受けた台湾の人々へのインタビューを重ねていたとき、皆さんが異口同音にいうのは、当時の小学生にとっての教育勅語のわかりにくさであった。学校の先生がとても優しく、熱心に教えてくれた、懐かしい、そういう話をしながら、こうもいうのだ。(12)

「牧野さん、私、教育勅語、暗唱できますよ。うみゆかば、も歌えます。でも、勅語、難しかったね。お父さんお母さんを大事にしましょう。きょうだい仲良く、夫婦も仲睦まじく、友だち同士信頼して、わがままはだめ、これ、とても大事ね。道徳の基本。一生懸命勉強して、一生懸命働いて、社会に役立つ立派な人になりなさい。これ、人間としてとても大切。そして、国や社会には決まりがあるから、それを守らなければいけません。これも大事なことです。でもね、どうして、お国が戦争になったら、天皇陛下のために死ななければならないのか、どうしてもわからなかったね。いまでもわからないよ。天皇陛下を守るために、生き抜かなきゃいけないでしょ。国をつなげるために、子どもをたくさん産まないといけないでしょ。死んでしまったら、元も子もないよ。そうでしょ。」

この論理に、台湾の人たちの日常生活の価値の豊穣さと、からだを通して得られるその豊かな社会の体験が、〈わたしたち〉として、一人ひとりの社会における場というものをつくりだしていることを強く実感したものだった。そこにはまた、血をつなげることこそが「孝」であるという、いわば家族をつなげることで、社会をつなげていこうとする倫理が、息づいている。それは血縁社会における一種の一般意志のようなものである。

そして筆者は、この感覚、つまり人とともに生きている〈わたしたち〉の〈わたし〉という感覚が、どんなに厳しい時代であっても、社会を次の社会へとつないでいくのだと強く思わないではいられなかった。日本の敗戦後、植民地から解放され、その後、国民党による白色テロと戒厳令という迫害の時代を生き抜いた台湾の人々の強くて柔軟な精神には、そういうしっかりとした、人として分割することのできない〈わたしたち〉が息づいているのだといえる。

しかし、そういうものがない、つまり他者とともに生きているという感覚を持てない、さらにいえば孤独で孤立している人たちは、薄っぺらな日本の伝統云々に回収されてしまうのではないかと不安でならない。そこに欠けているのは、他者に対する想像力と社会に対する信頼であり、自分でありながら自分とは分けることのできない〈わたしたち〉である。

きっと、先に見た道徳の教科化について投書した神谷さんも、しっかりと地に足のついた毎日を過ごすことで、〈わたしたち〉を自らに宿しているのであろう。こういう子どもたちを育て、社会を次の世代にきちんと手渡していくためにも、私たちは、彼らとともに平和で、豊かな社会をつくる実践を、それこそともに進めていかなければならない。それはまた、私たちが〈わたしたち〉としてともにあることを発見し直し、他者への想像力を伸ばし、社会に信頼をつくりだす営みでもある。

他者と社会に負う存在

そして、私たちは、その存在を歴史的（時間的）・同時代的（空間的）に他者に負っているからこそ、自分は分かつことのできない〈わたしたち〉の〈わたし〉としてこの社会に存在していることを、他者を通してこそ、実感することができる。この私のあり方は、また言葉を私たちが用いて、自己を形成していることとかかわっている。

言葉は私が用いるものであっても、私たちがこの社会に産み落とされ、学ばざるを得ないという完全な受動性の中で身につけてきた、他者つまり社会のものである。私たちは、その他者のものである言葉を使うことで、他者と意思疎通ができるとごく自然に思い込んでいる。なぜなら、それは、私の存在以前に社会にあり、私をこの社会に位置づけてくれる、他者のものであることによって、私を自分として立たせる媒体としてあるからである。

私は、自分の存在が、他者との「間」のものであること、つまり言葉を用いることで、他者を理解し、社会を理解し、私を他者との関係の中にあって他者とともに社会をつくっている存在として認識し、自己を自らのものとしてとらえることができるが、それは、私のものではない言葉を用いることではじめて可能となる、つまり他者のものであり自分のものである媒体を使ってこそはじめて私は私となり得るという存在のあり方を採用せざるを得ない、抑圧され、強制された存在としてしか、私は、この社会に「ある」ことができないからである。私は、その存在を他者に負っているのであり、社会がなければ存在を意識し、自分をつくることができない存在としてある。それはすなわち、言葉によって構成される「間」のものであることが私の存在の本質であることを示している。

それゆえに、私たちは、自分を語れば語るほど、自分には空虚が広がり、わからなさがつくりだされ、その空虚・わからなさを埋めるために、さらに言葉を求め、自分を言葉で語ろうとしてしまわざるを得ない。そこでは、私たちはさらに他者を求め、他者から言葉を与えられることを求め続けてしまうこととなる。それが、私たちを常に新しい存在として生み出していく駆動力へとつながっていく。絶対的な受動性が、絶対的な能動性の駆動因となって、私たちはこの社会を〈わたしたち〉として構成することとなる。

しかもこの言葉の「間」という性質によって導かれた、いわば他者との関係態としての〈わたしたち〉である〈わたし〉は、私を言葉によって「間」へと構成する普遍性とその普遍性に定礎された想像力を持つものであらざるを得ない。その普遍性とは、類的なもの、つまり身体性に他ならない。それは固有の身体というものではなく、むしろそれぞれの個体を類的に集合的かつ関係論的にある種の状態として表現する普遍性、つまり身体性すなわち時空としての場所であり、その普遍性にもとづく固有の感覚によって私を「間」であることから固有の個人へと救済しつつ、次の「間」の存在へと媒介するものとしてある。

私たちは、言葉を身体性を基礎として用いることで、自らを他者との「間」の存在として構成しつつ、その固有性を普遍性へと開かれたものとして確保し、常に自己を次の自己へと生み出し、社会をつくりだし、再構成して、歴史を次へとつなげていくことができる、つまり見知らぬ過去の世代から自らの存在を負い、まだ見ぬ未来の存在へと自らの存在を託していく存在、つまり時空すなわち「現在」として、いいかえれば、「見とどける」ものとして、自らを生きることができるのである。

しかし、今日私たちが直面しているのは、この身体性に定礎された時空が労働過程を基本とした生活の過程から排除され、人々の感覚から身体性が剝奪され、人々は言葉を他者に負ったものとして用いるのではなく、自らの私物として用い、他者を攻撃し、結果的に社会が分断され、自分がこの社会で生きているという感覚を失い、孤立し、その実存を自ら毀損しているという事態である。

そしてこれは、いわゆる大衆消費社会の自己消費のひとつの姿である。人々は他者とともに自分をつくりだし、社会という空間をつくりだし、歴史という時間をつくりだす「運動」をやめてしまうのである。そこで欠落するのは、受動性に定礎された能動性である。

消費社会の次の〈学び〉へ

しかし反面で、このような事態に直面することで、消費のあり方を組み換え、市場を新たな社会へと組み換えようとする草の根の実践が、各地で生まれ始めていることも確かなことである。それは、従来のようなモノや情報の消費から、物語、そして自己の消費という分配と所有を基本とする実践ではなく、むしろ自己表出を繰り返しつつ、他者との「間」にさまざまな価値をつくりだし、それを組み換えては、新たな価値へと転成していく、生成と不断の変化のプロセスとしての自己と社会の構成をとることとなる。それは、分配と所有による消費ではなく、むしろ生成と変化による循環と分岐とでもいうべき、動的なプロセスとしてある。それは、自己と社会との分断と結合の不断の継続による同一化の展開とでもいうべきかもしれない。そして、この自己と社会との不断の継起という状態をつくりだす実践が、社会教育という営為でもあった。

このような新しい社会を構成する「運動」が、草の根のコミュニティで、住民がその日常生活を楽しく送ることで生成され始めている。そこで見られるのは、学ばないではいられない、消費社会の次の〈学び〉に駆動される人々の姿である。以下、本書では、その一端をとらえつつ、これからの社会のあり方を考えてみたい。

（1）亀山郁夫「卒業式式辞」（名古屋外国語大学学長2015年度卒業式式辞）（http://www.nufs.ac.jp/media/20160404-145053-8594.pdf）（二〇一七年一〇月八日閲覧）。
（2）サン＝テグジュペリ、渋谷豊訳『人間の大地』、光文社、二〇一五年、七〇頁。
（3）同前。
（4）同前書、七三頁。
（5）同前書、六三頁（また七三頁にも繰り返されている）。
（6）同前書、七六頁。
（7）亀山郁夫、前掲式辞。
（8）神谷瑞季「「答えが無い」それが道徳です」『朝日新聞』二〇一七年四月六日付「オピニオン」欄。
（9）同前。
（10）同前。

(11) 同前。
(12) 牧野篤『認められたい欲望と過剰な自分語り――そして居合わせた他者・過去とともにある私へ』、東京大学出版会、二〇一一年。

社会づくりとしての学び——信頼を贈りあい、当事者性を復活する運動　目次

初出一覧

はじめに　学ばずにはいられない私たち――書き下ろし

序章　〈社会〉をつくる実践

A. Makino, "KIDZUNA" -Rebuilding Society through Lifelong Learning: The Changing Character of Learning and Society in Japan", *International Journal of Comparative Education and Development*, Vol. 16, No. 1, Feb., 2014, pp.1-14 をもとに、翻訳・加筆修正。

第1章　「必要」の分配から「関係」の生成へ

牧野篤「報告　ＥＳＤと人の自己認識をめぐる社会教育の課題」（日本社会教育学会六月集会・プロジェクト研究「社会教育としてのＥＳＤ」、明治大学、二〇一一年六月四日）および牧野篤「報告「必要」の分配から「関係」の生成へ――社会教育・生涯学習から見た企業」（日本産業教育学会第五二回大会シンポジウム「転換期の企業内教育」、宇都宮大学、二〇一一年一〇月二二日）などの報告原稿に加筆修正。

第2章　〈社会〉の構成プロセスとしての〈学び〉

牧野篤「社会の構成プロセスとしての個人と「学び」」、文部科学省生涯学習政策局『生涯学習政策研究――生涯学習をとらえなおす：ソーシャル・キャピタルの視点から』、二〇一二年に加筆修正。

第3章　社会における〈学び〉と身体性

牧野篤「社会における学びと身体性――市民性への問い返し／社会教育の視点から」、東京大学教育学部カリキュラム・イノベーション研究会編『カリキュラム・イノベーション――新しい学びの創造へ向けて』、東京大学出版会、二〇一五年に加筆修正。

第4章　おしゃべりでにぎやかなものづくり―ＭＯＮＯ‐ＬＡＢ‐ＪＡＰＡＮの取り組み

牧野篤「おしゃべりでにぎやかなものづくり」、東京大学生涯学習論研究室ＭＯＮＯ‐ＬＡＢ‐ＪＡＰＡＮプロジェクト編『ものづくりを通じた新しいコミュニティのデザイン――ＭＯＮＯ‐ＬＡＢ‐ＪＡＰＡＮの活動を中心に』（学習基盤社会研

究・調査モノグラフ7)、東京大学大学院教育学研究科社会教育学・生涯学習論研究室、二〇一四年に加筆修正

第5章　多世代が交流してつくる〈社会〉——多世代交流型コミュニティの構想と実践

牧野篤『過疎化・高齢化対応コミュニティの構想——三つの試みより』(学習基盤社会研究・調査モノグラフ1)、東京大学大学院教育学研究科社会教育学・生涯学習論研究室、二〇一〇年を参考にして、書き下ろし

第6章　「農的な生活」の幸福論

牧野篤『「農的な生活」がおもしろい——年収二〇〇万円で豊かに暮らす!』、さくら舎、二〇一四年、および牧野篤「具体的な自分を創造する「農的な生活」」、『月刊MOKU』二〇一五年六月号を加筆修正

終章　当事者性の〈社会〉へ——書き下ろし

おわりに　わくわくを贈りあう〈社会〉へ——書き下ろし

序　章　〈社会〉をつくる実践

1　消費社会の次の〈社会〉へ

1　孤立深める私たち

日本の社会が底辺から動揺して久しい。人々つまり私たちはこの社会にあって、孤立の度合いを深め、自我の不安定さに苛まれているといってよい状態にある。このことは、次のような現象として立ち現れている。つまり、社会的な価値の多様化・多元化が急速に進む中で、社会の紐帯が切断され、社会全体の流動性が高まるとともに、一人ひとりが孤立しているということ、そして、その社会の中で、私たちは帰属を失い、自らの社会的な存在がますます不安定になり、社会的な実存が脅かされていると感じているということである。私たちは、社会的な結合と自己の実存という二つの危機に直面しているといってもよいであろう。それはまた、私たちが他者とともに生きているという感覚を持てなくなっていること、つまり他者へと自己を移して、他者から自己を見つめるまなざしを失っていることと等しい。

この事態は、社会の構造的な変容によってもたらされたものだといえる。それは端的に、私たちが生きるこの社会が、すでに産業社会の段階を終え、消費社会へと歩みを進めているということである。以前の社会つまり製造業を中心とした産業社会では、私たちは、拡大する経済、そして画一的で均質な人間観と社会観にもとづく帰属の保障によって、生活が安定し、それが私たちに自分が他者と同じくこの社会に位置づいているという感覚を与えてくれていた。その社会では、厳しい競争が繰り広げられてはいたが、それは一つの価値基準にもとづく、ある種の適応と上昇の競争であり、人々は競争の苦しさに喘ぎながらも、一つの価値を共有し、同じ社会に生きているという実感を持つとともに、他者への関心をお互いに感じることができていた。

しかし、私たちが足を踏み入れている消費社会と呼ばれるこの社会では、価値の多元化と多様化が宣揚され、価値基準の絶対性が失われることで、私たちは、他者と同じように生活しているという感覚を失い、自分の生活が参照系つまりこうあるべしという姿を失って曖昧になっていく事態に、避け難く直面している。しかもこの社会では、価値基準が曖昧となり、価値の相対化が進む一方で、いまだに他者との間で比較優位をとれとのメッセージが社会的に発せられたままとなっている。そこでは人々は、他者との間で新たな価値をつくりだすよりは、むしろ他者といがみあい、他者を引きずり下ろすことで、自分の優位性を保とうとする行動をとることとなる。こうして、社会のつながりが切断され、私たちは他者とともにこの社会に生きているという感覚を失っていく。社会の基盤である「信頼」、さらにその基本であるはずの人々のつながりそのものが解体し、私たちの生活基盤としてのコミュニティが崩落していくのである。私たちはこの社会のより深いところにあって、私たち自身の存在に直結している社会基盤の危機に直面しているといってよい。

このことは、次のようにいってもよいだろう。産業社会では、どのように働くか、という働き方が主題化されていて、働くことそのものに意味が見出され、それを受け止めるための人と人とのつながりが形成され(たとえば家族であり、地域社会の人間関係、さらには職場という帰属の場など)、それが社会の基礎単位として機能していた。それに対して、消費社会では、いくら稼いで、何に使っているのかが主題化され、誰もがカネさえあれば何とかなる社会が出現し、人々の生活がカネによって購入されるものへと変容してきたが、その社会では、カネによってモノやサービス、コト、さらには物語の価値を購入すること、つまり消費することが基本的なあり方となっている[1]。そのような社会では、人々は平等・自由・愛国心(昨今の排外主義的ないわゆる愛国心ではなく、自分の国のために我が身をなげうつことができるかという意味での愛国心)・人権といういわば普遍的ともいうべき価値のあり方に関心を失い、他人に冷淡になっていく。その結果、人々をつなげる関係は解体し、私たちは孤立の度合いを深め、格差は拡大する一方となる[2]。

2　草の根の多重な〈社会〉をつくる実践

しかし、このような危機に直面しつつも、否、それだからこそ、社会の構造的な変化に対応する形で、この社会の基層にある人々が生きる日常生活のレイヤーにおいては、新たな取り組みが、様々な人々の手によって始められていることも確かである。それは、いまだ小さな試みに過ぎないかもしれない。だがそれは、人々の自我のあり方や生活の安定と深くかかわる〈学び〉の実践としてとらえることができる。それはまた、消費社会がモノの消費から、サービスの消費、コトの消費さらには物語の消費(商品の背後にある世界観や理念などが消費される消費のあり方)、そして自己の消費(自分さがし、生きがいや自分の存在を確認するためのアディクションなど)へと展開してきたといわれる中で、新しい消費のあり方を示し始めているとも受け止められ得る事態である。

新たな取り組みでは、人々が、新しい生活のレイヤーつまり新しい〈社会〉を多重につくりだす実践、すなわち新しい〈社会〉をつくりだすプロセスそのものを楽しみ、その楽しさを享受し、その過程で、他者との関係の中で自分自身を革新していくような、新たな承認関係をつくりだして、自分自身を〈社会〉の中で生み出し、さらには自分自身を他者とともに〈社会〉へとつくりだしていく、こういう新たな消費のあり方が生み出されていることを見て取ることができる。それはまた、自らを他者との間で常に新たにし続けるという自己革新のプロセスである。本書では、このプロセスを〈学び〉と呼ぶこととしたい。これまでにない新たな消費社会の姿が、私たち自身の〈学び〉の実践による〈社会〉づくりのプロセスとして立ち現れているのだといってよい。

それは、カネによる価値の消費ではなく、〈社会〉をつくりだし続ける、そのプロセスを〈学び〉として実践することで、自分を他者とのかかわりの中で新たに生成し続け、〈社会〉を常に新たにつくり続けるという、革新のプロセスを自分のものとし、そこに価値を生み出し続けるという消費のあり方である。それは自己が自分によって駆動され続けるという意味における新しい消費の姿だといってもよい。そしてこの消費は、生成を贈りあう〈社会〉のあり方でもある。それはまた、「見えない「つくる」」を消費する新しい〈社会〉のあり方だともいえそうである[3]。しかも、その実践を支える行政的な施策においても、従来の「教育」行政から人々とくに草の根の住民の〈学び〉を組織し、支える行政への転回が始まっているものと見ることができる。それをここでは、行政の〈学び〉化と呼びたいと思う。

以下、本書では、この新たな〈社会〉づくりのありようを取り上げながら、私たちが自ら経営する「消費社会の次の〈社会〉」のあり方を考えてみたい。それはまた、住民自身がより積極的に地域コミュニティにかかわることで、自律的かつ自治的に自分の生活の場であるコミュニティを変革し、経営していこうとする運動でもある。この運動が、昨今の地方創生のかけ声に呼応するかのようにして、各自治体の基層のコミュニティレベルにおける、活発な住民の活動へとつながっているのである。まずは、筆者がかかわったコミュニティづくりの実践の一端を紹介しておきたい。

2　まちをつくる実践

1　シニア世代の社会参加を促す

産学共同シニアプロジェクト「くるる」セミナー(4)　これは、筆者が前任の名古屋大学に在職中に、岐阜県の地方銀行とともに行った高齢者とくに企業退職者向けのセミナー事業で、二〇〇一年の秋から実施し、今日まで一六年間続いている取り組みである。筆者が二〇〇八年に東京大学へ転任してからは、岐阜大学の関係者が引き継いで、プログラムを展開している。

介護保険制度が二〇〇〇年から導入されることとなり、要介護の人々への関心は高かったが、当時の言葉で「元気老人」と呼ばれる人々へのケアはほとんどなされておらず、とくに企業退職者である男性の居場所がなく、生きがいを失ってしまうという問題が社会に沈殿していた。その頃、企業を退職した後、居場所のない男性を「濡れ落ち葉」と揶揄する言葉があったほどである。家に還ってきて、やることもなくゴロッと畳にへばりついてしまい、箒で掃いてもはがれない濡れ落ち葉同然で、役に立たないという意味だといわれた。さらにもっと直接的に「産業廃棄物」なども呼ばれていた。他方、企業は金融機関を中心として、来たるべき高齢社会における事業の展開を考えており、企業退職者で世帯主の男性高齢者へのアプローチを模索していた。

この両者の需要が重なるところに、このプロジェクトが生まれることとなった。高齢者を「シニア」と当時では積極的な呼称に変え、シニア世代の新しい生き方を提案し、第二の人生を、社会で生き生きと過ごすこと、そのためにシニア世代の人々がお互いに認めあう関係をつくりながら、ともに社会に一歩踏み出していく手助けをすることが目的であった。

「くるる」セミナーの「くるる」とは、元気な高齢者のイメージである「聞く」「見る」「する」の語尾をとったもので、くるっと循環するというイメージを持たせた愛称である。企業が高齢社会に貢献し、社会における存在価値を高めるとともに、大学と連携して公共性を高め、企業が物的・資金的な条件を、大学が知的・人的条件を提供して、産学連携で来たるべき高齢社会におけるシニア世代の新しい生き方を提案し、また彼らの人生を応援することがプロジェクトの大きな役割であると認識された。

事前の三万名に及ぶ大規模なアンケート調査（回収率約三〇パーセント）やインタビュー調査により、当時のシニア世代の関心事は「健康」「趣味」「ボランティア」「仕事」「家族」の五つであることが析出され、しかもこの五つは一つの観点に収斂することがとらえられた。つまり、どれもが、自らを社会的な関係の中でとらえ、他者からの承認を得ることで、自分も他者を認め、ともにこの社会で生きていることを実感したいと願っているという、当時のシニア世代の価値観をベースにしていることが明らかになったのである。たとえば、「健康」を見てみると、誰もが健康でありたいと答えながら、それは自分が健康でいたい、病気やケガをすると嫌だというだけではなく、病気やケガで家族や友人さらには社会に迷惑をかけることが嫌だという観点からの回答であることが明らかになった。

これらの価値観にもとづいて、セミナーを基本としたシニア世代の社会参加の仕組みをつくることとなり、次のように計画された。まず、シニア世代を家から引き出す「基本セミナー」、その次に少しおもしろくなってきたところで、シニア世代が自らグループをつくって行う「発展セミナー」、さらに自主グループを組織して社会的なさまざまな活動を行う「自主活動」の三段階のプログラムが準備された。「基本セミナー」は、大学の関係者が上記のシニア世代の価値観にもとづいて編成したプログラムを、銀行が会場や事務員などを提供して、無償で行うもので、一年を三ヵ月毎に区切って四学期とし、隔週に一コマ二時間から三時間のセミナーを八コースほど用意し、それぞれ五回連続で開くこととした。このセミナーには、さらに社会的なボランティアやグループ活動の経験豊富な女性にもかかわってもらい、シニア世代の世話を焼きながら、これまでの価値観を揺さぶり、仲間をつくり、グループを組織して、次の学びへと意欲を持つように仕向ける役割を担ってもらった。

「発展セミナー」は、「基本セミナー」で学びの楽しさを覚え、仲間づくりが進んだ段階で、今度は受講者が直接講師と交渉して進めるセミナーとして設計された。受講料の設定からグループ内での係の分担、そしてセミナーの運営まで、すべて受講者が行うこととされている。講師は、基本的に「基本セミナー」の講師が担当したが、受講者が講師と交渉して、セミナーの内容などを決めることとなっている。会場や事務的な手伝いは銀行が「基本セミナー」と同様に行い、会場は受講者たちのたまり場としても使ってもらえるように配慮された。

「自主活動」は、「発展セミナー」を経て、「基本セミナー」受講者たちが自主的に集まってつくったグループを基本とした活動で、さまざまな社会的な活動を行ったり、趣味活動を組織して、仲間を広げていったりするものである。たとえば、ウォーキングクラブには現在約三〇〇名の会員がいて、毎月、独自の企画で、各地にウォーキングに出かけ、さらにまちの清掃などのボランティア活動を進めている。また、合唱クラブはほぼ毎週、高齢者施設を訪れては、高齢者が高齢者を慰問し、元気づける活動を行っている。

その上、受講者の中から企画グループができ、彼らが中心となってさまざまな活動やイベントを企画・実施し、それを銀行が支援する関係ができあがっている。

今日までに、延べ数で二万五〇〇〇名ほどのシニアが受講し、約八〇〇名の人たちが日常的にさまざまな活動を行っている。この過程で、「くるる」セミナー受講者たちが積極的にこのセミナーの意義を社会に広めるとともに、新聞やテレビなどでも取り上げられることで、受講希望者が増え、この銀行の社会的な価値が高まり、銀行にも変化が起きているという。とくに、価値観の多様化によって広告宣伝の効果が上がらなくなっている中で、「くるる」セミナーが持つ社会的な訴求力には大きなものがあり、企業としてはすでに営業的にも否定できないほどの効果が生まれているとのことである。

今後、このような形で大学と企業とが連携しながら、新しい高齢社会のあり方をつくりだし、それが結果的に企業の経営にもよい形で還ってくるような価値の循環をつくりだすことが求められているのだといえる。高齢社会における一つの事業モデルだといってよいであろう(5)。

2 多世代交流型のコミュニティをつくる

地縁のたまごプロジェクト　このプロジェクトは、既存の基層住民組織とくに町内会などの地縁組織を基盤として、地域住民が相互に交流する仕掛けをつくりだすことで、高齢社会に対応したコミュニティを形成しようとする試みである。場所は、高度経済成長期に大規模な宅地開発がなされ、戸建ての団地が広がる東京近郊の千葉県の田園地帯で、往時は「千葉都民」と揶揄された、東京に通う通勤族が多数を占める郊外団地地域である。ここは、当時三〇から四〇代の子育て世代の人々が一斉に転入し、今日、一斉に高齢化していくという典型的な都市団地型の高齢化地域で、このプロジェクトは、減っていく子どもの数を横目でにらみながら、増え続ける企業退職者を地域社会で受け入れつつ、持続可能なコミュニティをつくるにはどうしたらよいのかという課題に応えるための試みであった。

プロジェクトは、まず地域コミュニティに住民の新しい交流ネットワークをつくるところから始められた。この地域では、自治会や老人クラブのほかに、消防団や子供会などのいわゆる地縁組織、さらにはさまざまなボランティア団体そして環境問題や子育てなどに取り組む住民団体が活発に活動していたが、それらの組織・団体は個々別々に活動しており、地域全体を網羅するようなものではなかった。この地域には、これらの団体をとりまとめるネットワークの中間組織が存在していたが、高齢社会に対応するためには、このネットワークをより住民個人レベルのものへと組み換える必要が意識されたのである。そこで、この新たなネットワークの形成は、上記岐阜県の「くるる」セミナーの知見を活用して、地域コミュニティベースの「くるる」セミナーを開き、地域住民が新しい活動グループを形成していく方向性を確かめるところから着手された(6)。

この基礎の上に、持続可能な地域コミュニティをつくりだすための考え方として「多世代交流型コミュニティ」が構想され、それが具体化されたものが「地縁のたまごプロジェクト」であった。このプロジェクトの構想と命名にあたっては、多世代交流型コミュニティの形成という考え方が、ややもすれば、地域の高齢者を若い世代が支えるという観点から提案されがちであることに対して、そうではなくて、他人の孫(=他+孫で「たまご」)を自分の孫のように大事にすれば、孫が多くなる(=多+孫で「たまご」)という考え方から、高齢者が地域の子どもを見守り、大事に育てることで、結果的に自分たちが「まちの宝」となるようなコミュニティをつくろうと、高齢住民たちが反対提案したことが背景にあった。

この「地縁のたまごプロジェクト」では、地域の住民が交流する拠点であるコミュニティ・カフェを自分たちの手でつくろうということになり、そのための実働組織として多世代交流型コミュニティ実行委員会を立ち上げるとともに、さまざまな事前の事業、たとえば地域住民が住民活動のコーディネータとしての力をつけるための「まちの長老養成セミナー」や、子どもと高齢者の交流を促す「多世代交流セミナー」、さらには中学生によるまちのキャラクターづくり、大学生と地元の子どもの交流を促すキッズセミナーなどの取り組みがなされ、人々の交流のための地域ネットワークの形成が先行して進められた。二年間にわたるこれら地域ネットワーク形成事業の帰結の一つとして、コミュニティ・カフェが住民の手によってつくられ、現在では、地域の多様な住民が日々一二〇名ほど、お茶飲み話に、打ち合わせに、そして各種の団体の活動などに活用している。

この取り組みを通して、この地域の人々の関係が明らかに変化し、お互いに慮りながら、尊重しあう関係がつくられ、子どもたちも登下校時には、コミュニティ・カフェに立ち寄って、地元の高齢者との交流を楽しんだり、コミュニティ・カフェを活用した地域活動にも積極的に参加したりするようになったという（本書第5章を参照）。

3　農山村を新しいライフスタイルの発信基地に
若者よ田舎をめざそうプロジェクト(7)

このプロジェクトは過疎と高齢化に悩む中山間村の活性化事業として行われたもので、都市部の若者を地元に住まわせて、新たな生活をつくりだすのを支援することを基本的な考え方として実施された。それは、若者たちの就農事業ではなく、農業や環境問題などに意識が高く、農山村で生活したいと考えている都市部の若者たちに、彼らの持つ都市的な価値観やセンスと中山間村の住民が蓄積してきた生業の文化とを融合して、「新しい農的な生活」を生み出して、実践することを求めるものとして構想された。中山間村の地元で、若者たちが「農的な生活」を送り、それを都市に発信して、都市と農山村との交流を促し、都市に住む環境意識の高い若い世代をひきつけつつ、農山村の持つ人的・文化的さらには自然の資源を活用して、農山村を新たに価値づけながら、経済が循環するような仕組みをつくろうとしたプロジェクトである。

それは次のような考え方を基本としていた。a・都市に住む環境意識が高くて、農山村で農的な生活を送りたいと考えている若者たちを、過疎・高齢化に悩む中山間村に紹介し、定住させる。b・若者たちと地元の高齢者との交流を促し、若者たちが地元の人々が蓄積してきた農的な文化、とくに農業技術や伝統的な手仕事、さらには伝統工芸などの生業の文化を学び、自分のものとする。c・若者たちが、地元の文化と自分たちの持つ都市的な文化とを融合して、新しい農的な文化をつくりだす。d・この新しい農的な文化を用いて、都市と農山村との交流を促し、都市民の農山村への受け入れを基本とした人口の交流を促すとともに、都市民との交流・融合による新たな価値の創造を進める。e・これらの結果として、新しい経済的な価値が創造され、農山村が農林業に依拠する画一的な価値観から解放されて、多様な生き方を認めあう中から多様な価値を持った生活を生み出して、日々を送る人々で構成される社会へと生まれ変わる。

現在、プロジェクト実施地区には若者たちが移り住み、日々、新たな農的生活をつくりだすとともに、地元の高齢者たちも自らの生活を見直しながら、蓄積してきた文化を若者たちに伝え、自分も変わっていこうとし始めている。従来は価値がないとされてきた中山間村が、新たな農的な生活を生み出す地域として、多様で多元的な価値を創造する場所へと変貌を遂げつつあるのである(8)(本書第6章を参照)。

4　ものづくりの新しい可能性

ものづくりの社会化プロジェクトMONO－LAB－JAPAN(9)　このプロジェクトは、とくに企業退職者の高齢者と子どもたちを「ものづくり」を媒介として結びつけながら、世代間交流を進めるとともに、ものづくりの楽しさや技術を次の世代に伝承しようとする試みである。そこでは、3Dプリンターや3DCADなどの機器を用いながら、従来とは異なる多世代間のワークショップを開催して、アイデアを交流させ、そこから新しい「モノ」を構想して、モデリングし、さらに改良を加えて、よりよい形へと練り上げていく作業を進めたり、または段ボールを使って大きな家をつくったりするプログラム、さらには大学生たちが中心となって子どもたちとピタゴラ装置をつくるプログラムを実施するなど、さまざまなものが用意されている。

またこのプログラムを基本として、現在、筆者の研究室では、岐阜県高山市教育委員会および地元企業とともに、ここ数年、毎年一〇月から隔週で三ヵ月間、MONO-LAB-JAPAN高山ワークショップを実施し、地元の小学四年生から六年生にものづくりの楽しさを体験してもらっている。また二〇一六年からは、夏休みに、岐阜市教育委員会とともに、地元企業の協賛を得て、岐阜サイエンスキャンプを実施し、こちらも小学四年生から六年生にものづくりを体験する機会を提供している。どちらの取り組みにも、大学生や地元の高校生・高専生の他、企業を退職した技術者や退職教員たちがかかわり、多世代交流による技能伝承という一面を持った試みとなった。

さらに筆者の研究室では、ここ四年ほど、各地の小学校や上記の多世代交流型コミュニティ実行委員会と連携して、夏休みに小学生対象のキッズセミナーを実施している。このセミナーでは、からだを使った演奏などの実技を組み合わせてものづくりを学び、最後に住民へのお披露目が用意されているなど、地域の多世代の人々との交流によって、子どもたち自身が新しく自分を発見することが目指されている。

このような実験工房はいまだに筆者の研究室が試みに行っているのみだが、将来的には街角にちょっとした空間を設け、そこに多世代の人々が集まっては、ものづくりについての議論をし、ワークショップを開き、ものづくりをみんなで楽しむコミュニティの形成が構想されている。この空間で人々がアイデアを交流させ、そこから市民提案型の新しい「モノ」が生み出されることが期待される。そのときの主役は、これまでの社会では弱者であった人々、つまり子どもと高齢者である（本書第4章を参照のこと）。

5　空き家をネットワークする

岡さんのいえＴＯＭＯ　現在、都市・農山村を問わず大きな課題となっているのが、いわゆる住宅地の空き家の急増である。二〇一三年の全国の空き家総数は八二〇万戸で、二〇〇八年よりも六三万戸の増加、空き家率は一三・五パーセントとなっている。このうち三大都市圏の空き家の数は全国の約半数を占めて三九六万戸、空き家率は一二・三パーセントである。[10] 今後、都市部の急激な高齢化にともなって、空き家が急増することが予測されており、地域コミュニティの景観や防犯・防火上、問題視されている。空き家の有効活用を考えようにも、個人の資産であり、また税制上の制約などがあって、そのまま放置されるケースが多くなっている。

これらの問題に対して、解決策を模索している自治体に世田谷区がある。世田谷区では、空き家を地域コミュニティに開放して、有効活用してもらおうと、区の第三セクターである財団法人トラストまちづくり（略称トラまち）が中心となって「地域共生のいえ」を制度化し、家主がまちづくりの理念に共鳴し、空き家を地域コミュニティのために開放することに同意した場合には、「地域共生のいえ」に認定し、助成金の獲得などの支援・補助を行う仕組みをつくっている。

この「地域共生のいえ」の一つに、「岡さんのいえＴＯＭＯ」がある。ここは、戦前・戦中と外務省に勤めていた岡さんと呼ばれる女性が戦後、地域の子どもたちのために英語塾を開いていた場所で、彼女の没後、姪が家を引き継いだが、岡さんの遺言で、地域コミュニティの人に使ってもらいたいと、「地域共生のいえ」に申し込み、採用された、こぢんまりとした一軒家である。この「岡さんのいえＴＯＭＯ」は、トラまちのまちづくりコーディネータ養成講座修了生が積極的にかかわることで、地域の人々が寄り集まって交流する場所へと生まれ変わっており、さらに企業や大学との連携を深める中で、人々が「いえ」を活用し、その過程で、新しい人間関係をつくりだし、それをもとにして地域コミュニティでともに支えあって、安心して生活できるネットワークをつくりだすことが目指されている。このまちづくりコーディネータ養成講座修了生には、企業退職者など、いわゆる社会の一線から第二の人生へと歩みを進めた人々が多く、彼らが自分の居場所をつくりながら、地域社会の交流拠点をつくり、人々が相互に見守りあいながら、支えあう関係をつくりだそうとしている。

「岡さんのいえＴＯＭＯ」では、小さな子どもを育てている母親が定期的に集まってはお茶を飲みながら雑談する会や、地元の子ども向けの駄菓子屋、誰でも自由に使える「あいてるデーカフェ」など、さまざまな取り組みが行われており、地域コミュニティ住民の「お茶の間」としての機能を担っているといってよい。さらにここに、企業や大学がかかわることで、そこを拠点に、住民や学生たちが互いに認めあう関係の中で新たな価値を創造し、それを交流することで、よりコミュニティに密着した価値を練り上げていく試みが始められている。

また、筆者の研究室の院生たちも「岡さんのいえＴＯＭＯ」にお世話になり、たとえば中学生のたまり場つくりや留学生との交流会などを行いながら、地域コミュニティで人々を緩やかに結びつけ、互いに関心を持ちあいながら、人々が多重な生活のレイヤーをつくりだす実践を進めている[11]。

今後、この「岡さんのいえＴＯＭＯ」のような「地域共生のいえ」が緩やかなネットワークを形成することで、社会の最も基層の部分で生活している地域住民が相互に関心を持ち、多重な結びつきのレイヤーをつくりだすとともに、それらが緩やかに重なりあうことで、新しい交流と交通が生まれ、そこに新しい価値の生成と消費が発生して、コミュニティ経済が回り始めることが期待されている。

3 〈学び〉としての〈社会〉

1 小さな〈社会〉をたくさんつくる

既述のような取り組みは、筆者の研究室が直接的にかかわりを持つ小さな試みに過ぎない。また、それぞれはいまだ個別の取り組みであるに過ぎず、相互につながりを形成するに至ってはいない。その意味では、きわめて限定的なものだといわざるを得ない。しかし反面で、これらの試みにはいくつかの共通点があり、むしろ、敢えてネットワーク化して面展開するのではなく、これらの取り組みを小さな〈社会〉として多様に形成することが、重要なのではないかと考えている。

第一は、これらがどれも基礎自治体のさらにその基盤となるべき基層の住民自治組織（またはそれと同等レベルのコミュニティ）を実践のフィールドとしているということである。これは、昨今、政策の焦点が国家レベルから都道府県を越えて、国民が自らの生活を営む住民として存在しているコミュニティへと移行してきていることの一つの反映でもある。他方、それはまた地方分権改革や経済構造の変容、さらには人々の存在の揺らぎなどによって、改めて人々が自ら住民としての日常生活を送る場が注目され、具体的な人間関係とくに相互の承認関係において、きちんと自分の存在を確認することが社会的に重要視されてきているということでもある。人々は、市場がグローバル化し、従来のような国家的な関与から放置されればされるほど、新たな、より具体的な生活のあり方を提供し、自らの存在の実感を回復してくれるものを求めてしまう。このとき、国家が提示し、人々に強要して、人々を国民へと形成する国民文化や国民道徳は、人々の存在を担保するものとはなり得ない。なぜなら、人々を国へと結びつける根拠であるはずの日常生活の場における身体性、さらにはその身体性を担保している具体的な人々の関係、つまり相互の承認関係が解体してしまっているからである。

このような社会の現実に対して、既述の取り組みが焦点化しているのは、人々が住民としてその具体的な日常生活を、より具体的な人々との間で営んでいる地域コミュニティという場所であり、これらの取り組みはその場所において、住民が他者とのかかわりの中で、自らが新しいコミュニティつまり〈社会〉をつくりだそうとする実践である。しかも、そこにあるのは、住民としての人々の相互承認関係であり、いわゆる行政的な対応としてのサービスの提供によるまちづくりではない。

第二は、このこととかかわって、人々が、他者との相互承認関係の中で、地域コミュニティを具体的な他者とともにつくりだすアクターとして、自ら立ち上がっていることである。それは、社会的、経済的な構造変容の中で、人々の労働過程から「勤労」が排除され、人々が他者とともに、コツコツと仕事に励み、ともに未来を目指すことで、「われわれ」という意識を持つことができた「働くこと」という営みが解体した後、人々の生活からその身体性つまり時間性と空間性が消失し、人々の実存の危機を招いていたことに対して、改めて人々がより具体的な地域コミュニティにおいて、自らの存在を立て直そうとする営みであるといってよい。

さらに、第三に、このような地域コミュニティに焦点化された、住民の他者との具体的なかかわりによる新たな身体性の獲得と自らの実存の構築は、そのコミュニティを基盤とした新たな経済を生成する可能性を示しているということである。それは、人々がより具体的なコミュニティにおいて、自らの固有でありながら類的な普遍でもある身体を媒介として、他者とかかわりあい、認めあうことで、自分の存在を、固有でありながら、類的に普遍であり、かつ他者との関係の中で、自ら多様かつ多重に構成し続けるものとして生み出し、さらにそれが他者との「間」において構成されることで、他者をも巻き込みながら、常に新たな自己へと構成され続ける、ある種の「運動」としての実存を構成し、この自己生成と変革の運動がその地域コミュニティに常に新しい価値を生成し続けることへと連なっているということでもある。

このような価値の生成と循環のプロセスと、住民が他者との「間」で自ら常に新たな自分へと生成し、変化し続けることとは一体の関係にある。つまり、住民が自ら常に地域コミュニティのアクターとして生成し、かつ変化することそのものが、新しい価値を他者との間でつくりだし、それを他者との間で構成し直し、新たな価値へとつくりだし続けていく、〈社会〉をつくる営みとなるのである。

これらの意味で、この地域コミュニティにおいて常に担い手として自らを構成し続け、他者との「間」で生成し続ける自己のあり方は、すなわち〈学び〉によって他者との相互承認と相互作用の関係を生み出し、自らをその関係の中から生まれ、変化し、新たになり続ける自己として構成し続けるプロセスとして立ち上がることとなる。このプロセスそのものが〈学び〉なのであり、その〈学び〉そのものが人々の存在のあり方、つまり他者とのかかわりの中で自らの実存をつくりかえ続ける、相互作用的で、動的であることで、常に平衡を保つことができる存在のあり方へと転回することになる。このことは、いわゆる地域コミュニティだけでなく、既述のＭＯＮＯ－ＬＡＢ－ＪＡＰＡＮの取り組みに見られるように、人々の新たなコミュニティにおいてもいえることである。

そして、この〈学び〉こそは、個人の社会的な、または集合的な実存でありながらも、その実存は一貫した固有の「一」なるものではなく、常に変化し、流動し続けることで、それそのものとして平衡状態となる「多」なるもの、つまり変化し続けることで常に新たな自分と他者との関係を自己としてつくり続ける営み、つまり自己形成の主体的な営みであることとなる。ここでは〈学び〉と人々の存在とは同義となる。

しかも、この存在とは、端的に他者との関係の中で立ち現れてくるその都度の私の実存でしかない。この意味で、存在とは〈学び〉という他者とのかかわりでありながら、私自身の流動的であるがゆえに「多」であり、「多」であるがゆえに固有である実存が構成されるプロセスであり、その場であることとなる。つまり〈学び〉とは私の存在でありながら、〈わたし〉が常に他者とともに〈わたしたち〉として立ち現れてくる〈社会〉のあり方でもあるということである。それはまた、ネットワークによる面展開ではなく、多様な点つまり〈社会〉というドットがたくさん形成されることで生み出される〈社会〉のあり方でもある。

2 円（カネ）よりも縁（つながり）

これは何も難しい話ではない。筆者は既述のコミュニティづくりの実践現場に、企業の関係者たちを連れて行くことがある。たとえば、一例として、食品会社の幹部たちだとする。今日、高齢社会を迎えて、政府の経済成長政策の一環として、健康食品の普及が目指されている。厚生労働省が持っている高齢者の健康データを食品会社に提供し、食品会社が、高齢者の身体によくて、おいしくて、簡便で、安価な健康食品を開発すれば、これから高齢者がどんどん増えて市場が拡大するので、企業も収益が上がるし、経済も発展するという青写真が描かれている。しかし、思惑通りにことは進むのだろうか。食品会社の開発担当者たちは、懐疑的である。なぜなら、この市場に参入するのは自社一社だけではない。日本国内には二万数千社に上る食品会社があり、そのうち大手食品グループだけでも一二、さらには市場開放で海外から参入してくる企業もあり、高齢者向けの健康食品の開発がそのまま企業の収益向上や経済発展に直結するとは思えないからである。結局は市場がすぐに飽和して、体力勝負の安売り合戦になって、企業が疲弊することになるのではないかという不安もある。

しかも、さらに大きな問題は、限られた市場で、多くの企業が同じような食品を開発して、高齢者に宣伝を仕掛け、これもおいしい、あれもおいしい、これも健康にいい、あれも健康にいい、これも食え、あれも食えといって、ものを食べさせれば、一つひとつは身体によいものであっても、結果的には高齢者の健康を損ねる、いわゆる合成の誤謬が起こってしまうのではないかとの危惧があるのである。

こういう状況の中で、開発担当者たちは、モチベーションが上がらず、それが職業的な倫理の低下にもつながっているという。そこで、筆者はこれら企業の幹部や開発担当者たちをコミュニティ・カフェや「岡さんのいえＴＯＭＯ」に連れて行き、小さな子どもを抱えたお母さん方や地域の高齢者と交流させることがある。一緒にご飯を食べてもらうこともある。すると、そこでは、次のような言葉が聞かれるようになる。

「お母さんと子どもって、こうやってご飯を食べるのですね。とても親密な関係の中で、同じご飯を食べて、おいしいねって、アイコンタクトをしている。高齢の方々も、皆さんと一緒に会話し、にこにこしながらご飯を食べている。こういう食べ方って、おいしいだろうなあ、って思います。自分は食品を開発している身なのですが、こういうことは考えたこともありませんでした。私たちにとって、おいしい、とは成分の問題だったのです。」

「私たちは、食事ではなくて、食品をつくっていたのだとつくづく思いました。食品って、成分なんです。おいしい成分、健康にいい成分、腐らない成分、いい匂いの成分、簡便につくれる成分……、でも今日皆さんが見せて下さったのは、食事なのだと改めて思いました。私たちはどこかで勘違いしてきたのかもしれません。」

「今日うかがって、もしかしたら、私たちがつくって売っている簡便で安価な食品って、人々が誰かと一緒にご飯を食べて、おいしいね、と認めあって、にっこりする、そうするともっとご飯がおいしくなるという食べ方を壊してきてしまったのではないかと、はっとしました。おいしいというのは、単に成分の問題ではなくて、誰とどのように食べるのかということにも強く依存していますよね。そのことを改めて感じました。」

「食品会社にいる者として、頭をがつんと殴られた感じです。どうなるかまだまったくわかりませんが、食品会社の使命として、人が大事な人と一緒にご飯を食べることで、もっとおいしく思え、もっと元気になれるような、人がみんなでご飯を食べることを組み込んだ食品というものを開発して、ひとり寂しく食事をする人がいないような社会をつくることを考えなければなりません。それこそ、やりがいのある仕事です。鍵は、食品ではなくて、食事なのですね。」

従来の大量生産・大量消費の経済モデルでは切り捨てられていた誰とご飯を食べるのかという課題、つまり「食事」が、新たに質的な課題として立ち上がり、企業の製品開発のあり方を変える可能性が出てきたのだといえる。そこではまた、人々のつながりをつくるメディアとしての企業のあり方が問われてもいるのだといえる。

3　自らを駆動する〈学び〉

いま、私たちが立ち会っているのは、このような形での、社会の転換期であるといってもよいのではないだろうか。そして、このような社会の構造的な転換期にあって、既述のような小さなコミュニティを基本としたささやかな取り組みが多様に形成され、それがドットとして相互に、そして緩やかに重なりあって、多重なレイヤーを構成し、人々がそれらを軽やかに行き来することで〈生活〉つまり自分の存在を価値豊かにつくりだし続け、そうすることで、そこに既述の意味での新しい経済が形成され、人々の生活を質的かつ価値的に豊かなものへと組み換えていくことが見通されることとなる。その〈社会〉そのものが人と人とのつながりのあり方であり、そのつながりのあり方そのものが人の存在そのものつまり〈生活〉なのであって、そのつながりを生成し、組み換え続ける営みそのものが〈学び〉なのである。

〈学び〉とは、個人の存在のあり方つまり〈生活〉であることで、〈社会〉そのもののあり方でもあり、〈社会〉が生まれ、組み換わり続ける、その動的なプロセスの態様そのものなのである。

こういう〈生活〉は、その都度、自分の頭を働かせて、創意工夫して、常に想像し続けなければならないものでもある。戸惑うこともあるだろうし、しまったと思うこともあるかもしれない。しかしそれは、そのたびに、新しい自分に出会っては驚くという経験を重ねることでもあり、それはとても楽しいことなのではないだろうか。そういう楽しい生活を送ることで、自分がこの社会にとってなくてはならない存在なのだと実感できること、こういうことが、人を常に次へ次へ、もっともっと、と駆動していくものとなる。

しかも、こういう駆動力は、誰もが持っている。しかしそれは、他者との「間」ででしか発動しないものでもある。それは顔が見える関係を基本につくられた小さな〈社会〉の中で、自分を認められ、自分も相手を認めることで生まれる、事後的な肯定感と自分への驚きがつくりだす、自分をこの社会で生かそうとする生きる力なのだといえる。

これからのこの社会は、こういう自分への駆動力を発動させる人たちがつくりだす、人々が経営する〈社会〉へと組み換えられていくのだと思われる。そうすることで、人々は尊厳を認めあい、常に〈社会〉をつくり続けるとともに、自分をもつくり続け、そこに生きているという実感を豊かに生み出しながら、この社会を価値豊穣な、生きるに楽しい社会へとつくりだしていくことになるのだといえる。

誰もが〈社会〉のフルメンバーとして、自分をつくりだし続けることができ、自分に驚き、人とともに地に足をつけて生きているという実感、つまり身体性と当事者性を感じ取り、楽しくて仕方がない存在へと自分をつくりだすことができる〈社会〉、こういう小さな〈社会〉をつくりだし、自ら経営する実践、つまり〈学び〉が、人々の日常生活のレイヤーのそこかしこでなされ始めているのである。

(1) 平川克美『喪失の戦後史——ありえたかもしれない過去と、ありうるかもしれない未来』、東洋経済新報社、二〇一六年、一四六頁。

(2) 井出英策・古市将人・宮崎雅人『分断社会を終わらせる——「誰もが受益者」という財政戦略』、筑摩書房、二〇一六年。

(3) たとえば、牧野篤『「つくる」生活がおもしろい——小さなことから始める地域おこし、まちづくり』、さくら舎、二〇一七年。

(4) この取り組みについては、牧野篤『〈わたし〉の再構築と社会・生涯教育——グローバル化・少子高齢社会そして大学』(大学教育出版、二〇〇五年)、同『シニア世代の学びと社会——大学がしかける知の循環』(勁草書房、二〇〇九年)などに初歩的な実践と成果の紹介がある。また、初年度の取り組みの報告として、牧野篤『高齢社会の新しいコミュニティ——尊厳・生きがい・社会貢献ベースの市場社会を求めて——名古屋大学・十六銀行・電広産学共同プロジェクト「ひと循環型社会支援機構」シニア・プロジェクト「くるる」第一年目の報告』(名古屋大学教育学部、二〇〇二年)がある。

(5) このセミナーのプログラム設計の基本となった高齢者の価値観に関するアンケート調査結果の詳細については、牧野篤『シニア世代の学びと社会——大学がしかける知の循環』(勁草書房、二〇〇九年)の第一章「感謝から好奇心そして自己の尊厳へ——シニア世代の価値観と生き方」に詳しい。また、このセミナーの初期の頃の姿は、同書第五章「〈見えない資産〉と知の社会循環」に紹介されている。合わせて参照されたい。

(6) このセミナー事業については、牧野篤『人が生きる社会と生涯学習——弱くある私たちが結びつくこと』(大学教育出版、二〇一二年)の第九章「地域コミュニティの人的ネットワーク再構築の試み——千葉県柏市高柳地区「柏くるるセミナー」の実験」に紹介されている。

（7）このプロジェクトについては、牧野篤『生きることとしての学び――二〇一〇年代・自生する地域コミュニティと共変化する人々』（東京大学出版会、二〇一四年）の第Ⅱ部「生きることとしての学び」に詳しい。

（8）詳しくは牧野篤『生きることとしての学び――二〇一〇年代・自生する地域コミュニティと共変化する人々』（東京大学出版会、二〇一四年）の第Ⅱ部「生きることとしての学び」、および牧野篤『農的な生活がおもしろい――年収二〇〇万円で豊かに暮らす！』（さくら舎、二〇一四年）を参照のこと。

（9）ＭＯＮＯ－ＬＡＢ－ＪＡＰＡＮプロジェクトの取り組みについては、東京大学生涯学習論研究室ＭＯＮＯ－ＬＡＢ－ＪＡＰＡＮプロジェクト『ものづくりを通した新しいコミュニティのデザイン――ＭＯＮＯ－ＬＡＢ－ＪＡＰＡＮの活動を中心に』（学習基盤社会研究・調査モノグラフ7）（東京大学大学院教育学研究科社会教育学・生涯学習論研究室、二〇一四年）を参照のこと。

（10）総務省統計局「平成二五年住宅・土地統計調査 速報集計 結果の概要」、二〇一四年七月二九日、一―二頁。

（11）東京大学大学院教育学研究科社会教育学・生涯学習論研究室院生プロジェクト『「まち」をフィールドにする――「岡さんのいえ」ＴＯＭＯ」・「街ing本郷」院生プロジェクト報告』（学習基盤社会研究・調査モノグラフ11）（東京大学大学院教育学研究科社会教育学・生涯学習論研究室、二〇一六年）など。

第1章　「必要」の分配から「関係」の生成へ

1　社会

1　問い

私たちは、自らの生が不全化される時代に生きている。そこでは、人の実存にかかわる深い問いが発せられ、教育学研究とくに社会教育や生涯学習の研究と実践が構築してきた国民の教育権や住民の学習権の基盤が掘り崩されている。それはまた、私たち一人ひとりの自我のありよう、つまり自己認識をめぐる課題を提起している。

たとえば、経済のグローバル化と少子高齢化、そして産業構造の消費社会への転換がもたらす「勤労」の解体と消費の前景化、それにともなう金融経済とニューロ・マーケティングが導く人格を問わない経済の展開と自己愛的な経済行為の強まり、そして平成の大合併とそれがもたらす基層自治組織の瓦解による帰属のアイデンティティ・自己の物語の消滅などとして、その現象をとらえることができる。それは端的に、個人の孤立と、その結果としての個と権力が直結することによる自我の肥大として現象化している。つまり、「私」が社会的存在であることが無用化され、また否定され、「私」が「われわれ」として存在することを可能とする社会が失われているのであり、私たちは国民や住民という政治的・行政的な存在、すなわち権利行使主体として措かれなくなる事態が招かれているのだといえる。

そして、この社会においては、開発・発展（development）とは何かが改めて問われざるを得ない。私たちが生きてきた近代産業社会においては、国家という政治＝経済の枠組みが前景化され、市場を基盤とする均質化と画一化の表象が個と普遍とを媒介する国家のイメージとして形成されている。それはたとえば、国民国家や民族国家という表象に顕著である。そして、それが市場の拡大のアナロジーである開発・発展さらには発達（つまりdevelopment）として、あらゆるものを秩序づけ、普遍主義へと連なっていた。個人である「私」は、発達する普遍的な主体として「われわれ」を構成しつつ、その発達の度合いによって社会的価値と位置づけ、つまり存在意義を担保することが可能となっていたのである。均質性による平等を前提とした序列としての意味づけが、「私」を「われわれ」の中に立たせてきたのだといえる。この均質な存在に意味をもたらすものが、個と普遍とを媒介する国家や企業・地域社会そして家庭などの中間集団であった。しかし、いまやこの中間集団は解体され、個と普遍とが直結されることで、序列としての存在意義と社会的価値が否定されようとする時代、いいかえれば平等な国民としての権利行使が否定される時代に、私たちは生きているのである。

社会の持続可能性と教育・学習とのかかわりを問うことは、そこに含意されているであろう開発や発展という言葉の意味を組み込みながら（development の訳語を含めて）、このような事態に対して、私たちが生の主体性をどう自らの手にするのかを問うこと、つまり自己認識のあり方を問い返しつつ、この社会を生きるに値する〈社会〉へと組み換えていくにはどうすればよいのか、その方途を模索することと深くかかわっている。そして、それは、国家という枠組みを前提にその存在を担保されてきた私たちの人格や自我など自己認識のあり方を問い返さないではいない。

それはまた、人の自我や自己認識と深くかかわる教育学、なかでも国民や住民の権利主体つまり主権のあり方を問うてきた社会教育や生涯学習の研究に課せられた重い課題でもあるといってよい。

2 近代社会のダイナミズムとその終焉

近代産業社会を基礎として構築される国家は、常に民衆を均質空間に位置づけつつ、産業的身体へと形成して、国民化つまり均質化・画一化することで、国家目的としての経済発展と個人の目的としての生活改善の欲求とをひとつながらに実現しようとする。しかし、それが一様序列性にもとづく競争によって、均質空間の前提である人々の国民としての紐帯を切断するために、国家は常に福祉的な課題を抱え込まざるを得ない。つまり、「経済」と「福祉」は常に矛盾を来さざるを得ない。だが、そこに国家システムとしての学校教育が組み込まれることで、「経済」と「福祉」の矛盾は各個人の生活の様式とその認識つまり「文化」（国民文化）的主題へと組み換えられ、管理と統制は規律と訓練へと変換されて、「われわれ」という意識と新たな紐帯を生み出すことになるのである。

「私」は「われわれ」であるがために、常に相対的な序列化への圧力にさらされ続けざるを得ず、社会はその圧力を縮減するためにこそ、常に均質化に向けた新たな不利益層の備給と社会的な選抜すなわち差別の強化がなされる必要に迫られる。しかも、規律と訓練という教育にかかわる課題は、常に「経済」発展による階層上昇をともなわなければ民衆への訴求力を持つことは困難である。「私」は「われわれ」として形成されればされるほど、つまり均質化されればされるほど、その均質性は序列性へと転換されてしまい、その序列性を再度平等性へと転化するためにこそ「経済」が問われなければならず、その「経済」は地縁結合や相互依存・扶助を基本とした人々の紐帯を解体するために、「福祉」が問われなければならず、その「福祉」を新たに結び直すためにこそ、改めて「われわれ」の均質性が求められるという、解体と構築の循環がつくられていたのである。

このような相互に矛盾しつつ自動的に展開するダイナミズムが、近代国家には組み込まれているのだといってよいであろう。しかもそこには、開発・発展つまり規模の拡大、すなわちdevelopmentとそれがもたらすパイの分配の増大が暗黙の了解として前提されているのである。この社会にあって、社会教育は、学校教育を補完して、民衆の国民化を促し、かつ地域コミュニティの民衆生活レベルにおいて「経済」と「福祉」と「文化」がつくりださざるを得ないズレを修復しつつ、均質性を生み出し、その均質性を次のズレへと橋渡しする、つまり「社会」の均質性と裂け目を相互に媒介する役割を担ってきた。その意味では、社会教育は、既述のような産業社会を基礎に持つ国家のダイナミズムの結び目に位置づくものであるといってよい。

今日、私たちが直面しているのは、このような近代産業国家のダイナミズムの終焉である。つまり、「経済」と「福祉」の問題を民衆の生活における意識や価値つまり規律と訓練の課題へと組み換えて、社会の均質性と裂け目の生成へと媒介する「文化」、この三者が織りなすダイナミズムが機能不全を起こしているということである。そして、その背後には、この社会が人口減少をはじめとする構造的要因によって、すでに規模の拡大を前提にできなくなったという事実が横たわっている。それゆえに、このダイナミズムの不全化は、基礎自治体においてこそとらえられる必要がある。なぜなら、このダイナミズムが実際に機能し、国家内部において均質な「社会」をつくりだし、それが経済発展と国民生活の改善、そして福祉の向上を実現しつつ、均質性と平等に定礎された国民文化のもとに多様で固有な地域文化を生み出してきた現場が基礎自治体であり、またそのさらに下位に置かれる基層の住民自治組織だからであって、しかもこの基層自治組織においてこそ、少子高齢化・人口減少という、この社会の規模の拡大の反転、つまり縮小が目に見える形で生じており、「経済」と「福祉」とが矛盾を来し、それを規律・訓練へと組み換える「文化」

が機能不全に陥っているからである。

いまやこのダイナミズムの終焉により、基礎自治体の再編が急速に進められている。それがいわゆる平成の大合併であり、それが招来した現実の姿は、疲弊しきった自治体とそれを支えてきた住民の自治組織の解体である。これはそのまま、国家のあり方の転換、つまり個人の自立を前提とする規律・訓練の国家から、住民生活の地場である地域社会を国家的な関与から切り離しつつ、個人を孤立させ、改めて漠然とした国民文化へと人々を統合しようとする、個人を切り捨てつつ依存させる統制的な（神聖）国家への転回を意味している。それはまた、住民としての個人と国家とを媒介する中間集団としての自治体を解体し、個人の具体的な生活実感に支えられる「社会」が相互に連携した国家ではなく、すなわち個人の具体的な生活の実践である「経済」と「福祉」と「文化」のダイナミズムを基盤として構成される、国民としての個人の生活保障と向上のための、つまり人権保障と権利行使の体系と制度としての国家ではなく、個人の生活を曖昧な国家イメージへと回収しつつ、漠然とした一体感によって構成される「社会」として国家を再構成すること、すなわち個人の存在が曖昧化されて、漠然とした所与の国家イメージへと回収されることで、生活向上への運動を停止し、所与の人権を否定する、きわめてスタティックな全体主義的な国家への転回であるといえる。これはまた、個人を前提とした国家ではなく、国家を前提とした個人への組み換えであるといってよい。

いま問われなければならないのは、私たち一人ひとりの存在の具体性の確保であり、それは個人が他者とともに生きているという身体性を回復することでもある。それはまた、地域社会における人々の生活を支える基本的な「経済」の再生と「福祉」機能の組み換えと新たな形での生成、人々の生活から生み出され、それを支えている様式としての「文化」の発掘・再評価と創造である。さらにそれは、それらの基礎であるべき地域社会に生きる人々の関係を相互の承認関係へと組み換えて、人々がその関係の中できちんと生きている自分を認識し、またそのように生きている他者を認めることによる、自己の存在にかかわる認識の形成と、その認識に支えられる他者への積極的なかかわりの創造という、互いに絡みあう要素をとらえつつ、それを改めて地域社会のあり方として構想することである。この意味では、「経済」「福祉」「文化」という地域社会に生きる人々にとって欠くことのできない生活の諸領域が崩落しつつある今日、これらを再び人々の存在において結びつけつつ、「価値」化し、新たに実現されるべき〈社会〉の姿を描き出すことが求められているともいえる。それはまた、国家という統制的な均質性を前提としない人々の存在のあり方を問うことと結びついている。ここにおいて、この存在を地域社会でつくりだす〈学び〉、すなわち生涯学習が前景化してくるのである。

3 〈贈与〉と社会

私たちが社会で生きるとは、本来的に、過剰な達成と自分に還ってくる事後的な自分との間に、自己が他者へと過剰に贈与されてしまっているがために、自己が他者から自分へと還ってくるという往還の関係が成り立っているということである。過剰達成と事後性とが成立する、つまり私たちが社会で生きるためには、その間に〈贈与〉、しかも過剰な私の、無償の〈贈与〉が、私そのものへと還ってくるという循環をつくりだす、いわば〈純粋贈与〉が介在していることが必要になる。〈贈与〉なき過剰達成と事後的な自己の認知は、自分を他者との相互性の中に描くことはなく、世界を消費する自己に向けて一方的に商品が提供され、またより直接的に自分の感覚を消費しようとして、自分自身へのアディクションが起こり、自己を消費することへと結びついていく。与えられる商品を選択して消費することは、自分の好み・嗜好を、その商品に投影して消費し、一時の満足を得ることに過ぎない。それは、他者への共感力と想像力が失われ、他者の身になって、他者の目から、私をとらえることができなくなっていることと同じである。

自分に還ってくることのない自己消費の過剰性は、私たちが、商品である自分を流通させることでしか、自分をこの社会の中に置くことができないこととかかわっている。だからこそ、つながっていたいのに、流通するためには孤立していなければならないし、流通することでしかつながれないのだという逆説が生まれることになる。

岩井克人はいう。「貨幣が貨幣であるためには、それは人間による日々の売り買いによって、たえず貨幣として確認され、たえず貨幣として更新されていかなければならない。貨幣は日々貨幣にならなければならないのである[1]」。この貨幣論は、この社会における私たちのあり方と重なっており、いわゆる大衆消費社会の人間のあり方をいいあてているように見える。ここでは、人々は他者と相互に承認しあう〈社会〉を形成することはない。常に自分だけが他者から認められることを求め、自己へのアディクションに溺れる、つまり自己愛的である他はないのである。

2 市場

1 「商品」と市場

常に他者によって貨幣であると確認され続けることによってしか、貨幣は貨幣であり得ないように、なぜ私たちは常に他者によって求められ、他者によって見つめられ、商品やサービスを提供されることで、自分を流通させて、消費してしまうことを、過剰に求めてしまうのだろうか。

ここで考えるべきは、「商品」が価値を持ち、貨幣によってその価値が衡量され、ほかの「商品」と比較、交換が可能となるのは、その背後にある人間の普遍性つまり身体性とそれにもとづく労働力がそれを担保しているからだが、その価値を生み出すのは差異、つまりその「商品」をつくりだすのに投入された労働力の総和がその共同体の外で持つ価値すなわち交換価値とその労働力を回復するのに必要な価値の総和との間のズレだというマルクスの論理である。それは、普遍である人間の力能がつくりだす「商品」という特殊な形態の問題であり、しかもその特殊な形態が価値を持つためには、普遍である人間的な基礎がそれを流通させなければならないという問題でもある。貨幣と市場がなぜ成立し得、なぜ必要なのかという問題である。

そして、このことは、たとえばマルセル・モースやレヴィ＝ストロースのいう交換＝市場発生の起源と重なりあう。原始社会において、ある者が自分の共同体の外部であるモノを拾ったとすると、拾った者が負債の感覚を抱えてしまい、その負債を返済するためにも、より多くの拾ったモノとは異なるモノを返そうとして、拾った場所により多くのモノを置く、するとほかの共同体の成員がそれを拾い、同じく負債の感覚を抱くために、さらに多くのモノをそこに置こうとする。こうして、過剰な贈り物の応酬が続くことで、それが次第に交換を組織する市場へと発展したというのである(2)。負債の感覚とは取り憑かれの感覚であるといってもよいであろう。モノの物神化とはそのことのいいかえでもある。ここで重要なのは、負債を返済するために、誰か他者に向けて贈り物をし続けることで、過剰な贈り物の応酬が自動的に展開し続けるということである。負債とは、自分が純粋贈与を受けてしまったことのいいかえである。だからこそ、負債を返す、つまり反対給付を誰かにしなければならなくなる。この応酬が普遍的な市場の形成へとつながっているのである。

2　言語と過剰な自己

市場は過剰なものとしてある。モースやレヴィ＝ストロースのいう〈贈与―答礼〉の関係は、所有への欲望はジャック・ラカンのいう「他者の欲望を欲望する」ことであること、そして、所有の欲望を抱くことで、人は他者に取り憑かれてしまう不自由な個人となることを意味している。それはまた、近代社会に入って、個人が共同体規制から解放されることで、自立すなわち孤立し、一方で人格的な自由を獲得しながら、他方で共同体による利益の互酬や再分配を失い、市場の不安定性にさらされる不自由な存在として形成されざるを得ないことと対応している。人は他者の視線を自らの基準と措くことで、自らを律しようとせざるを得なくなるのである。自由になることで、人は他者に取り憑かれる不自由な存在となるといってよい。

そのため、人は、その他者を祓うためにこそ、他者へと過剰な〈贈与〉をせざるを得ず、そうすることで自らの自由を獲得しようとするが、それがまた他者への過剰な想像力を喚起せざるを得ない。つまり、自分が所有していて、他者が所有していないもの、他者が欲望するであろうものを過剰に市場へと置くことによって、自らが他者に取り憑き、他者を不自由にすることで、自己が自由になるという、他者への想像とその想像から自分に還ってくる過剰な自己認識がそこで形成されるのであり、そこからこの自己認識は常に他者を経由した自己認識、独りよがりではない、〈わたしたち〉としての〈わたし〉を意識する自己認識へと高められることになる。人は他者との関係の中で、他者に取り憑かれ、それを祓い、他者に取り憑くことで、さらに他者に取り憑かれるという過剰な応酬の中に身を置かざるを得ないのである。自己の中に他者を見出し、他者である自己を引き受けることになる、つまり自己を他者化することで、自己を見つめ、認識している自己を生み出すことになる。これが市場の基本的な機制である。

この〈贈与—答礼〉の過剰な関係は、実は私たちの「自我」の構造にかかわっている。自我の発生の当初から、私たちは、常に、言語を用いて自己を認識することしかできない。私たちは、その言語が自分のものでありながら他者のものでしかあり得ないことによって、常に言語の自己言及性に制約された自分の言及できなさに苛まれ続けている。

私たちは自己の言及できなさを事後的に知覚しつつ、その言及できない自己を言及しようとして、過剰に他者から言葉を与えられることを求めてしまう。つまり、他者を欲望してしまう。それは自己の他者化でありながら、他者を自己化してその自己をとらえようとする行為である。そのため、常に、認識しようとする自己つまり他者に投影されている自分へと過剰に自分を移しつつ、自分を認識し返そうとする循環を繰り返さざるを得ない。これが、〈贈与―答礼〉の循環の基本的な機制である。〈贈与―答礼〉の循環は、自己認識を求めようとする私たちの自我が他者を求めざるを得ず、他者へと自己を差し出さなければ自分をとらえることができないという自我のありように定礎されているのである。私たちは、他者を認識することなくして、自分を認識することはできない。つまり、私たちは、自己の中に他者を見出すことなくして、すなわち自己の他者となることなくして、自己を認識することはできないのである。

そして、この機制は、生産のありようでもあった。自然を加工してモノをつくりだすことは、生産する者の意思や価値を外化すること、他者化することであり、その他者化された自己を回収して、自分を認識する作業が、モノの〈贈与〉と消費そして他者への〈答礼〉の過剰な応酬であった。資本主義システムは、分業すなわち生産労働過程の分断および生産と消費との分離によって、生産物を生産者自身のものとできない、つまり自己を回収できない疎外をもたらすこととなった（この疎外された存在を労働者という）。しかし他方、資本主義的市場の拡大は、市場が信用を媒介として拡大することを本旨としていることによって、〈贈与―答礼〉の関係を商品を媒介として実現する可能性を有したものでもあった。ところが、グローバリゼーションがもたらす〈帝国〉の構成(3)においては、生産は否定され、人々が自己を他者化する機制が解体されるとともに、人々の存在そのものが商品化されることで、〈贈与―答礼〉の関係が成立しない消費が市場を覆うこととなる。ここにおいて、人々は、自らの存在を認識する物質的基礎を失い、社会に浮遊することとなる。

しかも、この社会そのものが、人々の存在を担保する人々相互の関係、つまり自己の他者化によって構成される旧来の社会ではなくなっている。人々は自らの存在を自分のものとして認識することができなくなるのである。

3　自己消費

このような〈贈与―答礼〉の関係を欠いた社会は、私たちに他者の欲望を欲望することで、他者への想像力を媒介として、自分自身へのまなざしを持つことを許さない。私たちは自己を消費することで、自分を実現していると思い込まされてしまう。そこでは、自己は自分が見つめるものではなく、私たちは、他者が指定するもの、他者が直接に欲望するものとしてしか、自己を確かめるすべを失ってしまう。私たちは他者とともに社会に生きることなく、孤立し、さらに他者から求められることを求めて、自己の商品化を進めてしまう。そこには、自己を見つめる、他者を介した自分は、存在してはいない。自己は自分によって消費されてしまい、自分へとは還ってこないのである。

このように見てくれば、私たちの生きづらさは、自分が社会の中で他者とともに生きていないがための、そして自分が自己を消費してしまうことによる、自己の消失にあるといってもよい。

本来であれば、他者との関係において、自分の中の他者との対話によって、常に過剰に自己を〈贈与〉しつつ、他者から還ってくる自己を事後的に認識して、その事前と事後の落差の中に、自分とのコミュニケーションを成立させる、そういう仕方で自分への駆動力を強めていく、これが自己認識のあり方である。それは、常に自分へのわからなさが、事後的な自己認識へと還りつつ、さらにわからなさを再生産するという形での自己探求へと向かわせるものでもある。

しかし、自己消費は、常に事前に価値づけされた自己を消費することで一時的な充足感を持ちながら、その満足を消費してしまうために、次々に新たな刺激を求めて、過剰な消費を展開せざるを得なくなるという意味で、人々を過剰な達成のスパイラルに陥らせることになる。そこでは自己のわからなさは生産されず、新たな価値が生成されることはない。自己は常に意味として切り取られ、無意味として消費つまり捨てられることとなる。その行き着くところは、自己蕩尽すなわち死である。

そして、このような他者を失い、社会に生きることができなくなった個人を回収するのが、漠然としていながらも権威主義的な国家の提示する文化イメージである。ここにおいて、個人は孤立しつつ、国家へと全体主義的に回収され、曖昧な自我は国家イメージと一体となって救済されることとなる。

このような事態に直面し、個人を、社会に生きる存在として、国家への回収から掬い上げるために、私たちには、自己消費のスパイラルにおける過剰な達成を、その過剰な消費と一時的な満足との間に、〈贈与〉を組み込むことで、他者とともにある自分をつくりだしては事後的に発見し、認識することで、常に新たになっていく自分と対話することのできるプロセスへと組み換えていく、意識的な営みが必要となっているのではないだろうか。

その意識的な営みとは、〈学び〉をおいてはないであろう。私たちは、商品としてフローである自分のその性質を利用しつつ、〈学び〉の場で、〈学び〉あう他者との関係の中で、他者を通して自分を見つめる、つまり自分へのまなざしを獲得した、他者との関係によって規定される自分として、自己を立ち上げることができるのではないだろうか。それはまた、こういってもよいかもしれない。フローである私たちが居場所を得ることができるように、すでにフロー化されている知の伝達のあり方をストックという行為へと再構成するのではなく、ストック／フローの関係を超えた、またフローである私たちが流通することのできるインフラストラクチャとして、他者との対話的な関係を形成することで流通する商品へと自らを構成し続けること、それつまり他者との間にある自己の変容のプロセスが〈学び〉

である、と。

そしてそうだからこそ、知的な〈贈与―答礼〉の循環は、〈贈与〉を受ける者に自分とは誰であるのかという問いを発しつつ、自己を探求させ続けざるを得ず、〈贈与〉を行う者にも同様に自己を探求させることになる。この二つの自己の探求が結びつくことで、〈学び〉の場所は、人々を、知識の探求と〈贈与―答礼〉の循環に組み込んで、〈社会〉の創造へと向かわせる基礎を構築することになる。人々は、知の創造をめぐる相互承認関係に入る、つまり知の創造の自由を互いに認めあう関係に入るのである。この関係は、社会的な価値の創造と再生産においても同様である。社会が価値の創造と再生産を繰り返しつつ、人々相互の関係を創造して、発展していくための人間的な基礎として、この知的な〈贈与―答礼〉の過剰な関係が存在しているのである。〈学び〉が個人を通して〈社会〉そのものとなり、〈社会〉は個人が他者との間にあって自己を生成し、変容させ続けるプロセスとなるのである。

3　企　業

1　社会教育・生涯学習と企業内教育

これを生産労働の場である企業に見てみたいと思う。社会教育と企業内教育は、本来、相思相愛であってもよい仲なのに、片思いがすれ違う関係であり続けてきた。しかし、生涯学習の時代になって、両者はようやく、曖昧ながらも接点を持ち始めているように見える。

旧教育基本法の第七条（社会教育）には、その第一項に「家庭教育及び勤労の場所その他社会において行われる教育は、国及び地方公共団体によって奨励されなければならない」と規定されている。しかし、実際には、教育行政と労働行政との厳しい縦割り、社会教育研究者が企業にアプローチすることの困難、さらには社会教育研究者の企業活動への先入観などにより、社会教育が企業内教育をその研究対象として射程にとらえることはきわめて難しく、また一部の研究者を除いて、とらえようとはしてこなかった。社会教育が対象としてきたのは、勤労青年教育・労働者教育など、むしろ企業社会にあって疎外されている人々の自己回復や主体形成という課題であった。そのために、社会教育はまた、職業教育やキャリア教育・技術教育など、働く人々の能力開発につながる教育についても、関心を持ちながらも、ほとんど扱ってこなかったといってよいであろう。

生涯学習の時代になり、教育基本法が全面改定されることで、法的規定から「勤労の場所」が省かれ、社会教育は公的に奨励され、保障されるものから、個人の要望や社会の要請に応えて、行政的に奨励されるものとなった（第一二条）。その背景には、行政的に社会教育から生涯教育、そして生涯学習への急速な転回があり、生涯学習そのものが市場化されつつ、個人の職業能力や人材育成と深いかかわりを持つようになったこと、経済構造の変容にともなって、企業が企業内の教育を外部委託つまり社会化しつつあることなどが要因として存在しており、それが、生涯学習が職業教育・キャリア教育さらには企業の教育活動にアプローチする可能性を広げることとなった。とくに、いまだ不十分ではあるが、学習成果を企業横断的に評価する資格制度の創設など、個人の職業生活と生涯学習が深いかかわりを持ち始めている。

このときのキーワードは、「学習」であり、それは公的かつ集団的に保障されるべき「教育」ではなく、個人の必要にもとづいて行われる個別かつ多様な活動であるとされる。これはまた、人々の価値観を含めた社会的な構成の流動化と多元的対抗化、端的には市場の流動化と多元化・分散化を背後に持つものであり、生産者と消費者の分断が消費者の側から統合されつつ、従来の意味でのサプライヤーが後景に退いていく社会の到来と一体のものでもある。

2　社会の構造的変化と実存の危機

生涯学習（社会教育）と企業との関係の変化の背景には、経済環境の激変が存在する。とくに一九八五年のプラザ合意以降の円高基調の国際環境と九〇年代バブル景気崩壊後の長期不況によって、さらに一九八九年のベルリンの壁の瓦壊による東西冷戦構造の解体、一九九二年の中国・鄧小平の南巡講話による経済改革・対外開放の加速化によって、それまでは「北西」の競争、とくに北半球（先進諸国）の西側（資本主義諸国）における経済競争を戦ってきた日本企業が、東西冷戦の終結と中国という巨大な市場の参入によって、「北の南北」競争、つまりそれまでは社会主義陣営であり、途上国であった中国との国境が市場化によって崩れ、巨大な労働力市場を持つ中国をめぐる国際的な競争の波に洗われるようになったのである。当時の賃金格差は、中国の沿海地帯の平均賃金を一とすれば、小さく見積もっても日本のそれは二〇だといわれ、この格差の中で日本の製造業は中国への進出を余儀なくされることとなったといわれる[4]。こうした国際情勢の変化を背景として、製造業を中心とした国内産業の空洞化といわゆる日本型雇用の解体、さらにはIT化の急激な進展による企業内の人員構成の流動化などが、人々の就労のあり方を激変させることとなった。それは働く人々の実存レベルの危機とも呼べる状況を招いている。

この問題の背後にはさらに、日本社会が抱える大きな課題が存在する。一つは、急激な少子高齢化と人口減少である。日本の高齢化率（六五歳以上人口の総人口に占める割合）は二〇一六年に二七パーセントを超え、世界で最も高く、予測では二〇三五年頃には三三パーセントとなり、二〇六〇年には三八パーセントを超えるとされている。総人口の減少も進んでおり、二〇一六年に一億二七〇〇万人ほどであった人口は、二〇五〇年には一億人ほどとなり、二〇六五年には八八〇〇万人ほどになると予測されている[5]。

国内市場が流動化しながら急速に縮小していく時代に入ったのであり、財政出動＝福祉による市場の拡大政策が無意味化する時代がやってきたのだといえる。その結果、福祉が後退し、自己責任・自立が叫ばれるようになっている。

さらにバブル経済崩壊後の長期不況は、雇用のあり方を急激に変化させている。終身雇用・年功序列のいわゆる日本型雇用慣行は解体が進み、今日、勤労者の五分の二が非正規雇用である。しかし、反面で常用・非常用の比率は一九八〇年代と二〇〇〇年代ではほとんど変わっていない。つまり、正規・常用の雇用形態から非正規・常用のそれへと、雇用のあり方が切り替えられているのである[6]。長時間労働の形態は変わらないまま、雇用だけが非正規へと切り替えられているのだといえる。企業にとっては、景気の調整弁として、いつでも解雇できる人材を抱えることができるメリットがある一方で、労働者にとっては「働くこと」の誇りを奪われる事態が招かれているのである。

第三に、経済構造の変容にともなって、行政構造の転換、つまり規制緩和を基本とした高度な中央集権システムから分権システムへの転換がはかられており、それが自己責任論と手を結ぶこと、つまり人々の個別化を促すことで、人々の生活基盤である地域社会の解体を導いている。明治以降、近代国家を建設する過程で、日本は旧来の自然村をベースにしながら、小学校を核とする行政村を編成し、住民生活にかかわるさまざまな組織や機関の「圏域」を「校区」として設定することで、自治的な行政システムを構築してきた。その後、戦後の改革において、その圏域は中学校区に拡大されるが、基本的な構造は不変であった。役場・学校・警察・消防・保健など人々の生活保障の基盤となる行政機関がこの校区に配置されるとともに、その下部に小学校区単位で、さらにその基層の旧来の自然村的な単位で、自治会（町内会）や消防団・青年団・婦人会・子供会・老人クラブなどのいわゆる地縁集団が組織され、それが日本の自治体行政の基盤を形成していた。そのさらに基底となる基本単位が家庭であった。

しかし、いまや家庭の構成は大きく変わり、単身家庭の全世帯に占める割合が二〇一六年には二八・二パーセントで過去最多となり[7]、他方、平成の大合併による自治体の再編は、広域行政により校区単位の自治組織の解体を促し、人々の生活基盤の動揺を招いている。さらに規制緩和にともなう地域商店街のシャッター通り化に象徴されるように、住民相互の交流の場所が地域社会から消えて久しい。

これらの大きな社会的変動は、端的にそこに生きる人々とくに働く人々の実存の根拠を曖昧化せざるを得ない。人々は自らの帰属先を失い、存在の不確かさに苛まれることになる。人々は孤立することで、他者との「間」に生きている感覚を失い、実存が曖昧化することで、自らの存在の「意味」に依存しようとするようになる。「自己への病」に冒されるのだといってもよい。この「意味」を与えてくれるのが、既述の国家イメージなのだといえる。

3 「必要」の分配から「関係」の生成へ

上記の状況は次のようにいいかえることができる。これまでの社会とくに産業社会において人々に分配されていた「必要」つまり「機会への欲求」が分配されなくなる社会がやってきたのだ、と。教育を受ける機会を分配され、就労機会を分配され、帰属先を分配され、社会保障つまり福祉を分配され、国民としての一体感を分配され、社会的な統合が人々の生活の安定として分配されていた社会の構成が瓦解しているのである。それはまた、人々の生活の「必要」が分配されることで、市場が形成され、経済が循環し、人々が同じ帰属意識を共有しつつ、つながりあえていた社会が解体し始めたことを意味している。それはすなわち、サプライヤーが後景に退く社会でもある。

このような社会では、人々は自らの実存を確保するために、その「意味」を問わざるを得なくなる。存在する意味、働く意味、生きる意味など、意味の虜になっていく。そして、その意味が見出せないとき、自らの存在に飢え、存在を確認するために身体を加工しようとするようになる。つまり、身体の強度を感じることで、自分の存在を確認しようとするようになる。それがかなわぬとき、人は精神を病むようになる。

働く現場でうつなどの精神疾患が急増しているのは、働く現場がすでに「働くこと」によって自らの存在が実感できる場ではなくなり、働くことの意味を問うても、答えが返ってこない場となっているからだといえる。

そして、それはまた、「働くこと」によって、他者との関係において自己が実現されていく感覚を、事後的に得ることができ、その感覚を自分のものとすることで、自分への駆動力が高まり、さらに「働くこと」へのドライブがかかるような自己の存在のあり方、しかも、その自己の存在とは他者がいるからこそ感じ取れるものであるという、実存の感覚、そういうものが働く現場から消えていることを物語っている。

このことは広義の意味での〈学び〉と深いかかわりがある。〈学び〉とは、人が、人とのかかわりの中で、人との関係態として自分が立ち上がってくることを認識し、かつ自己を常に新たにしていく、自己生成と変容のプロセスのことである。つまり、他者との関係において、知が獲得されることで、自らの変化が引き起こされ、学んだ事後においてそれを確認することで、自分へのドライブがかかり、さらに自分を他者との関係において開き、自分をより深めていこうとする過剰な循環が引き起こされること、これが〈学び〉の基本的なメカニズムである。〈学び〉とは、その意味では、自己を他者との「間」でつくりだし、他者との関係において初めてそこに存在し得るものとして確認し、社会の中にきちんと位置づいている自分を見出して、常に自分を新たな自分へとつくりかえていく営み、すなわち〈社会〉をつくりだしていく営みである。それはそのまま「働くこと」と重なる。

そして、この関係が切断されるとき、人は自らに閉じこもりながらも、自分を認めてくれる小さな宇宙の中に自足して、変化しないことに満足を覚えるようになる。これを無理やり打破しようとして、圧力をかけると、精神的な障害を引き起こすようになる。これが、働く現場でのうつの蔓延の原因とも見える。

この意味では、従来の「働くこと」や〈学び〉の循環は、他者との間で「必要」に迫られてつくられた循環、つまり「必要」が社会的に分配された結果、そうせざるを得ないようにしてなされた循環であるともいえる。いまやこの「必要」の分配がなされなくなり、何もない、つまり「必要」が存在しない社会に、私たちは立ち至っているといってもよい。

ここで私たちが問われているのは、既述のような一元的価値が支配する中での序列、つまり進歩や発展、さらには拡大を価値とする社会のあり方ではなく、価値多元的で並列的な、しかもそれらが相互に対抗的な社会において、他者と共存しつつ自己が生成し、変化し続けるような存在のあり方を獲得することである。それは、従来の「必要」の分配による事後性—過剰性の循環を、他者との「関係」の生成による事後性—過剰性の循環へと組み換えることである。

4 学び

1 〈学び〉の形式と〈社会〉としての企業

筆者の研究室が進めている社会的なさまざまなプロジェクト（ものづくりの社会化、中山間村の活性化支援、多世代交流型コミュニティの形成、町内会レベルの人間関係の再構築によるダイナミズムの生成と持続可能なまちづくりなど）で人々が見せてくれる自己変革の姿は、まさに、既述の意味における〈学び〉の循環である。そこでは、活動に参加することで事後的に初めて発見される新たな自己があり、その自己に導かれて次の新たな自己へと変化していこうとする意志に支配された新しい自分が立ち上がっている。しかもそれは、他者との関係においてなされる自己への駆動力の生成であり、この事後性―過剰性の循環に支配された自己が他者との間で同じく事後性―過剰性の循環をつくりだし、それを〈社会〉として構成していく姿でもある。

このような新たな自己の生成による新たな〈社会〉の生成のためには、初発の無償の贈与つまり純粋贈与が必要であり、それを行うのが大学など公共性の高いアクターである。このような循環が導かれるとき、人々は意味を問うことから解放され、また身体（存在を実感すること）への飢えから解放されて、他者とともに生き生きと自らの生を生きるようになる。

ここに生まれているのは、自己の存在と変化することへの確信であり、他者とともにある自己への駆動力と、他者への想像力である。ここでは、「私」は〈わたしたち〉であることによって〈わたし〉であるという存在のあり方が生まれている。この〈わたし〉の存在そのものが〈わたしたち〉なのであり、〈わたしたち〉そのものが〈わたし〉であるという関係の中で、自分の実存が担保され、生きていることの感覚が得られることとなる。

このような自己の感覚を得、自己を生成することそのものが「働くこと」として再生する〈社会〉、それこそがこれからの労働の場つまり企業のあり方として求められるのではないだろうか。

このような労働の現場では、すでに働く「意味」を問う必要はなくなっている。人はそこで働くことで、常に新たな自己を他者とともにつくりだしつつ、変化し続け、しかもその自己は他者への想像力を持った〈わたしたち〉でもあることによって、自分の仕事が社会的に位置づいていることを強く実感できる〈わたし〉として存在することになる。

このような〈わたし〉を立ち上げることのできる労働の現場つまり企業は、すでに生産者・サプライヤーとしての単機能を果たすだけのものではなく、むしろ消費者でありながら生産者である働く人たちが組織する、市場を構成する多元的な価値創造機関へと変容していく。そのためには、企業そのものが自らの組織のあり方を、このような働く人が自らへの駆動力を強め、事後性―過剰性の循環を生み出すことができるような形へと組み換えていくことが求められる。その組織の中で、働く人々が他の働く人たちとともに自分を生成していくこと、それこそが企業における「働くこと」つまり〈学び〉の形式として実現される必要がある。ここにおいて、企業はすでに〈社会〉なのであり、それは人々が自らの存在を他者との間で〈わたしたち〉として立ち上げる生活の場でもあるのである。

2　所与から生成へ――「語ること」の可能性

この場では、人々が相互に知の欲望を欲望しあう関係が形成され、その過程で、自分自身は、どうしようもなく変わっていってしまい、どうしようもなくわくわくするこの自分を相手にわかってもらいたい、そして、自分の中に入り込んでくる相手を感じ取りたい、その相手を通して自分を知りたいという関係をつくりあげていかざるを得ない。他者とのかかわりにおいて、自分自身がどんどん変わっていくのを実感しながら、わくわくして自分をつくり上げていく。これこそが、私たち自身が自由であるということの本質なのだといえる。

他者との相互承認関係の中で、常に自分を自由へと生み出し続けること、それこそが生きるということなのであり、それこそが人間として生きることの本質なのである。そこには、人間としての普遍性に定礎された他者への想像力に媒介された、同じ人間として承認しあう、つまり同じ人間として他者の自由への活動つまり欲望を欲望しあうことで、その自由をより十全なものへと練り上げていく主体としての自分が生み出され続け、それがまた人間の本質としての自由をより完全なものへとつくりあげていくという関係、すなわち、事後性にもとづく過剰な達成の回帰的循環が成立している。これこそが、自分を社会の中で生み出し続けることで、生き続けること、すなわち自由なのである。

私たちは、既述のような、個人が曖昧な国家イメージへと回収され、国家と直結するような現実の社会の中で、他者を慮り、他者を受け入れて、他者との「間」に自己を生成するのではなく、過剰な自分語りを続けることで、他者に自分を受け入れてくれと求めることでしか、自分を保つことができなくなっている。商品としての存在である。

しかし反面、この商品としての存在の中にこそ、言語で「語ること」の過剰性の可能性が見えてくる。私たちは「語ること」によって、すでに自分を他者に負っている、つまり他者を認め、他者の言葉を使い、他者に自分を認めてくれと求めることで、すでに他者にとらわれとなっている、他者に取り憑かれている自己を発見せざるを得ない。なぜなら、言語とは、自分のものでありながら、それは自分が帰属する社会のものであり、本質的に他者のものでしかあり得ないからである。そして、存在を他者に負っている自分は、所有の自由を振りかざし、所有の自由を争奪することから、認めてもらう自由を得ようとすることへと、自らの自由を組み換えることを要請する。

それは、こういってもよい。各個人の自由つまり欲望の多様性と人間としての普遍性の間には、生産・流通・消費の普遍化と各個人の個別性を媒介する価値の等価交換システム、つまり市場が組み込まれていて、それが現象としては個人の自由を束縛する。市場とは、「父」すなわち社会のシステムそのものである。本来、各々多様にあるはずの自由つまり欲望を、欲望の達成競争として相互に評価する基準が単一の尺度として設定され、それが交換の普遍性を担保する一方で、自由の多様性を一様序列性へと組み換えて、自由を抑圧することになっているのである。それを担うのが、貨幣というシステムであり、この等価交換の世界では、自由の実現はいわゆる成功への競争・富の多寡の競争として一元的に抑圧されてしまう。しかも、いまやこの貨幣そのものが商品として流通することで、個人の存在そのものを一元的に評価する、価値的に多様だが、その多様性が貨幣の多寡で一元的に評価される普遍的な社会が出現しているのである。いま、私たちが問わねばならないのは、貨幣のシステムを媒介することではなく、各個人の自由が普遍と結びつくことで、その多様性を確保できるような努力を、人間の本質的なあり方として構想することであろう。

そして、それは、生産・流通・消費の普遍化という関係のあり方すなわち市場の組み換え、つまり生産の成果の交換・消費の競争ではなく、生産に向けての人間の活動つまり創造と過剰達成の相互承認に至る想像的な関係の普遍的な形成であらねばならない。生産活動の成果またはその力能に対する貨幣の量の付与ではなく、生産への意志と営みそのものの相互承認とその活動の自由そのものの相互承認によって、主体相互の普遍性を認めあうということである。

そこでは、自由はすでに、人間に天賦のものとして与えられているものではない。つまり、自由は、所与の前提として誰もが侵すことのできない本質として先験的にあるものではなく、むしろ、人間が相互に認めあうという関係の中から普遍的に立ち上がってくる価値として、存在している。天賦人権論そのものが論として人々の承認によって担保され、その権利の所与性も同様に人々の承認によって根拠づけられていることを考えれば、この議論は無理な設定ではあるまい。私たちは、他者の存在を認めあうという相互の承認関係の中においてこそ、初めて自由の主体として立ち上がることができる、そういう普遍性を身にまとうことができるようになるのである。自由を所与の前提とする純粋自由主義とは明らかに異なる、人間の普遍的な本質としての自由への「活動」が立ち上がるのである。いわば、回帰性を我がものとしながら、その回帰性を開かれた回帰性つまり普遍性へと生み出す相互承認関係を立ち上げるということである。

孤立することによる自立は、所有の自由をめぐる対立を回避できない。自由は所与のものと措かれ、所有の自由をめぐって競争・抗争が生まれる。そうではなく、他者や過去とともにありながら、相互に認めあうことが、ともに自らが存在する自由を生み出し、それが社会をつくりだすことにつながる可能性、つまり、自分を、いま、ここにおいて、未来へと生み出していく可能性、すなわち〈生活〉を営む自由を得ることの可能性、そういうことにつながる筋道を生成することこそが求められている。

このことはまた、人権や権利と呼ばれるものそのものにとっても同様である。これらの核心こそが自由なのであり、その自由そのものが天賦・所与の制約から解放され、人々の生活の地平へと下ろされながら、そこでの相互承認によって、生成変化し続けるものへと組み換えられることとなるがために、人権・権利の本質も常に人と人との間の承認関係として立ち上げられながら、発明され、組み換えられ続けるものへと変化する。そこでは、権力そのものが所与のものから、常に組み換えられ続ける関係論的なものへと再編されることとなる。

3　社会の持続可能性への問い返しと〈学び〉の転回

〈学び〉による事後的な過剰達成を通した自己認識、つまり悦びを得ることによって、自分を過剰に駆動していくこと、そこには常に、〈環境を含めた〉他者へとひかれることで〈他者に取り憑かれることで〉、自分を過剰に他者へと贈与せざるを得ず、そうすることで他者へと自らを負わせるが、それがそのまま自己が他者に負っているという感覚をもたらすことで、自分は過剰に〈わたしたち〉として〈わたし〉をつくっていくことしかできないという相互性の中に自分をつくりだしていくこと。その自由を相互に承認しあうこと。そういうことが常に自己と他者との間にあって、自己を開発し、組み換え続けることへと結びついていくこと。こういうことを、私たち個人に実感させてくれるものであること。つまり、自由を所与のものとして、分配と所有の権利を行使する自由を前提に、他者との関係をとらえるのではなく、自らがこの社会を生きるに値する〈社会〉へと、〈わたし〉が〈わたしたち〉として、生み出していくこと。このことそのものが社会の持続可能性を生み出すことであること。そういうものと深くかかわるものとして、〈学び〉はとらえ返される必要があるのだといえる。つまり、一方的で過剰な「語ること」が自己の中に他者を生み出しながら、自己を他者へと過剰に生成し、それが〈わたしたち〉を過剰につくりだすことへとつながっていく、すなわち自由を生み出し続けること、これが〈学び〉となるのである。[8] そして、この過程であり場所こそが、生涯学習である。

そのとき、開発・発展そして発達とは、従来の意味における一元的な尺度による量的な拡大ではなく、むしろ常に、その都度、他者との関係において新たに生成され続ける〈わたしたち〉の相互的なあり方を示すことになり（つまり、開発・発展、また拡大ではなく生成）、持続とは、〈わたしたち〉である〈わたし〉たちが相互に媒介し、承認しあって、事後的に過剰に自らの自由をつくりだし、変化し続けること、そして〈学び〉とは〈贈与―答礼〉（つまり交換）の関係に入ることまたはその関係そのものを指し示すことへと転回することになる。生涯学習は、このような持続可能な社会の営み、つまり〈わたしたち〉を生成し続けることで、自由を生み出し、〈社会〉を生成し続けるプロセスそのものなのである。

（1）岩井克人『貨幣論』、ちくま学芸文庫、一九九八年、一五四―一五五頁。
（2）マルセル・モース、有地亨訳『贈与論』、勁草書房、一九六二年など。
（3）アントニオ・ネグリ、マイケル・ハート、水嶋一憲他訳『〈帝国〉――グローバル化の世界秩序とマルチチュードの可能性』、以文社、二〇〇三年。
（4）中沢孝夫・藤本隆宏・新宅純二郎『ものづくりの反撃』、ちくま新書、二〇一六年など。
（5）内閣府ホームページ「平成二九年版高齢社会白書（概要版）」「第一章　高齢化の状況（第一節）」による（http://www8.cao.go.jp/kourei/whitepaper/w-2017/html/gaiyou/s1_1.html）（二〇一七年一〇月七日閲覧）。

（6）大久保幸夫『日本の雇用　本当は何が問題なのか』、講談社現代新書、二〇〇九年。

（7）厚生労働省ホームページ「平成二八年国民生活基礎調査の概況」「Ⅰ 世帯数と世帯人員の状況」（表1）による（http://www.mhlw.go.jp/toukei/saikin/hw/k-tyosa/k-tyosa16/dl/02.pdf）（二〇一七年一〇月七日閲覧）。

（8）牧野篤『認められたい欲望と過剰な自分語り――そして居合わせた他者・過去とともにある私へ』、東京大学出版会、二〇一一年など。

第2章 〈社会〉の構成プロセスとしての〈学び〉

1 分配と所有から生成と循環へ――構成的プロセスとしての〈社会〉

私たちは今日、市場が国家を超えてグローバル化する社会に生きざるを得なくなっている。この社会では、人々は集合概念である国民としてではなく、個人として市場と直結されながら、個別の正義を振りかざして互いに闘争する自由を強いられる。それは、ホッブズのいうリヴァイアサン以前の自然状態の自由を私たちに強要することと同義だといってよいであろう。この状況において注目され、また問われている課題の一つが社会関係資本である。

社会関係資本については、ブルデューやパットナムの議論をはじめとして諸説あるが、概念的には、協調行動を基本として、結果的に社会的信頼を高めることになる、自発的に社会にかかわろうとする個人や団体の多様さおよび人間関係の豊かさを意味する、人と人との関係性の資源である。それはたとえばウルコックによれば、形態によって次の三つに分けられるという。つまり、親密な同質性を基本とする結束型、コミュニティへの帰属などの緩やかな結びつきを基本とする橋渡し型、そしてコミュニティの外部にある人々が信頼を持って結びつくことを基本とするはしご

型・関係型である。(1)

反面、従来の社会関係資本をめぐる議論では、それが構成される社会的過程については、十分に言及されているようには見えない。そこでは、社会関係資本は、分配され、所有・蓄積される政治的権利のようなものとして理解されており、その社会的過程を相互関係として描いてはきたが、動的な移行・構成として論じてはこなかったのではないか。しかし、上記のような社会状況に至ることで、私たちは、自然権主義にもとづいて個体主義的に社会を相互関係としてとらえるのではなく、個人の存在そのものが遂行的・構成的に社会そのものであるような〈共〉的な存在を構築する運動として〈社会〉を描くことを求められている。(2)

この〈社会〉とは、パットナムらが主張するような政治的な公共圏における異議申し立ての「市民社会」や「地域共同体」(3)とは異なるものである。それは、既存の政治的・経済的な領域の内部にありながら、それらを住民の生活レベルにおいて組み換え、新たな社会構成をつくりだす圏域として生まれ出てくるものである。パットナムらのいう「市民社会」や「地域共同体」は、「国家」を前提とした画一的な規律が支配する領域における権利の政治的な分配を基礎として構想されるものといえるが、ここでいう〈社会〉とはその一律の規律を組み換え、政治と経済の領域を多元性に支配された生成を基本とする新たな圏域として構成するものとして構想されるのである。

このことは、次のような問いを私たちに突きつけることとなる。つまり、いわば国民としての権利の行使が不可能となった今日において、ホッブズのように自然権を自然法との対立の中に措く(4)のではなく、またロックのように自衛のために自然権と自然法が調和すると考えるのでもなく(5)、つまり対立を諸個人の基本的な存在形式として、分配と所有を基本に個人の権利の保障を考えるのではなく、むしろ自然状態であることが相互に高めあいつつ調和することである社会を構想し、それを実現することが個人の権利保障であるような社会と個人のあり方をいかに構築するのか、ということである。それはまた、社会のあり方を、個人を前提とした資源の分配と所有すなわち自由を保障するための静的な分配システム、つまり個体主義的な近代国家（現代福祉国家を含む）として考えるのか、それとも個人を前提としながらも、個人が自らの自由をつくりだすために、その生成の自由を他者との「間」で相互に認めあいつつ、新たな構成としてつくりだし続ける対象でありながら、個人が他者との構成において価値を創造し続ける〈場〉でもある、生成の構成的・動的なプロセスとして考えるのかということでもある。

2　プロセスとしての〈市場〉

この問いはたとえば、社会の外側に、規範権力を措定しない一般意志を見出し、それが人々の間に共有されている状態を自然状態として措き、万人の万人に対する闘争を退けたルソーの社会契約説[6]のように、その〈場〉に存在する人々の多元的な対抗性という構成の中にこそ一般意志に通じる相互に尊重しあう関係を見出し、互いに認めあいながら、新たな生活の価値を生み出し続けることを保障しあい、その構成そのものが〈社会〉として成立するような動的な互酬性をつくりだすことの可能性を問うことと重なる。それはさらに、文化人類学の知見とも重なっている。〈贈与―答礼〉つまり交換の互酬性が、人間が他者に対する想像力と共感力を発達させ、他者の目を通して自己をとらえることで可能となり、それが人々の闘争を抑制しつつ、交換の互酬による共存、すなわち市場を媒介とした社会の形成を導いたのである[7]。

しかし、この互酬性にもとづく交換―市場は、所有すなわち私有と独占のためのものへと権力的に組み換えられ、権力によって内と外との境界線が引かれることによって、人々は外側の他者に対する想像力と共感力を切断され、敵対しあう関係へと組み換えられていった。その背後には、食料生産を基本とする生産という行為と余剰生産物の発生とが存在していた[8]。余剰生産物の生産と所有をめぐる生産手段と労働力の独占および搾取が、境界内部では剰余価値説として、境界内外では交換価値説として後にマルクスによって課題化されるような、価値の占有をめぐる闘争が繰り広げられる事態を生むのである[9]。市場は交換の場から略奪・搾取の場へと変質し、万人の万人に対する闘争が組織される空間となるのである。

私たちにリヴァイアサン以前の闘争としての自由を強制する市場は、資源分配と所有をめぐる闘争を私たちにけしかける分配システムとしての市場である。リヴァイアサン以後の国民の自由を保障する体系としての国家は、市場を組み込み、飼い慣らしたものであり、分配と所有のための静的なシステムであった。フーコーのいう「生権力」はある意味でその最高の形態である。私たちは、この市場で、欲望を認めあい、所有を承認しあうことで、リヴァイアサンの恣意的な権力行使を抑制する民主国家を形成していたのである。

市場が国家を超え、分配システムとしての市場によって自然状態としての自由が分配される今日、私たちは、それを分配と所有の自由から生成と循環の自由へと組み換え、価値の生成プロセスでありながら、価値の生成によってつくられるプロセスでもある市場である社会を、国家内部につくりだすことを要請され、またそれができる可能性を手にしている。個人と個人との相互交渉が価値を生み出すプロセスでありながら、そのプロセスそのものが市場＝〈社会〉であり、かつその市場＝〈社会〉がさらに次の価値を生み出すプロセスとして作用するという、自由をつくりだす自由を相互に承認する行為に定礎された、新たなコミュニティを構想することが求められるのである。

3 「共同幻想」としての〈社会〉の構成

このような個人の存在の構成のあり方は、また、具体的な地域社会における共同性の展開のありようと重なっている。それをたとえば、筆者らが調査に入っている長野県飯田市の公民館の実践に見ることができる[10]。

飯田市の公民館は、合併前の町村単位である行政区に一館ずつ、市内に全二〇館、条例公民館として配置され、そのさらに基層の住民自治組織の単位に、「分館」が置かれている。分館は、地域住民によって経営される自治公民館であり、市内に一〇三館が置かれている。分館は、地元の人々が「分館」と呼ぶ場合には、それは施設を意味しつつも、分館を核にして行われるさまざまな地域の活動や行事を包含する空間・関係性の概念であり、また活動や生活の概念である。その一つの表現が、住民からごく自然に語られる「分館をやる」という言葉である。聞き取りの過程で、住民たちはごく自然に「分館をやっててね、よかったことはね」などと語っている。このことは、「分館」が地域の経営と一体となっていること、つまり「分館」をうまく取り回すことが、地元を自治的に経営し、住民の生活を住民相互の関係の中で安定的に営むことにつながっていることを示している。

そして、「分館」の館長などの「お役」を担うことを、人々は次のように語っている。

「最初は、お母ちゃんなんか、あんた分館長なんか絶対やらんどいてよ、家が大変だから、っていっていたのに、一番最初に説得されちゃって、あそこまでいってくださるんだから、やらんといかんっていいだしてね、これで家の中が分館長モードになっちゃうわけ。で、分館長を受けるでしょ。そうしたら、……地域の先輩たちが支えてくれる。自分も、それまで分館の役員をやってきて、こうしたらどうやとか、ああしたらどうかとか、あれこれ考えるところはあったし、あの人ならこれが向いてるとか、この人ならこんな仕事がいい、っていうことも見えているんで、分館長になったらそういう人たちを口説いてね、一緒にやってもらう。そうすると、みんなが支えてくれるし、自分の考えが実現していくようになる。面白くてね。そりゃあもう、大変ですよ。でも、こうなると、次はこうしよう、今度はああしよう、ってどんどんアイデアが出てくるようになる。もうやめられんですわ。」

たとえば、吉本隆明は「人間はしばしばじぶんの存在を圧殺するために、圧殺されることをしりながら、どうすることもできない必然にうながされてさまざまな負担をつくりだすことができる存在である」といい、「共同幻想」もまたこの「負担」のひとつであるという[11]。それは圧殺されることによって存在するための負担である。「分館」にかかわる住民自身の認識をめぐっては、吉本の言葉を借りれば、家族とくに夫婦という「対幻想」が「共同幻想」へと組織され、それが個人の存在のあり方である「自己幻想」へと展開し、さらにそれが改めて「対幻想」を経由して、「共同幻想」へと収斂する筋道を、上記の語りからは読み取ることができる。

吉本は、「共同幻想」は「自己幻想」の逆立ちした形で現れ、「対幻想」が解体されるところに生まれるというが[12]、飯田市の公民館「分館」をめぐる共同性のあり方においては、「共同幻想」へと開かれた「自己幻想」（説得する側）が「対幻想」を媒介として、その「対幻想」を分解する、つまり「お母ちゃん」を「共同幻想」へと導くことで、「家族」を「共同幻想」へと開き、かつ「お役」を担う本人自身の「自己幻想」つまり「面白くて」「やめられない」自己認識へと収斂していく循環を形成している。ここでは、この自己認識は、共同体で営まれる「分館」という地域経営の個人的な表現、つまり「共同幻想」が「自己幻想」へと凝集して表現されている、すなわち逆立ちした構成をとっていると見える。この循環において、常に意識されているのは「お母ちゃん」の両義性である。「対幻想」としての「家族」の中心であり、「お役」を拒否する根拠でありながら、また「共同幻想」に開かれて自己実現という「自己幻想」に取り憑かれた人々（説得する側）から「共同幻想」へと導かれて、「家族」という「対幻想」を「分館長モード」という「共同幻想」へと切り換える役割を担っているのである。

その上、この循環の関係においては、分館長を引き受け「共同幻想」を担い、「自己幻想」に取り憑かれている夫を「家族」で受け止めながら、つまり「対幻想」において引き受けて、「自己幻想」を解きながら、改めて「共同幻想」へと展開する循環器の役割を「お母ちゃん」が果たしているのである。「お母ちゃん」は「対幻想」を「共同幻想」と「自己幻想」との間に介在させ、両者を相互に媒介することで、それを常に解体しつつ、再生する動的なプロセスすなわち〈社会〉として構成しているのである。

4　可視化と身体レベルの認識、そして言語表現の過剰性

公民館「分館」の「共同幻想」はさらに、分館活動として組み込まれているさまざまなイベント（お花見、お祭り、運動会など）によって、可視化されている。「分館」には、住民が日常的に動き回り、相互に触れあい、認めあうという、身体レベルの承認関係が形成される仕掛けが、組み込まれているのであり、「分館」とは端的に、この身体レベルの住民の自治活動のことだといえる。住民自らが他者に支えられ、他者を支えているという、言葉を介さない認識＝身体レベルでの実感が、地域社会を支えているのだといってもよい。

言語を介さない結びつきの中で、人々が行き交い、活動に参加し、相互に認めあうことで、地域のリーダーが育成

され、抜擢され、しかもそのリーダーは地域住民のために働くことでこそ、その存在を認められ、また住民がリーダーを支えつつ、地域生活の維持・改善に深くかかわっていくのである。この活動の過程で、住民が互いに慮ることで自治が営まれ、それそのものが生活であるという関係がつくられる。「分館」には、人々が動き続けることで定常化するとでもいえるような静かなダイナミズムが組み込まれているのである。

「分館」の多彩な行事・事業は、日常的に直接目に見えない静かなダイナミズムを、住民相互の関係性の中に浮き上がらせ、身体レベルの相互性を目に見える認識レベルにまで引き上げる作用を及ぼしているといってよい。ここに、「分館」が施設として可視化されていることの意味が存在する。表面的には、変化がなく、保守的に見える地域コミュニティは、その実、常に住民の身体レベルの相互承認関係をつくりだす装置を起動させ、人々がダイナミックに動き続けることで、この静かな日常生活を、相互に支えあいながら、維持することが可能となっているのである。

しかし反面で、このような身体レベルの合理性は、習慣化しやすく、マンネリ化を起こしやすいことも否めない。それはまた、身体レベルの立ち居振る舞いを形式化し、形式の伝承という形で、その運動を停止してしまう危険と背中合わせのものである。これを避けるために必要なことが、身体の合理性を言語化し、言語を通した認識を通して、他者との交流を進め、自らの身体の自然を、常に他者にさらしながら、覚醒しておくことである。ここにこそ、言語による表現の意味が存在する。

しかも、言語は基本的に過剰なものとして、それを発する人々を表現へと駆動し続けざるを得ない。言語は、常に事前に言及できることを事後的にしか言及できないという制約を抱えている。しかも、言語を習得し表現する力能を持つ身体そのものを直接表現することはできない。言語を発する主体は常に欠損、つまり自らの言及のし難さに苛まれることで、過剰に自己への言及を求めてしまうことになる。この制約のゆえに、言語は他者との「間」に介在しつつ、言語を発する人をして自己を他者との「間」に過剰に生成させ続けることになる[13]。それは、人が自己を言語によって関係態として構成することと同じである。そこでは、人は他者とともに、「共同幻想」を言語として表出することで、自らを「共同幻想」を担う存在として生成している。ここに介在するのが、普遍としての身体性という「欲望」である。人は自らの「欲望」を言語化し、自己を認識しようとすることで、他者との「間」に自己を生成し続けることとなる。人は、言語によって他者との関係態となるのであり、また〈社会〉を構成するのだといってよい[14]。

その上、この「共同幻想」をより高次なメタ認知へと導くことで、〈社会〉は常に言語を媒介として、外の〈社会〉と交流しつつ、自らの「共同幻想」を組み換えて、外の〈社会〉との「共同幻想」をつくりあげていく。たとえば、飯田市の基層自治組織に備わっている「よそ者」を喜ぶ慣習などは、その一例である。地元住民がよそ者と交流する＝〈学ぶ〉ことで、相互に変容を来し、その変容を新たな自己認識へと組み込むことで、地元社会は常に新たな自己認識に支えられた、他者との「間」で〈学び〉の〈贈与—答礼〉＝交換として構成される、〈共〉に学ぶ〈社会〉へと組み換えられているのである[15]。

5 〈学び〉＝〈社会〉＝個人の存在

〈学び〉によって構成される〈社会〉が基礎自治体におけるコミュニティとして、住民の基層自治組織へと生成されるとき、それは、人々の結びつきこそが、ネグリ＝ハートのいうような人々の「欲望」（身体の普遍性）を通した「愛」の表現として[16]、新たな〈市場〉を生み出すこととなる。それは、既存の市場と併存し、その市場を利用しつつ、自らの独自性を担保し、その独自性のゆえに他者と多元対抗的に新たな価値をつくりだし続け、自らも変容し続けていく、価値の生成プロセスである〈市場〉となる。このプロセスとしてのコミュニティが構成するネットワークの結び目が基礎自治体として編成されるのであり、ここにおいて、基礎自治体はコミュニティの成員である人々が〈学び〉によって結びつくことで生成される経済活動の〈場〉つまり〈市場〉すなわち構成のプロセスとして、自ら生成し続けるものとなる。この〈市場〉がコミュニティを基盤として、常に相互に媒介しつつ、おのずと変成し続けることで、既存の市場と併存するもう一つの〈市場〉の構成が見通されることとなる。いわば、国家を超えた市場の内部、しかも国家の内部にあって、規範権力を措定しない、価値を創造し続けることを承認しあう自由を認めることで生成され続ける小さな〈市場〉が、多元対抗的かつ普遍的に構成されるのである。

ここにおいて、権力は宙づりになり、その普遍性は否定される。権利は権力によって分配されるものであることを終え、人々によって創造され、人々が〈共〉に保障しあう、しかも常に過剰に次のものへと変化し続ける構成へとその性格を変えていくことになる。それは、あらゆる規範に対する過剰として表現される、規範権力の再生をもたらすことのない、相互性における過剰な変化つまり存在論的不均衡として表現されるものとなる。

それはまた、言語化による過剰性として表現される。常に、個体的な存在が、身体的な「欲望」を通して他者に対する想像力を生み出し、そうすることで〈共〉的に存在しあうというとき、そこには言語の持つ個体間を媒介する力が作用し、人々自らの身体的な「欲望」を構成的関係へと意識化する、つまり言語化することで、自らを関係態として措定することへとつながっていく。人々は、自らが他者との「間」で生成する意識化された、言語によって過剰に表現される〈共〉的な存在となるのである。そして、権利はこの〈共〉的な存在である人々によって生み出され、保障される、過剰な、常に組み換えられる相互承認の構成として生成し続けることになる。

権利が、人々が〈共〉に、想像力に媒介されて、創造し、保障しあう過剰な構成として生み出されるこの〈市場〉

は、たとえば消費者が生産過程に関与しつつ、自らの価値を実体化することで構成し、過剰に展開していく新たな市場経済のあり方と通底している(17)。そこでは、価値を実現することの自由が人々相互に承認されつつ、人々がそれぞれに自由かつ過剰に価値を創造しあうことで、価値の〈共〉的な創造が駆動され、新たな〈市場〉が形成されていくことになる。

ここにおいて、基礎自治体は、「生権力」つまり統制・保護の権力としての行政ではなく、コミュニティ相互の結び目にあって、常に住民によって組み換えられ続けることで、自らコミュニティの網の目を豊かに構成していく循環的で構成的な権力へと変成していく。そして、それはまた新たな〈市場〉を構成するものとなる。この〈市場〉はその地域固有のものであり、それが小さなドットつまり〈社会〉として無数に形成され、緩やかに重なりあうことで、多元的で豊かな地域経済を生み出し、そこに雇用をつくりだすことへとつながっていく。

しかも、この新たな〈市場〉が緩やかに重なりあい、交流しながら、それそのものが常に生成し、また変化し続けて、過剰性の関係態として自己を表現し続けること、このプロセスとその実態が国家として再措定されることとなる。市場が国家を超えた時代に、新たな〈市場〉=〈社会〉がコミュニティの動的プロセスとして国家を構成しつつ、既存の市場を組み換えていく可能性が見通される。その基盤とは、〈学び〉すなわち言語の過剰性に媒介される〈市場〉の構成プロセスとしての個人=関係態つまり〈社会〉的な存在なのである。

〈学び〉とは、個人の存在そのものであり、かつ〈社会〉のあり方そのものとなるのである。そこにノスタルジーは介在しない。

（1）ジョン・フィールド、矢野裕俊監訳『ソーシャルキャピタルと生涯学習』、東信堂、二〇一一年。
（2）社会学がとらえている社会の構成は、基本的には自然権主義を背景に持った個体主義的な社会のあり方であり、社会学がとらえる社会関係資本も同様に社会における個体相互の関係性を基本に構成されている。それゆえに、社会は自然権の分配と所有をめぐる静的なシステムでしかあり得ず、そこでは常に所有の権利をめぐる抗争が前提されることで、社会契約のあり方すなわち相互関係のあり方が課題化されることになる。つまり、自然権という所与の前提を置くことで、人々はその分配と所有をめぐる争いを繰り広げ、その調停のために、社会契約を結ぶそのあり方がシステムとして構築されるという観点をとることとなる。ここでは、分配と所有のために常に社会契約を結ぶという「関係」性つまり対他者性から自由になり得ないことになる。いいかえれば、常に権力は個人の外部に措定されなければならなくなるのである。しかし、私たちが立ち至っているのはこのような対他者性としての権力が措定されなくなる社会における個人の存在が問われるという状況なのである。
（3）Putnam, Robert David 2000, *Bowling Alone: The Collapse and Revival of American Community*, New York: Simon & Schuster.
（4）トーマス・ホッブズ、水田洋訳『リヴァイアサン』（一〜四）、岩波文庫、一九八二—一九九二年。
（5）ジョン・ロック、加藤節訳『完訳　統治二論』、岩波文庫、二〇一〇年。
（6）ジャン＝ジャック・ルソー、桑原武夫・前川貞次郎訳『社会契約論』、岩波文庫、一九五四年。
（7）マルセル・モース、有地亨訳『贈与論』、勁草書房、一九六二年。クロード・レヴィ＝ストロース、福井和美訳『親族の基本構造』、青弓社、二〇〇〇年。
（8）ジャレド・ダイアモンド、倉骨彰訳『銃・病原菌・鉄——一万三〇〇〇年にわたる人類史の謎』（上・下）、草思社文庫、二〇一二年。
（9）カール・マルクス、エンゲルス編、向坂逸郎訳『資本論』（一〜九）、岩波文庫、一九六九—一九七〇年。
（10）東京大学大学院教育学研究科社会教育学・生涯学習論研究室と飯田市公民館との共同調査（二〇一一—一二年度）。

(11) 吉本隆明『改訂新版　共同幻想論』、角川ソフィア文庫、一九八二年、三七頁。
(12) 同前書。
(13) たとえば斎藤環のラカンをめぐる議論など参照。
(14) 牧野篤『認められたい欲望と過剰な自分語り――そして居合わせた他者・過去とともにある私へ』、東京大学出版会、二〇一一年。
(15) 東京大学大学院教育学研究科社会教育学・生涯学習論研究室飯田市社会教育調査チーム『開かれた自立性の構築と公民館の役割――飯田市を事例として』(学習基盤社会研究・調査モノグラフ2)、東京大学大学院教育学研究科社会教育学・生涯学習論研究室、二〇一一年。同『自治を支えるダイナミズムと公民館――飯田市の公民館分館活動を事例として』(学習基盤社会研究・調査モノグラフ4)、東京大学大学院教育学研究科社会教育学・生涯学習論研究室、二〇一二年。
(16) アントニオ・ネグリ、マイケル・ハート、水嶋一憲・酒井隆史他訳『〈帝国〉――グローバル化の世界秩序とマルチチュードの可能性』、以文社、二〇〇三年。
(17) ニール・ガーシェンフェルド、糸川洋訳『ものづくり革命――パーソナル・ファブリケーションの夜明け』、ソフトバンククリエイティブ、二〇〇六年。またたとえば、筆者がかかわって実践を進めているものづくりプロジェクトＭＯＮＯ-ＬＡＢ-ＪＡＰＡＮの community-based fabrication の試み(東京大学生涯学習論研究室ＭＯＮＯ-ＬＡＢ-ＪＡＰＡＮプロジェクト編『ものづくりを通じた新しいコミュニティのデザイン――ＭＯＮＯ-ＬＡＢ-ＪＡＰＡＮの活動を中心に』(学習基盤社会研究・調査モノグラフ7)、東京大学大学院教育学研究科社会教育学・生涯学習論研究室、二〇一四年)など。

第3章　社会における〈学び〉と身体性

1　自己実現の自由と学校——「問い」を問い返す

1　社会の「枠組み」としての社会教育

社会教育は近代産業社会において学校教育の普及とともに公的に組織化され、学校制度との対比によってその発達形態を規定されるものと理解されてきた。[1] たとえば、学校教育の補足、拡張、代位、移行、以外、さらには「組織化の道程に上りつつある」もの（春山作樹）という表現を与えられてきている。それはまた、初期においては就学督励として、その後は学校教育を補足しつつ、民衆統治すなわち自治民育を進め、民衆を国民へと形成する主要な方途として、小学校区を基本とする行政区画において制度化された。このことは、近代産業社会の発展にともなう社会的な選抜と富の分配による市場の拡大、そしてそれらが導く国家的な求心力の強化のために、民衆を動員するとともに、社会問題を解決可能な状態へと組み換えて、社会から排除され、存在を否定されていた人々を常に底辺層から備給して、社会を拡大するための制度として社会教育が構築されてきたことを意味している。

この過程で、社会教育は、教えるべき内容を持つものとして構成されてきたというよりは、社会的な問題にその都度対処するものとして枠組みが設定され、民衆自身に問題を解決させ、社会の成員へと参入させる形で社会の拡大をもたらすものであった。そのため、社会教育には内容論がないとされる。しかし、それはまた社会教育が、対象を個体主義的に設定するのではなく、社会問題という主に社会の生産関係に規定される課題を前提として、経済発展の必要にもとづく市場の拡大という要請に応えるために、個体を組み込みつつ社会関係を構成し直して、問題を解決するもの、すなわち社会問題を前提に、それを弥縫して、社会を構成し直し続ける動的なものとして構築されていたことを示している。

学校教育が措定した権威主義的な知識を個人に伝達し、それを個人が受容することで、成長・発達が促され、それが国民の育成へと結びつくという個体主義的な筋道とは異なり、社会教育は、個人を社会関係的な存在へと組み換えることで、社会を拡大し、安定させる機能を持つものとして、構成されてきたといってよい(2)。それゆえにまた、社会教育は「政治と教育の中間的存在」とも呼ばれてきた(3)。これは、教化としてとらえ得る実践においても同様であり、その都度の関係性において、実践内容は個別具体的に生成され、組み換えられ、かつ被教育者との間で相互浸透的に決定されていた。社会教育は、このようなダイナミズムを持った「枠組み」として構築されてきたといってよい一面を持っている(4)。

この性格は、今日においても基本的に変わらない。生涯学習の時代に入ってからも、行政論としては、社会教育をいわゆる旧来の教育行政の範疇から逸脱させ、大学・NPO・産業界・民間教育事業者その他との連携や高齢者・青少年福祉、女性行政そしてまちづくりその他の行政領域とも相互に浸透させつつ、概念を拡大し、それを学校教育と家庭教育支援との相互連携の関係に措くことで、生涯学習振興行政を構成しようとする動きが政策的につくられている。しかしまた、この行政領域には、目標や内容が設定されることはなく、その都度の社会関係の中にあって、制度が問題を構成する関係性に開かれることで、それぞれのアクターが参入して、事業を展開することが予定されている。つまり、社会教育とは、対症療法的で課題主導型の実践でありながら、そこでは課題を解決するための枠組みの構築はなされても、アクターは飽くまで自発的な制度への参画を求められ、しかもその参画は、個体主義的というよりは、関係論的に相互にかかわりあいながら、自らをアクターへと生成し、社会に循環させるという形をとる。そこでは、課題解決のための方途は、その都度生み出される関係に規定されるものとなり、事後的にしか構成されることはない。社会教育においては、実践毎に、その実践にかかわる時間と空間のありようは固有性を持つのであり、社会教育の実践つまり課題解決によって、異質な時間と空間が、その基礎単位である小学校区を基本とした住民の自治コミュニティへと接合されて、社会の変革を促すこととなっているのである。

2 「われわれ」の信憑をつくりだす学校教育

これに対して、学校教育は目的志向的、育成的であり、個体に働きかけて、個体を国民へと育成するという、権威的な知識の分配と所有による自我形成の制度として性格づけられる。そこでは、時間と空間は民衆の日常生活の文脈から切り離されて固有性を失い、均質かつ普遍的なそれとして設計され、その時間と空間において、身体への働きかけを通して、子どもたちは産業的身体へと形成される。そこではすべての子どもたちは、その日常生活の持つ固有性から切断されて囲い込まれ、彼ら個人の責任に帰することのできない出自などの属性は捨象され、普遍的で権威主義的な知識の体系を受け入れることで、自らの能力を開発することと、その結果のみが重視されることとなる。しかも、各自の能力は努力によって開発され得るというのが学校を支配する科学的な知見つまり信憑である。いわば、平等と画一性のフィクションによって構成されている場が学校という時空なのである。

他方、学校では、限られた社会的な資源の分配と所有をめぐる争いが起こることで社会が混乱するのを避け、かつ社会を発展させるために、民衆の国民への育成は、基本的に（論理的に無尽蔵である）知識の分配と所有による個人の内的な価値の実現として制度的には機能することとなる。そこでは飽くまで、時間と空間の画一化・均質化という身体を通したかかわりによって、各個体を時計時間と均質な空間を生きる、産業的身体を持ち、他者の欲望を欲望する、均質な国民へと育成することが目指されている。しかも、この自己実現は社会進歩・発展と表裏の関係にあり、自己の成長・発達そして内的な価値の実現が、社会の発展と同一視され、国民の統合へと作用しているのである。それはまた、市場を形成することで、市場を通して、相互に「おなじ」国民つまり「われわれ」という信憑を構築して、社会的な統合を強め、相互の信頼を醸成する仕組みでもあった。

このように見てくると、社会教育は関係論的に、民衆を、固有の時間と空間において、国民化して、国家へと備給する仕組み（民衆を国民という関係性に組み込むことで、欲望を制御し、国民化する制度）として構築されているのに対して、学校教育は個体主義的に、子どもである民衆を、普遍の時間と空間において、経時的に国民へと育成して、国家へと備給する仕組み（子ども一人ひとりを規律・訓練を通して国民化する制度）として構築されたといってもよい面がある。この意味では、社会教育と学校教育とは、関係論的か個体論的か、また欲望の制御か規律訓練による育成かという異なるベクトルを持つものとして、相補的に国民教育制度を構成してきたといえる。両者の共通項としては、時間と空間という身体性を媒介としている点に求められるが、それも、社会教育は個別具体的な日常生活における時間と空間という身体性を課題化しているのに対して、学校教育は普遍的で人為的・恣意的な時間と空間という身体性を課題化しているものといえる。

3 自己実現の自由の否定

この観点からは、次のことを指摘し得る。つまり、学校は、単に権威主義的な知識の体系を子どもたちに伝達し、それを受容させることによって、子どもを国民へと育成していたのではなく、むしろ身体性つまり時間と空間の制御を通して、国民形成を行っていたのであり、その意味では、学校におけるメリトクラシーは単なる知識の分配と所有によって機能するものではなく、むしろ時間と空間の制御による身体性を媒介とした知識の分配と所有を反映したものであり、そこには当然ながら、カリキュラム内容としての知識の構造とその受容にとどまらない要因、つまりそれらを受肉化する時間と空間すなわち身体の均質化・画一化が深くかかわっていたということである。

それはまた、近代産業社会の持つ価値観と通底していた。つまり、コツコツと勤勉にひとつのことをやり遂げるということと知識の分配と所有による自己実現とは表裏の関係にあったのだといえる。学校のメリトクラシーは、その字義通りに知識の分配と所有という単一の尺度による評価と序列化として機能することはなく、家庭の持つさまざまな資本が子どもの学業達成に与える影響を測っていたのである(5)。知識の分配と所有によるメリトクラシーには時間と空間という身体性が貼り付いており、だからこそ学校は身体を通した規律・訓練しかできず、かつ子どもの内的な価値に手を加えることは控えられて、自己実現の競争が学校では学歴競争として組織されたが、その結果、それが社会的なレリバンスの欠如として現象する一面を持っていたのではないだろうか。

学校は本来的に、社会の要請に応えながらも、個人の内的価値を実現する自己実現の場としての機能を担ってきたのであり、そうだからこそ、学校教育においては常に近代市民社会的価値と現代福祉国家的価値とがせめぎあう構造がつくられざるを得ず(6)、それが市民性教育の両義性として課題化されることにもなっていたのだといえる(7)。ここで、学校のカリキュラムが、社会的なレリバンスを欠くと批判することは、その意図とは異なり、学校が持つ、日常生活から離れた普遍的な時間と空間において、子どもたちを近代産業社会が求める労働者であり消費者である国民に育成するという、時間軸に沿った規律・訓練を行うことおよび内的価値の実現の自由を否定し、むしろ目先の社会的な要請にもとづく人材育成を志向すること、つまり自己実現の自由を否定し、個人の内面的な価値に社会が入り込むことを要請してしまうように思われる。

なぜなら、社会の近代化過程を終えた今日において、学校が社会的レリバンスを欠くことが課題化されるにあたっては、自己実現の自由を保障する仕組みの基盤である時間と空間という身体性が改めて問われなければならないが、学校教育が社会的レリバンスを欠くと批判する議論の枠組みにおいては、それがなされているようには見えないからである。その意味では、この「問い」は、子どもたちの身体性を、個体主義的に措いたまま、さらにその時間性と空間性を操作可能なもののままにしておいて、社会の職業生活や日常生活と直結させることで、その普遍性を否定し、個別化することを意味してはいないだろうか。そこでは、子どもたちの自己実現は個体主義的なものとならざるを得ないため、市場が構成していたはずの「われわれ」という信憑を解体し、個人を孤立させることへとつながってしまわざるを得ない。それは、社会そのものが変革を自ら放棄することを意味している。

2　身体性を否定する社会——問い返しの無効化

1　労働過程の変容と身体性の否定

しかも、この問い返しの背後には、それを無効化する次のような問題が存在している。私たちの社会過程から時間と空間つまり身体性が排除されるという事態、すなわち労働過程から「生産」労働つまり「勤労」が排除されるという事態が起こっているのである。それはまた、学校教育が持つ身体性を否定するものであると同時に、知識の分配と所有という「教育」そのものを問い、生成と循環つまり〈学び〉への組み換えを要請するものでもある。

私たちが労働によって商品を生産し、それを市場において流通させるというとき、そこでは、労働力の投入による使用価値の生産がなされ、そうすることでその価値の中に自らを投げ込み、その価値から自分をとらえ返そう、すなわち自己実現しようとする無意識の企図が隠されている。私たちは、存在することですでにこの世界によって、この世界に投げ込まれてしまっているが、それがために、生産によって自らを実現しようとする営みつまり自己実現が可能となる状態にある(8)。ここで自己を実現するとは、自己がすでに世界に投げ込まれていることを理解することであり、それはハイデガーの言葉を借りれば、自己が「世界—内—存在」であることを理解することである。それは自分が世界へと視点を一旦移行させて、自己を見つめるまなざしを獲得すること、つまり世界にすでに投げ込まれて場所を占めざるを得ない自分が、視点を世界へと移して、自分を見つめることで、自己が世界に場所を占める存在であることを理解すること、すなわちその視点から自己をつくりだし、認識することと同じである。空間と時間つまり場所が、自己という存在をつくりだしているのである(9)。

しかも、この自己が成立する背景には、価値を生み出す労働力の根拠として私たちが持つ類的な普遍性としての身体が存在している(10)。私たちは、身体というどうしようもなくこの世界に空間と時間を占めてしまう、つまり「ある」ことにならざるを得ない存在を持つことで、商品の背後にある価値の基礎となるべきものを他者と共有し、交換することができる。それはまた、身体にもとづく「生産」の市場主義的な基礎であるといってよい。

しかし、私たちが今日、日本社会で直面しているのは、労働過程から「生産」労働つまり「勤労」が排除されるという現実である。この背後には、資本主義が空間的にも時間的にも周縁を失いつつあるという事情がある。[11] 私たちは、生産にともなう対他者性と自己へのまなざしの獲得を否定され、自らの存在の根拠である身体の時間と空間つまり場所を奪われることで、身体性を否定され、さらに身体性に根拠づけられる他者への想像力を否定されることで、他者とともに生きている感覚を失い、自らを「世界―内―存在」として認識すること、すなわち自己を実現すること、さらには自己の存在を承認することができなくなるのである。

2　規範権力から環境管理型権力へ（規律訓練から欲望へ）

このような社会では、権力も規範性を失うことになる。時間と空間に定礎された身体性が失われるところでは、その時間と空間を統治し、人々の身体を管理する超越権力は後景に退く、または成立することをやめてしまう。私たちは常に権力の規範性を他者性として生きることで、その他者へと自らを移行し、規範を自らの超自我へと形成して、ともに社会で生きる「われわれ」として存在することができた。しかしいまや、この権力の規範性は否定され、私たちは生きる規範を失いながら、自分と他人との比較の中で生きることを余儀なくされている。ここでは、国家のような強大な規範権力は後景に退き、個体間の関係が権力化し、人々を相互に抑制させあうことになる。これを環境管理型権力と呼ぶ。

このような社会はまた、大衆消費社会と呼ばれる。人々が時間と空間の感覚を共有せず、経時的な達成の価値を見出さず、即時的かつ即自的な価値に重きを置く、事前にわかっている価値や機能を購入するかのようにして生きようとする社会が出現することになる。

この社会では、人々は、自分を他者との関係で「われわれ」の中の「私」として、時間と空間を占める身体を持った存在として、すなわち一貫した「一」なる自我として構築することをやめてしまう。社会的レリバンスそのものが無効化するのである。それはまた人々が成長・発達しなくなることを意味する。それはすなわち、ブレークスルーがない社会、つまり達成と自己実現がない社会に生きることでもある。それは「終わらない日常」に支配された社会であり[12]、「意味」に囚われとなる社会でもある。

3　社会の読み替えへ

このような社会では、人々は、意味の強迫から逃れるために、大きな物語のない世界で、対象の小さなディーテールにこだわり、そこに自分にとっての意味や価値を見出すことで「萌える」生き方を見出すことへと移ろっていく。それが過剰な自分語り、つまり他者を想定しない自己表出としての個人のあり方をつくりだす。それはまた、「萌え」の対象を共有し、個人の一方的な自己表出を互いに認めながら、やり過ごすことによって人々が居合わせる、小さなサークルの多様な併存として、この社会を構成し直すこととなる。サークルが相互に干渉しない島宇宙として併存する社会がつくられるのである。ここで、社会は島宇宙へと分解していくが、この島宇宙においても、人々は互いに他者として認識しあい、自己を他者を通したまなざしから見つめることはせず、自らの「萌え」を過剰に一人語りし続ける、相互にかかわりを持たない存在としてあるに過ぎない[13]。

この彼らの存在のあり方は「意味」から逸脱する身体としての作法、つまり「まったり」と形容され、個人が個体として、社会から逸脱し続けることが、「意味」の強迫から逃れることだとして、意味づけられもした[14]。

このような社会の構成から、コンサマトリーと呼ばれる新しい存在のあり方が生まれることとなる[15]。つまり、現状に不満を抱くのではなく、自分を肥大化して他者を蔑むのでもなく、「まったり」とした友人や知人との関係がつくる島宇宙の中で、互いに承認を交わしながら、日々の生活をそれなりに満足して過ごしていく、という存在のしかたを選ぶ若者たちが増えているというのである。

このような彼らの存在のあり方は、「終わらない日常」における「意味」からの逸脱による逃避ではなく、むしろその「意味」を読み替えることで、異なる「意味」を付与し、新たな「意味」を創出することで「日常」を多重に解釈し、その解釈の中で生きようとするあり方へと展開していく[16]。ここでは、「日常」は、島宇宙が相互不干渉に併存するばらばらな世界ではなく、多重に解釈され、組み換えられる、多重なレイヤーから構成される新しい世界として構造化されることとなる。これを、宇野常寛は〈ここではないどこか〉へのブレークスルーを求めることから、〈いま、ここで〉多重に「日常」を掘り下げることによる新たな世界への解釈と更新だと述べている[17]。

3　身体性の再生へ——分配・所有から生成・表現へ

1　Makers革命と「生産」の復権へ

このような社会の読み替えは、「Makers革命」と呼ばれる事態と通じている[18]（詳しくは、本書第4章を参照）。その主力機器は3Dプリンターだが、それは、ネットワーク上の言葉を実体化する道具であるといってよい。それは3DCADや3D画像ソフトで設計された立体物のイメージや画像を、幾度も低廉な価格で実体化することができる道具だが、それらイメージや画像そのものはネットワークでつながった人々の言葉によって構成し直され続けるものでもある。言葉は、3Dプリンターで実体化されることで、自らの身体を持つことになる。それが言葉を発する主体の身体によって触れられることで、主体の身体との「間」で対話的関係が生成され、さらに、他者がその身体に自らの身体をもって触れ、言葉で解釈し、その解釈つまり意味を組み換えることで、実体化された身体が新たな物神として作動しつつ、常にそれを生み出した身体そのものを組み換えて、新たな言葉の表出を誘い、それがまた新たな身体の構成を導くことになる。常に新たな主体すなわち〈わたし〉を生み出し続けるのである。このことがまた、人々をネットワーク上での言葉の過剰な表出へと誘い、それを他者との「間」での身体の再解釈と組み換えによる新たなイメージの構成と再構成の不断の循環へと導くとともに、主体である個人そのものを他者との身体的な動的状態として「ある」ものへと組み換え続けていくことになる。

しかも、ここで実体化され、身体化された言葉は、他者との関係態としての自己に他ならず、3Dプリンターで実体化されたモノは、自己と他者との関係が身体化したモノであることになる。そこでは、新たな自己が、関係態であるモノとして実体化し、自己へと還ってきては、その端から即座に他者との関係に投げ込まれて、身体によって確かめられ、言葉化されて解体され、新たな関係態へと組み換えられ、再解釈されて、改めて実体化される運動として立ち現れることになる。モノの制作過程つまり労働過程から時空が極限まで排除されながらも、自らの身体性は他者との関係の中に担保され、即座に言葉によって読み替えられつつ、次の身体へと構成し直される自己形成の循環が、まさに自分語りの過剰性として、構築され続けるのである。

常にその場で、自らの言葉を実体化し、身体化することで、他者の身体へと名宛てされ、他者の言葉によって、再解釈され、読み替えられる自分の身体が存在することになる。他者への移行にともなって構成される自我ではなく、より直接的かつ重層的な他者との言いっ放しのやりとりの中で、自分の身体が他者との関係態として生み出され続けるのである。

たとえば、筆者の研究室で実験的に行った3Dプリンターを核とした「ものづくりの社会化」プロジェクト・MO

NO－LAB－JAPANでも、参加した子どもや市民たちが、ワークショップに集い、またネットワーク上で、相互に過剰な自己表出つまりイメージの語りかけを通して、同様の自己形成の循環を生み出していく姿を見せてくれていた。それは、自己と他者との同期または相互の憑依といってもよい状態であり、自分の身体を生成し続ける運動でもあった[19]。

Makers革命とは、単に製造業がカスタマイズ対応に組み換えられるということではなく、労働過程から時空が排除され、人の身体性が否定される社会にあって、人が改めて他者との「間」で、時空を介さない自己の身体性を獲得し、新たな自我を事後的に形成することを、モノを製造することで実現する、新しい〈社会〉をもたらすことなのだといえる。人はここで、自己という価値を、モノの製造において、いわば自己を他者へと移行させる疎外論を回避する形で、実現することになるといってよいであろう。

2　新たな身体性へ

モノを製造することそのものが自己を生み出し続けることでもあるという関係がつくられるのであり、ここでは、言葉がそうであるように、身体そのものが個人が個体的に所有するものではなく、他者との間で、解釈し直され、組み換えられ続けることでその個人のものである関係論的な身体性として、生成することになる。ここでは、身体性は、言語と身体の「間」の否定的同一化のプロセス、つまり自己形成の運動として立ち上がる。自己そのものが、他者との言葉による表現態として身体化し続けることで、常に読み替えられ、組み換えられ続ける終わりのないプロセス、つまり運動として生成されるのであって、そこでは、人々を貫く均質の時間や空間は存在しなくなる。それぞれの言葉と身体に固有の時間と空間が、常に相互の関係態としての身体性を構成し続けることになるのである。

このような社会では、ごく普通の市民が、市場において互いに結びつきながら、既存だが所与ではなく、自ら持つそれぞれに固有の価値と知識と権利を組み換え、生成し、循環させ、変容させ続ける担い手、つまり新たな専門職として立ち上がる。そしてその市場とは、人々が発信者であり、表現者であり、創造者であり、想像者である社会、つまり人々の言葉と身体が存在するコミュニティであることとなる。このコミュニティは、貨幣が媒介する市場ではなく、むしろ人々が、身体性に定礎される想像力によって媒介され、常に関係を組み換えつつ、新しい価値や権利を生み出し続けては、それを読み替えて、新しい言葉と身体をつくりだしていく運動そのものとして「ある」場所となる。この場所それ自体が、人々の運動によって組み換えられ続ける運動態なのである。このコミュニティは、バーチャルなコミュニティであることの可能性を否定しないが、むしろ人々が日常的により直接の関係の中で言葉を交わし、新たな関係態としての身体性を構築する地域コミュニティであったり、ワークショップなどのグループを基本とするコミュニティであることとなる。言葉と身体が共有されつつ、読み替えられ続けるような「つながり」が求められるのである。これを「つながり」のコミュニティと呼んでおく。それはまた、他の社会へと拡大する志向を持たない、市民自身が生み出し、経営する小さな〈社会〉である。

この「つながり」のコミュニティは、新しい経済を生み出す基盤でもある。「つながり」のコミュニティにおいては、人々は自らの身体性というリアルワールドを生成し、循環させ続けることとなるが、それはまた、勝手で宛名もなく過剰な自分語りを、自分に宛てられたものとして勝手に受け止めて、言葉を返してくれる「誰か」が存在することで生まれる、勝手な〈贈与〉と勝手な〈答礼〉に始まる、想像力に定礎された「贈与の経済」として意味づけられるべき関係の生成と循環である。ネットワークやコミュニティにおける勝手で宛名のない過剰な言葉つまり価値の発信は、全方位に拡散され、それを受け止めた「誰か」が自分に宛てられた言葉としてそれを解釈し、さらに誰かに宛てて発信する。これが繰り返されることで、いわば同時多発的にさまざまな言葉の読み替えと再解釈、そしてそれらにもとづく再価値化が進められ、〈社会〉が多重に意味づけられながら、多様で多重な価値を構成することになる。この〈社会〉は、人々が言葉によって、相互に解釈を重ねながら身体を相互性としてつくりだす場所であり、それはリアルな世界としての身体性を他者との関係態として構成しつつ実体化すること、つまり価値あるものとしてつくりだすことで、人々をリアルな世界に生きている実存としての自己実現へと導く場所でもある。

3 政治的身体性としての市民性

「つながり」のコミュニティで起こっているのは、人々が見知らぬ他者との「間」で、偶然そこに居合わせたという理由だけで、相互に同期して、自らのイメージを更新し、それを実体化しつつ、組み換え、破壊し、改めてイメージ化して、言語化し、実体化するという、自己のつくりかえの作業を延々と続けるということである。

ここに私たちは、新しい自我のあり方を見出すことが求められる。近代産業社会がつくりだした、対他者性を基本とする自己を中心とした自我形成のあり方から、過剰な自分語りによる宛名のない自己表出を相互に受け入れながら、〈贈与〉と〈答礼〉の関係をつくりだし、同期し、憑依することで、予測不可能な自分を生成し、事後的にその過剰性におののきながらも、それを受け入れて、次の過剰性へと駆動されてしまうような、誰がいいだしたのでもない過剰な自分語りに起動されてしまう、受動性つまり応答可能性を基本とした自我すなわち〈わたし〉の生成への移行である。[20] しかも、この自我生成の運動が、自己実現の実体である商品をつくりだすコミュニティへと社会を展開させるのである。これが、「つながり」のコミュニティの新しい経済の基盤となり、かつこのコミュニティを既存権力とは異なるレイヤーを構成するものとして政治化することとなる。

この新たな身体性を持ち、他者との「間」に生成される当事者としての〈わたし〉という関係性こそが、市民性を体現したものとなり、〈社会〉を生成するのである。それはまた、社会的なレリバンスそのものが無効化される既述の社会において、他者との相互性によって新たな身体性を獲得して、〈社会〉を生成しつつ、新たに構成していく市民性である。そこでは、社会的レリバンスとは、既存の社会とのかかわりにおける有意味性というよりは、〈社会〉を生成し、構成し、変革し続ける政治的な身体性へと組み換えられているといってよい。ここではまた、市民性とは、身体性に定礎される他者との関係においてなされる自我生成つまり〈学び〉の動的な様態であり、かつ個人の存在のあり方である自由を生成する自由を他者とともに生み出す「運動」であるともいえる。教育の社会的レリバンスを考えるとは、この意味であることが求められるのではないだろうか。

（1）宮原誠一『宮原誠一教育論集　第二巻　社会教育論』、国土社、一九七七年。小川利夫・倉内史郎編『社会教育講義』、明治図書出版、一九六四年など。

（2）松田武雄『近代日本社会教育の成立』、九州大学出版会、二〇〇四年。牧野篤『人が生きる社会と生涯学習――弱くある私たちが結びつくこと』、大学教育出版、二〇一二年。

（3）小川利夫・倉内史郎、前掲書。

（4）小川利夫・倉内史郎、同前書。小川利夫編『現代社会教育の理論』（講座・現代社会教育Ⅰ）、亜紀書房、一九七七年。

（5）苅谷剛彦『階層化日本と教育危機――不平等再生産から意欲格差社会へ』、有信堂高文社、二〇〇一年。志水宏吉『「つながり格差」が学力格差を生む』、亜紀書房、二〇一四年。本田由紀『多元化する「能力」と日本社会――ハイパー・メリトクラシー化のなかで』、NTT出版、二〇〇五年。本田由紀『教育の職業的意義――若者、学校、社会をつなぐ』、ちくま新書、二〇〇九年。耳塚寛明『教育格差の社会学』、有斐閣、二〇一四年など。
(6) たとえば、堀尾輝久『現代教育の思想と構造――国民の教育権と教育の自由の確立のために』、岩波書店、一九七一年。
(7) 小玉重夫『シティズンシップの教育思想』、白澤社、二〇〇三年。
(8) マルティン・ハイデガー、木田元監訳・解説、平田裕之、迫田健一訳『現象学の根本問題』、作品社、二〇一〇年など。
(9) マルティン・ハイデガー、細谷貞雄訳『存在と時間』(上・下)、ちくま学芸文庫、一九九四年など。
(10) アントニオ・ネグリ、マイケル・ハート、水嶋一憲・酒井隆史他訳『〈帝国〉――グローバル化の世界秩序とマルチチュードの可能性』、以文社、二〇〇三年。柄谷行人『マルクスその可能性の中心』、講談社学術文庫、一九九〇年など。
(11) 水野和夫『資本主義の終焉と歴史の危機』、集英社新書、二〇一四年。
(12) 宮台真司『終わりなき日常を生きろ――オウム完全克服マニュアル』、筑摩書房、一九九五年。
(13) 牧野篤『認められたい欲望と過剰な自分語り――そして居合わせた他者・過去とともにある私へ』、東京大学出版会、二〇一一年など。
(14) 宮台真司、前掲書。宮台真司『世紀末の作法――終ワリナキ日常ヲ生キル知恵』、メディアファクトリー、一九九七年など。
(15) 古市憲寿『絶望の国の幸福な若者たち』、講談社、二〇一一年。
(16) 宇野常寛『ゼロ年代の想像力』、早川書房、二〇〇八年。宇野常寛『リトル・ピープルの時代』、幻冬舎、二〇一一年。
(17) 宇野常寛『リトル・ピープルの時代』、幻冬舎、二〇一一年。
(18) クリス・アンダーソン、関美和訳『MAKERS――21世紀の産業革命が始まる』、NHK出版、二〇一二年。
(19) 東京大学生涯学習論研究室MONO-LAB-JAPANプロジェクト『ものづくりを通した新しいコミュニティのデザイン――MONO-LAB-JAPANの活動を中心に』(学習基盤社会研究・調査モノグラフ7)、東京大学大学院教育学研究科社会教育学・生涯学習論研究室、二〇一四年など。本書第4章を参照のこと。
(20) 牧野篤、前掲書。

第4章　おしゃべりでにぎやかなものづくり
——MONO－LAB－JAPANの取り組み

1　言葉を実体化するMakers革命

1　ものづくりのイメージ

「ものづくり」と聞いて、何を思いつくだろうか。コツコツと一つのものを作品のごとくつくりあげる職人の営みだろうか。それとも、大規模なアッセンブリーラインを流れる数多の製品を、多数の労働者が単純な工程をこなして、つくりあげていく姿だろうか。いずれにせよ、これらのものづくりのイメージの背後にあるのは、黙々と、きまじめに、苦しい鍛錬の末に、または単純労働の繰り返しに耐えて、つくりだされる、労働の成果としての製品なのではないだろうか。寡黙と忍耐、これがものづくりにつきまとうイメージなのではないだろうか。

そこでは、ものづくりと「勤労」さらにはその背後にある「勤勉」という価値とが表裏一体となっている。そして、このものづくりの感覚が導くのは、結果よりも過程、さらには努力や気力という、ものをつくる人々の技術や営みの背後にある、より人格的なものを評価しようとする価値観である。これは、「勤労」さらにはより単純に労働が、自我形成や自己実現と深く結びついていることを物語っている。それはたとえば、次のように解釈することが可能である。

私たちが労働によって商品を生産し、それを市場において流通させるというとき、そこでは、労働力の投入による価値の生産（基本的には使用価値の生産）がなされ、その価値の背後に人間普遍の身体性にもとづく労働力が存在することによって、市場で商品が流通することで、私たちは自らを普遍へと結びつける信憑を形成することができる。

私たちが価値を生み出すというとき、そこには、私たちが労働力を投入することで、つまり空間と時間すなわち身体性を投入することで、その価値の中に自らを投げ込み、その価値から自らをとらえ返そう、すなわち自己実現しようとする無意識の企図が隠されている。既述（第3章）のように、私たちは、存在することですでにこの世界によって、この世界に投げ込まれてしまっているが、それがために、生産によって自らを実現しようとする営み、つまり自己実現が可能となる状態にある。[1] ここで自己を実現するとは、ハイデガーの言葉を借りれば、自己が「世界―内―存在」であることを理解することである。それは、世界にすでに投げ込まれて場所を占めざるを得ない自分が、視点を世界へと移行させて、自己が世界に場所を占める存在であることを理解すること、すなわちその視点から自己をつくりだし、認識することと同じである。空間と時間つまり場所が、人の「私」という存在をつくりだしているのである。[2]

しかも、この「私」が成立する背景には、商品の背後にある価値の基盤となるもの、つまり労働力を投入することで、他者が求める価値のあるものを生産するという他者へのまなざし、そして他者へのまなざしを介した自己へのまなざしという、いわば想像力が普遍的なものとして存在している。この想像力を定礎しているのが、価値を生み出す労働力の根拠として私たちが持つ類的な普遍性としての身体である。つまり、他者への想像力の担保となるものが、類的な根拠としての身体の持つ普遍性なのである。[3] 私たちは、この身体という、どうしようもなくこの世界に空間と時間を占めてしまう「ある」ことにならざるを得ない存在を持つがために、商品の背後にある価値の基礎となるべきものを他者と共有し、交換することができる。それは、身体にもとづく「生産」の市場主義的な基礎であるといってよい。

これはまた、精神分析学にいう「命がけの跳躍」（ラカン）においても、同様である。私たちは、自己の対他者性において、常に他者へと自らを移行させること（自分を分裂させるような命がけの跳躍をすること）で、初めて、自分を見つめるまなざしを手に入れ、そうすることで初めて自己を同定する、つまり自我を形成することができるとされてきたのである。

2　Makers革命の可能性

ところが、私たちはいまや労働過程から「生産」つまり「勤労」が排除される社会に生きざるを得なくなっている。それは、労働過程における身体性つまり空間と時間の普遍性を否定され、人々が労働において自己の実存を獲得することが困難となる、否、むしろ自分が他者とともにこの社会に生きていることそのものを否定されることを意味している。そのことはまた、私たち自身がすでに労働力としてすらこの社会に存在することができず、労働力の再生産を保障されることも、さらにはその基礎でもある人間の再生産としての生殖すらも保障されなくなることを、つまり力能としての労働力ではなく、労働の成果を値踏みされる、使い捨ての即戦力と見なされていることを示している。

このような社会では、権力も規範性を失っていく。時間と空間に定礎された身体性が失われるところでは、その時間と空間を統制し、人々を、その身体を管理すること、つまり規律・訓練によって国民化し、国家を統治する超越的な規範権力は後景に退く、または成立しなくなってしまう。私たちは権力の規範性を他者性として生きることで、規範を自らの超自我へと形成して、ともに社会に生きる「われわれ」として存在することができていた。しかしいまや、ここでは、国家のような強大な規範権力は後景に退き、個体間の関係が権力化し、人々を相互に抑制させあうことになる。この社会で発せられているメッセージは、個性を主張する価値多元性でありながら、比較優位であれと煽る、規範・規準なき序列化なのである。人々が相互に抑制しあうこのような関係のあり方を環境管理型権力と呼ぶ。このような社会はまた、大衆消費社会と呼ばれる。人々が時間と空間つまり場所＝身体の感覚を共有せず、経時的な達成の価値を見出さず、即時的かつ即自的な価値に重きを置く、事前にわかっている価値や機能を購入するかのようにして生きようとする社会が出現することになる。この社会では、時間は流れず、人々は成長し、成熟することをやめてしまう。

このような社会にあって、前章でも触れたように、筆者らが見出したのは「Ｍａｋｅｒｓ革命」(4)と呼ばれるものの可能性であった。Ｆａｂｌｅｓｓ、ＥＭＳ（electronics manufacturing service: 電子機器委託生産）そして３Ｄプリンターを組み合わせて、ネットワーク上でオープンソースのデザインを活用しながら、デスクトップで製造業を展開することや、カスタマイズを基本としたものづくりの復権が予測され、一部では実現している。また近年では、ＩｏＴ（Internet of Things: モノのインターネット）が注目されたりしている。

このＭａｋｅｒｓ革命の主力機器である３Ｄプリンターは、ネットワーク上の言葉を実体化する道具であるといってよい。３Ｄプリンターはコンピュータ上の３ＤＣＡＤや３Ｄ画像ソフトで設計された立体物を実体化する装置だが、３ＤＣＡＤや３Ｄ画像ソフトで設計され、画像化されるものは、ネットワークでつながった人々の言葉によって構成されたイメージだといってよい。しかも、イメージや画像は、ソフトウェアがコンピュータ上の計算や設計を自動化して行う、何度も繰り返しての書き換えが可能なものとしてある。つまり、イメージや画像そのものが言葉によって構成し直され続けるものであり、3Dプリンターはその言葉による画像を幾度も低廉な価格で実体化することができる道具なのである。言葉は3Dプリンターで実体化されることで、自らの身体を持ち、それが言葉を発する主体の身体によって触れられ、主体の身体との「間」で対話的関係へと展開することで、また他者がその身体に身体をもって触れ、言葉で解釈し、組み換えるとき、実体化された身体が新たな物神として作動するだけでなく、常にそれを生み出した身体そのものを組み換えつつ、新たな言葉の表出を誘い、それがまた新たな身体の構成を導くことになるのである。このことはまた、人々をネットワークにおける言葉の過剰な表出へと誘い、それを他者との「間」の身体の再解釈と組み替えによる新たなイメージの構成と再構成の不断の循環へと導くとともに、主体である個人そのものを他者との身体の組み替えである動的な状態として「ある」ものへと組み換え続けることでもある。3Dプリンターは、この意味での言葉を実体化するツールなのだといえる。

しかも、ここで実体化され、身体化された言葉は、他者との関係態としての自己に他ならず、3Dプリンターで実体化されたモノは、自己と他者との関係が身体化したモノであることになる。つまり、新たな自己が、関係態であるモノとして実体化し、自己へと還ってくるのであり、しかもその実体化されたモノは、実体化される端から即座に他者との関係に投げ込まれて、身体によって確かめられ、言葉化されて解体され、新たな関係態へと組み換えられ、再解釈されて、改めて実体化されるモノとして扱われることになる。モノの制作過程つまり労働過程から時空が排除されながらも、自らの身体性は他者との関係の中に担保され、常に即座に言葉によって読み替えられながら、次の身体へと構成し直される自己形成の循環が、まさに自分語りの過剰性として、構築され続けるのである。

常にその場で、自らの言葉を実体化し、身体化することで、他者の身体へと名宛てされ、他者の言葉によって、再解釈され、読み替えられる自分の身体が存在することになる。自己の他者への移行によって構成される自我ではなく、より直接的かつ重層的な他者との、いわば言いっ放しの、やりとりの中で、自分の身体が他者との構成体すなわち関係態として生み出され続けることになるのである。

筆者の研究室が実験的に行ってきた取り組みに、3Dプリンターを核とした「ものづくりの社会化」プロジェクト・MONO-LAB-JAPANがある。この取り組みの現場でも、子どもや市民たちが、ワークショップに集い、またネットワーク上で、常にわいわいがやがやと議論を繰り返しながら、時に雑談としか思えないような会話の中から、自らのイメージを膨らませ、そのイメージを実体化させている。しかも、そのイメージの実体化としてのモノは再び他者との雑談の中に投げ込まれることで、即座に読み替えられ、組み換えられて、新たなイメージをつくりだし、次の実体化へと展開していく。こういう人々の動的な変化し続ける姿を見て取ることができる。それは自己と他者との同期または相互の憑依といってもよい状態であり、この同期から、子どもや市民は自分では予期しなかったイメージやアイデアを生み出し、それを言葉で表現し、さらに実体化して、自分の身体を構成し直し続ける運動に入っているのである。

このような新たな自己のつくりかえの運動をMONO-LAB-JAPANの取り組みと重ねてみると、次のような可能性をとらえることができる。

3　ノマドを結びつける

3Dプリンターはパソコン上の3D画像を実体化する装置だが、パソコンをネットワークすることで、さまざまな人たちがイメージづくりに参入してきて、人は、自分のイメージが皆の中で共有されながら、よりよいものへと組み換えられていき、それを3Dプリンターで実体化することで、自分のイメージでありながら、皆のイメージが相乗効果を発揮して、自分一人で考えたことよりもよりよいものができあがるという体験をすることになる。まさに言葉の持つ特徴、つまり自分のものでありつつ、社会のものであることで、意思疎通が可能となり、かついえることしかいえないという制約の中で、より新たな概念とイメージを想像することができるという特徴を、ものづくりが帯びることとなるのである。しかも、ここでは、生産者と消費者が一体化して、人が自分のイメージを他者との間でより高めながら、自分の持つイメージや想像を他者との間で実体化していく。こういうことが起こることとなる。

単に安価にできるとか、金型をつくらなくてもよい、ということだけではなくて、3Dプリンターは、人が皆の中で、皆と同じではなく、それぞれ異なるイメージや想像を持ち寄って、それを高めあう中で、一つの実体をつくりあげる、つまり自分というものを他者との「間」でつくりあげることのできる画期的な機械なのだといってよい。このことはまた、人が現実社会のレイヤーで想像して、現実を多重化し、拡張するという営みが、他者のその営みと重なりあいながら、一つの新しい実体をつくりだして、この社会の意味と価値を組み換えていくことへとつながっている。ブレイクスルーのない社会で、〈いま、ここで〉、社会を多重に解釈し、価値を生み出すことへとつながるのである。これこそが、3Dプリンターの画期的な意義なのだといえる。

3Dプリンターによってモノをつくりだすためには、多様なノマドたちがネットワークでつながっていることが必要である。価値多元的に多重に存在している多様な人々が、つながりながら、一つの価値をつくりだして、それを実体化しては組み換え、社会を多重化していくネットワーク上の拠点として、3Dプリンターは位置づけられるのである。

この意味では、人々の想像力を実体化し、さらにそれがネットワーク上で、互いの想像力を創造性へと組み換えながら、新たな価値を生み出して、それをさらに実体化していくことができる社会に、私たちは片足を突っ込み始めているといってよい。この社会では、想像は、夢ではなくて、実体化され得るものとなり、それをさらに洗練させるためには、ネットワーク上で皆が互いに想像力を働かせながら、イメージを洗練させる方向へと作用を及ぼしあうことが必要となる。ここでは、オリジナルと二次創作の区別がつかなくなり、これまでの著作権という概念が変わってしまうこととなる。個人が主体でありながら、関係性が個人のイメージをさらに膨らませて、次々に新しい価値を生み出すことができる時代がやってきているのである。ここでは個人は個体ではなく、むしろ関係態とでも呼ぶべき存在へと展開している。

これを実際のワークショップとネットワークとを組み合わせて進められないかというのが、MONO-LAB-JAPANの実験であった。

4　子どもと高齢者を結びつける

3Dプリンターを使うと、子どもでもモデリングができてしまう。自分が欲しいものを友だちや見知らぬ人とのネットワークの中で洗練させて、それを実際に自分の家で実体化して手に入れることが可能となる社会がすぐそこまでやってきているのである。

高齢者も、退職したら、社会の一線から退いて、引退ということではなくて、いまや一大マーケットを構成する社会の第一線にいる人々である。こういう人たちが、自分の欲しいものを発信していく仕組みがこの社会にはなく、また彼ら高齢者はすでにモノを持つ世代であり、価値観が多様化していて、ひとつかみにできない人々であることも確かである。

こういう高齢者と3Dプリンターを使いこなす孫世代が結びついたらおもしろいだろうなというのが、MONO-

ＬＡＢ－ＪＡＰＡＮの試みの基本的な考え方でもある。ここではまず、退職技術者たちが、子どもたちとのワークショップで、自分の技術を伝承しながら、子どもたちがつくりたいものをつくれるように指導していく。子どもたちも、おじいちゃんたちとの会話の中から、自分がつくりたいもののイメージを固めていって、それを実体化する方途を探り始めることになる。

このかかわりの過程で、相互に認めあう関係が生まれる。ここで、子どもも高齢者も、互いに互いがなくてはならない関係に入る。そうすることで、子どもの発想が高齢者に受け止められて、実体化に向けたより具体的なイメージへと変わり、そのイメージがさらに子どもたちの価値に触れて、より洗練された新しいものへと高められていくこととなる。

イメージは、一面で高齢の技術者たちが持っている、手を動かして、ものをつくりだすというやり方で実体化するとともに、もう一面でパソコン上の立体画像へと展開して、子どもたちが３Ｄプリンターで造形するものへと練り上げられていくのである。

こういう形でものづくりのあり方がワークショップ形式とネットワーク形式を併用しつつ、組み換えられ、これまでの社会では、主役ではなかった子どもと高齢者が、新しい価値を発信しつつ、モデリングまでをもやってしまうことが可能となる社会へと、私たちは歩みを進めているのだといってよいであろう。

2　おしゃべりでにぎやかなものづくりと新しい自我そして〈社会〉

1　「生き方」を発信する３Ｄプリンター

３Ｄプリンターは、人の自己形成を実体化することができ、人がモノを製造することが、より直接的に他者との関係において、自己を形成し続けることでもあることを表現する初めての道具であるといってもよいであろう。３Ｄプリンターはまた、人が「生き方」を発信することで、それが他者との間の言葉によって読み替えられ、組み換えられることで、他者との関係態として身体化されることを、自らの手で触れることのできる実体としてつくりだしてみせる道具なのであり、自己とは、その実体化されたモノそのものが不断に他者との間に投げ込まれて、解釈され直すことで、存在そのものが常に組み換えられて、新たな関係態として実現し、実体化していく運動となるのである。

Ｍａｋｅｒｓ革命とは、単に製造業がカスタマイズ対応に組み換えられ、個人化するということではない。それは、労働過程から時空が排除され、人の身体性が否定される社会にあって、人が改めて他者との「間」で、時空を介さない自己の身体性を獲得し、新たな自我を事後的に形成することを、モノを製造することで実現する、新しい〈社会〉をもたらすことなのだと解釈される。人はここで、自己という価値を、モノの製造において、いわば自己を他者へと移行させる疎外論を回避する形で、実現することになるように見える。そこで起こっているのは、子どもや市民が偶然居合わせた他者とともに、過剰に自分語りを始め、その過剰な、宛名のない、勝手な自分語りと発信が、他者との間で勝手に受け止められ、他者の自分語りへと展開することで、相互に同期が発生し、思いもよらないイメージやコトバがほとばしり、それがさらに他者との間で勝手な自分語りとして読み替えられ、組み換えられることで、常に次の新たなイメージへと展開し、それが実体化されていくという事態である。それは、見知らぬ他者との間で、偶然そこに居合わせたという理由だけで、人は相互に同期し、いわば憑依しあって、自分を新たな関係の中で他者とともにつくりあげながら、自己のイメージを更新し、展開させ、それを実体化しつつ、組み換え、破壊し、改めてイメージ化して、言語化し、実体化するという、自己のつくりかえの作業を延々と続けるということである。

モノを製造することそのものが自己を生み出し続けることでもあるという関係がつくられるのであり、ここでは、言葉がそうであるように、身体そのものが個人が個体的に所有するものではなく、他者と共有する、解釈し直され続け、組み換えられ続ける、そうであることでその個人のものである新たな身体性として、生成することになるのである。

労働過程から排除された時空と身体性が、言葉の持つ他者との間に構成される遅延性と事後性に導かれる再解釈・読み替えによって、常に遅れながらつくられ続ける身体としての自己、つまり他者との間で常に遅れながら生成され続け、解釈され続ける身体性として立ち上がるのである。ここでは、身体性は、言語と身体が他者とともに新たに融合し続け、共有される自己形成の運動、つまり言葉と身体の「間」の否定的同一化のプロセスとして生成することとなる。

均質の時間と空間が経済過程に確保され、「一」なる自己が時間と空間を超えて一貫して存在することで、世界の中に場所を占めるという形で、身体が時間と空間を体現し続けるのではなく、〈わたし〉という存在そのものが、他者との言葉による表現態として身体化し続けることで、常に読み替えられ、組み換えられ続ける終わりのないプロセス、つまり運動として生成されるのであって、そこでは、人々を貫く均質の時間や空間は存在しなくなる。つまり、「一」なる継続する不変＝普遍としての身体性は存在せず、それぞれの言葉と身体に固有の時間と空間が、常に相互の関係態としての身体性を〈わたしたち〉の〈わたし〉として構成し続けることになるのである。

これがMakers革命の本質である。そこでは、経済の実態に即していえば、消費者が設計者であり、製造者であり、購入者でもあるということになり、しかも商品は常につくりかえ続けられる製品としてあることになる。[5]その上、この運動は、新しい経済を生み出す基盤でもある。そこでは、人々は自らの身体性というリアルワールドを生成し続け、循環させ続けることとなる。その基盤となるのが、過剰な自分語りとしての「生き方」の発信であり、それを受け止めて言葉へと構成し、さらにその言葉を介して、身体を生成する「誰か」の存在である。それはまた、人々の存在を結びつけながら、関係態としての自己の身体性を構成し続ける相互の関係と、その生成の自由を認めあう相互承認関係とその形成、そして身体性の読み替えと多重化による新たなリアルワールドの生成という、人々の自己生成の駆動力を生み出す関係である。

2 想像力の経済へ

ここにはまた、勝手で宛名もなく過剰な自分語りを、自分に宛てられたものとして受け止めて、言葉を返してくれる「誰か」が存在することで生まれる、勝手な〈贈与〉と勝手な〈答礼〉に始まる、想像力に定礎された「贈与の経済」として意味づけられるべき関係の生成と循環が生まれている。ネットワークやコミュニティにおける勝手で宛名のない過剰な「生き方」の発信は、ネットワークやコミュニティのさまざまな関係を通して、全方位に拡散され、それを受け止めた「誰か」が自分に宛てられた言葉としてそれを解釈し、さらに誰かに宛てて発信する。これが繰り返されることで、いわば同時多発的にさまざまな言葉の読み替えと再解釈、そしてそれらにもとづく再価値化が進められ、コミュニティが多重に意味づけられながら、さまざまな価値を構成することになる。しかも、このコミュニティは既述のように、人々が言葉によって、相互に解釈を重ねながら身体を相互性としてつくりだすコミュニティであり、それはリアルな世界としての身体性を他者との関係態として構成しつつ、さらに実体化すること、つまり価値あるモノとしてつくりだすことで、人々をリアルな世界に生きている実存としての自己実現へと導くコミュニティでもある。

ここにおいて、人々は「生き方」の過剰な発信を相互に認めあい、それを相互に身体性へと再構築することの自由を認める、つまり価値の実体化と組み換えによる新たな価値化、つまり消費の自由を相互に認めあうことで、既存のコミュニティを多重に解釈し続けながら、新しい「生き方」の地平を開発し続ける存在として、自ら立ち上がることになる。しかも、その自己自身が「生き方」を発信する価値であり、コミュニティそのものであるような動的な状態として、自己を他者との関係態として構成し続けることになるのである。

この関係においては、人々は、「生き方」を発信して他者に〈贈与〉し、その他者が「生き方」を言葉へと読み替えて、新しい価値を生み出して、社会に〈贈与〉し、その言葉が身体を構成し、身体性が他者との関係態として生成され、それがさらに言葉によって読み替えられ、新たな身体として構築され、異なる身体性として生成され、それがさらに言葉によって解釈されて価値化されるという永続的な循環をつくりだす。現実が多重化し、常に人々の実存が身体性として構築されながら、その構築そのものが次の身体性への転成であるという循環が生み出されるのである。この循環の駆動力こそが、言葉と身体によって構成される想像力なのである。ここでは、このような循環の経済を「想像力の経済」と呼んでおきたい。これは、従来のような拡大再生産と貨幣で規模を測るような経済ではない。

この運動としての身体性の生成による想像力の経済では、商品の背後にあって、労働力の投入として貨幣で測られるような価値が経済の基盤をつくりだすのではない。他者との間で言葉によって自らを構成しながら、他者との間で身体をつくりだすような想像力に定礎された身体性そのものが、他者との間で自らの「生き方」をつくりだすという形で、経済が回ることとなるのである。それは、いわば言葉の物々交換でもあり、身体性のやりとりでもあるといえる。この交換関係の中で、人々は、常に自分が他者との関係態としての身体を持っていることを事後的に獲得して、他者との関係つまり〈社会〉において自己が実現していることを確認することとなるのであり、その過程でつくられる自己の実体化されたモノとしての製品を、まさに人々自身が他者との関係の中でカスタマイズし、自分に宛てたモノとしてつくりだし、他者から名宛てされたモノとして購入し、また組み換え続けて、他者を名宛てするモノとして販売するような、こういう関係の中で、財貨とサービスが事後的に回っていくような新しい経済をつくりだすことになるのである。

このような〈社会〉のあり方は、従来の基礎自治体の姿を変えることになる。基礎自治体は、身体性の生成と循環の〈社会〉の結節点に位置づきながら、人々の解釈と表現によって組織され、新たなコミュニティを生み出すのであり、それらが相互に多重に重なりあいつつ、〈社会〉をより多重に構成するための、ハブ的な役割を担うこととなる。コミュニティの住人である人々が、自らの生活を営み、自己の身体性を相互に生成させて、経済を回すことで、政治を動かすことになる、つまり「自治」を担うことになるのである。

3　居合わせた人々との同期

この〈社会〉で起こっていること、それは、子どもや市民が偶然そこに居合わせたという理由だけで、相互に同期し、自己のつくりかえの作業を延々と続けるという運動である。この自己のつくりかえの運動の中でなされているのは、他者との関係の中で、その都度、自己のイメージを実体化させ、他者からの言葉を浴びて、解体し、組み換えていくという、自己表現の終わりのない運動である。この運動から、自己を表出した、とりあえずの、カスタマイズされた実体が、商品として立ち上がってくる。これが、〈社会〉の新しい経済の基盤となるものである。MONO－LAB－JAPANの実践においては、子どもたちが居合わせた仲間たちと同期し、相互に憑依しつつ変容し、さらに彼らへのサポートとして入った大学生・大学院生たちと同期しながら、学生たちを変容させていった姿を確認することができる。この同期による相互変容こそ、彼らを次の変化へと駆動し、新たな価値の創造へと向かわせる駆動力なのだといってよい。そして、この運動そのものが、新しい〈社会〉をつくりだし、それを組み換え続ける運動なのでもある。

4　言葉と自己生成の駆動力

このことは実は、私たちの存在にかかわる自己認識のあり方と深くつながっている。「言葉」である。私たちは、社会の事物を認識し、自分を表現し、人と意見を交わすのに、言葉を用いざるを得ない。しかしこの言葉は、とても不思議なものである。なぜなら、自分のものではなくて、誰かのものなのに、自分のものでもある、だからこそそれを使うと人とわかりあえると信じ込める、そういうものだからである。言葉は私たちが特定の社会集団に産み落とされて、その社会で他人が使っているものを覚え、またその社会集団たとえば国が持っている学校という制度で、標準語（国語）として教え込まれ、使えるようになった、いわば外付けの媒体である。しかし、それだからこそ、私たちはその言葉を使うことで、同じ言葉を使う人と意思疎通できると信じて疑わない。

だが、言葉でいえることは、実はいえることしかいっていない、という制約が課せられている。言葉で表現できることは、予め自分がその言葉の意味を知っていることやものでなければならず、しかもそれは、その社会で流通している意味でなければならない。いわば、言葉はそれ自身を言葉として表現することしかできないという制約である。

その上、私たちは、言葉で表現できることには、二つの意味で限界があることを知っている。一つは、言葉は予めいえることしかいえないのに、私たち自身が何をいいたいのかは、いってみないとわからないということである。事前に制約されているのに、後からしか何がいいたかったのかわからない。それは発話しなくても、心の中で思ってみたということでも同じである。しかも、二つめは、たとえば私は、私自身を言葉でいい切ることはできないということである。どうしても、いえないものが残ってしまう。また、人がいっている言葉の意味を理解することはできるが、それがそのままその人がいっていることそのものであることはできないことも、私たちは知っている。意味は、その言葉が指し示すものと他の言葉が指し示すものとの違いによって生まれるものであるため、どうしても、言葉を聞いた後で、自分の体験や自分の身体の感覚などに置き換えなければ、理解することはできない。しかしそこに、他人のいっていることと自分が理解していることとのズレが生じることを、私たちは知っている。

言葉にはこのような制約があり、何かが残ってしまい、それそのことが後からしかわからないからこそ、また私たちの言葉の能力には限界があることがわかるからこそ、私たちはその残されたものを表現したくなり、もっと言葉を欲しがってしまうし、他者から言葉を与えられることを求めてしまうこととなる。それは、私たちが知識を求めてしまわざるを得ないことと同じである。知識とは、言葉がもたらす意味だからである。

わからないことが後から出てくることで、私たちは、もっと言葉を欲し、もっとそれを表現したくなり、もっと人から言葉を与えられたくなってくる。もっと、もっと、という欲望つまり駆動力が、どんどん湧き出てくるようになる。そしてそれは、私たちが、人との間で言葉を覚え、言葉を使い、その言葉によって表現できないことが後からわかることで、それをもっと言葉で表現したくなってくるという循環をつくっている。それは私たちが、誰か他の人と一緒に、その人との関係の中に存在しているからだといえる。そして、この表現できない残余、それはいいかえれば、自分がそれを表現できない何かの欠損があることと同じなのだが、つまり残余であり欠損であるものと感受されるのが、人と自分とを区別する自分の固有性だということになる。私は、そういう自分をもっとわかりたいし、もっと表現したいという思いに駆られて、人との「間」で、言葉を求めてしまう。

それは、こういってもよいかもしれない。自分というこの世界に産み落とされた絶対的な受動性によってもたらされるわからないもの、つまり受肉した空虚さに、この世界から言葉を与えられることで、それは自分として意識され、その空虚さに意味が与えられることで、それは自分になっていく、つまり受肉した空虚さが満たされていく。しかし、実は言葉を与えられることでこそ、自分の空虚が感じられ、その空虚を満たしていけばいくほど、空虚さの深淵が広がっていってしまう。だからこそ、その空虚さにおののきながら、私たちはそこに言葉を充填していこうとせざるを得ない。なぜなら、そうでないと、自分が空虚として残ってしまい、不安だからだ。それはまた、私たちが、自分の中に言葉という他者を詰め込んでいきながら、それでも自分をその他者とは異なる空虚として生み出していかざるを得ないし、そのように駆動されざるを得ない受動的な存在であることと同じなのだ、と。

私たちはこうして、他者との間で自分を言葉で充塡しては、空虚な自分をつくりつづけていかざるを得ない、そういう存在つまり関係態なのだといえないだろうか。ここで重要なのは、私たちはこういう絶対的な受動性に宿命づけられているからこそ、自分の空虚さを他者の言葉で埋めざるを得ない、このどうしようもなさに駆動されて、もっともっとと自分から他者を求め、自分を新たにつくりだし続け、他者をも自分との関係においてつくりだし、〈社会〉をつくりだし続けなければいられない、絶対的に能動的な存在なのだということである。私たちは、もとからある何かわからないものを探求していくということではなく、またこの世界を探求して、未知のものを明らかにしていくということでもなくて、むしろ、言葉を得て、自分を意味で充塡し、この世界に意味を与えていけばいくほど、新しい空虚をつくりださざるを得ない存在として、この世界に他者とともに場所を占めている、つまり身体性を帯びている存在なのではないだろうか。世界を探求して、明らかにするのではなくて、わからない世界をつくりだし続けることで、この世界を拡張し続け、その世界に意味をもたらすために、過去の言葉を重ねつつ、新しい意味をつくりだしていかざるを得ない存在、それが私たちだということなのである。

それは、自分をつくりつづけることであり、他者をつくりつづけることでもあり、また他者とともにこの世界をつくりつづけることでもある。私という存在は、言葉で自分と世界を充塡しつつ、自分と世界をつくりだし続けなければいられない運動として、ここに存在しているのだといえる。そしてそれは、常に新しい自分が生まれ続け、そこに常に新しい意味が補塡され続け、常に自分と世界が広がり続けることを発見し続ける、わくわく感をもたらしてくれるものとしてあるのではないだろうか。強いていえば、このわくわく感こそが、自分の存在なのだということである。そして、この自分と他者をつくりつづける運動こそが〈社会〉そのものであり、かつ〈学び〉なのだということである。

3　新たな〈社会〉の構想に向けて

1　自由の分配

以上のことは、学校制度を持つ社会としての近代社会の原理である自由の組み換えを要請すること、つまり社会と個人の生成を改めて問い返すこと、すなわち近代国家の課題と通底している。近代国家が持つ教育制度の基本的な原理は、改めて述べれば、所有の自由と身体を通した規律・訓練である。学校を含めた公教育は国家権力によって国民である人々に保障され、そこでは身体を通した陶冶が行われる。それはまた基本的には、労働力としての国民を育成するということでもあった。そこでは、個人の内面の価値とその実現については、権力的な介入はできるだけ避けることが求められることとなる。そのため、学校は価値実現競争の場として、メリトクラシーが働くように構成されている。それを、経済界も支持してきたのは、それが経済発展とかかわっているからだといえる。

これに対して、自由が過ぎると人々の間に格差が広がり、市場に参入できない貧困層が増えるため、それが経済発展に悪影響を及ぼし、また労働力の質も低下することとなる。そのため今度は、権力が市場を通さない福祉によって平等を保障することが求められることとなる。これが現代福祉国家である。そこでは、自由は平等の範囲内に限られることになる。それはまた、機会の平等をもとにして、内的な価値の実現の自由を保障するということになる。

近代国家（現代福祉国家も含めて）の教育が持つこのような性質は、子どもたちが、近代公教育制度の中で、労働力としての国民へと育成されつつ、自己の内面の価値を実現することで、経済を発展させ、この社会を次の社会へとつくりだしていく駆動因としても育成されてきたことを示している。それはいいかえれば、労働力として再生産されることでこそ、新たな価値を創造して、経済発展を支え、この社会を維持しつつ、革新していく主体として、人々が自己を育成することにつながるということであった。

この労働力の再生産がなされるためには、超越権力による富の再分配、つまり人々が肉体を維持し、労働力としての自己を保つための物質的な糧を得るための再分配と、人々が価値を実現するための自由の確保、すなわち自由の権利の超越権力による再分配がなされなければならない。つまり福祉と教育がクルマの両輪のようにして働くことで、経済が発展して、人々の生活が安定しつつ、この社会が次の社会へと自己革新していく駆動力を得ることができたということである。そして、その基礎は人口の拡大再生産、つまり子どもを産むことであった。そのためにこそ福祉が求められたのだといえる。

しかも、私たちは国家という規範権力（超越権力）に自己を同期させることで超自我を形成し、国民としての意識やアイデンティティを得ることができていた。つまり、私たちの自我そのものが規範権力から分配されていたといってもよいものでもある。

だからこそ、教育は一般行政から相対的に自立している必要があった。いいかえれば、一般行政が教育に口を出すこと、さらには経済界が教育を弄ぶことははばかられ、また批判されてもきたのである。なぜなら、経済と結びついた超越権力の教育への介入は、この社会における富の再分配と価値実現の自由を脅かし、経済発展と社会の革新を妨げるからであり、自我の形成を阻害するからである。

2　自由の強要へ

しかし昨今の状況はどうだろうか。近代産業社会は日本では終焉を迎えつつあり、人々の労働過程から「勤労」が排除され、労働から身体性つまり時間と空間が排除されて、人の存在が否定される状況が出現している。金融資本主義の社会であり、サービス産業が主流となる社会である。これを大衆消費社会という。この社会は、極論すれば、価値の生産をしない社会であり、人を労働力として再生産することに関心を失い、最低限の生活保障もせずに、人を使い捨てにする社会であり、子どもを産み、人口を増やすことにも関心を持つことはない社会である。つまり、労働力の再生産と内面の価値実現を求めない社会でもあるということである。それはすなわち、分配をやめる社会である。これが昨今の若者たちの就職難として一面で現象しているのであり、また、たとえ就職できても、それは価値を生産しない労働、つまり交換価値を横流しするだけの仕事でしかないという状況を招いているのである。そこでは、人そのものが労働力という使用価値をつくりだす力能を持った存在ではなくなり、即時的・即自的に他者によって評価され、使い捨てにされる存在でしかなくなってしまう。金融資本主義社会は、労働者がいなくても、消費者がいなくても、動いていく社会なのであり、交換価値のストックを進めているだけなので、使用価値生産のための労働力は不要化していく。そこでは人はその身体性を喪失し、身体性を基本とする労働力としての存在を失うこととなる。

このような社会において、旧来の行政は機能不全を起こしつつある。そこでは、平等という権利分配に名を借りた統制が重く国民にのしかかり、その平等の範囲内での権利の奪いあいという自由を、人々は仕掛けられ、互いに争うことになる。本来であれば、人々の価値実現の競争の自由のために保障されていたはずの平等は、大衆消費社会においては既存の限られた価値を奪いあうための闘争、つまり自由を強いる強迫へと転じることとなる。私たちは、国家という組織を持つことになって以降、手に入れてきた社会権を否定され、自然権としての自由を強要されることになるといってもよい。そこでは当然、自然法と自然権とは対立することとなる。

ここで否定されるのは、統治としての民主主義のあり方である。民主主義の基本は統治者と被統治者が同じだということである。それだからこそ、多数決ではあっても、そこでは少数意見を尊重しなければならないという原則が存在した。私たちは、自らを統治するために国家システムを持っている。そして、そこでは価値を実現し、社会を進歩させるためにこそ、教育という営みが、一面でこの国家を支える国民を形成する制度として、統制的な役割を果たしつつ、もう一面で、この社会を進歩させるための価値実現の自由の競争を組織するものとして、国家的に保障されなければならなかった。そこでは、常に、統制と自由とのせめぎあいが起こることとなる。それはまた、平等と自由のせめぎあい、さらには福祉と経済のせめぎあいといってもよい。それを止揚するのが、教育行政の一般行政からの相対的な自立性であり、内面の価値実現の自由であった。

しかし、いまやこの社会は価値の創造を放棄し、人々に価値実現の自由を保障することの意味を否定している。ここでは、市場そのものの変質が導かれることとなる。市場は、人々が他者の欲望を欲望することで、一般意志を確認しあい、この社会を互酬性で形成しているという相互承認を得るための社会システムであることを否定され、自己愛的な欲望を満たすための価値の奪いあいの闘争を行う、分断のシステムへと変質していく。そこで前景化するのは、統治主体である私たち自身が自らを統治することを放棄し、相互に闘争することを自らに強要する環境管理型権力と、労働力の再生産を行わず、人々を労働力としてではなく、単なる「労働」として使い捨てにしようとする資本である。

このような社会で分配される自由は、価値実現による自己実現の自由ではなく、既存の価値の奪いあいの自由だといってよい。それは、リヴァイアサン以前の自由に他ならない。経済のグローバル化と大衆消費社会の出現によって、これまで私たちが統治主体として機能してきたはずの国家権力は、逆に私たち内部に相互の孤独な闘争を仕掛ける機構として機能するようになってしまっているのである。

3　身体性の再生へ

私たちは、このような社会の中にあって、統治主体としての新しい自我のあり方を見出すことが求められているといってよいのではないだろうか。それは、近代産業社会がつくりだした、対他者性を基本とする自己を中心とした自我形成のあり方から、過剰な自分語りによる宛名のない自己表出を、相互に受け入れながら、〈贈与〉と〈答礼〉の関係をつくりだし、同期し、憑依することで、予測不可能な自分を生成し、事後的にその過剰性におののきながらも、それを受け入れて、次の過剰性へと駆動されてしまうような、誰がいいだしたのでもない過剰な自分語りに起動されてしまう、受動性を基本とした自我生成への移行である。しかも、この自我生成の運動が、自己実現の実体である商品をつくりだすコミュニティへと〈社会〉を展開させるのである。これが、コミュニティの新しい経済の基盤となり、かつこのコミュニティを既存権力とは異なるレイヤーを構成するものとして政治化することとなる。

この新たな身体性を持ち、他者との「間」に生成される当事者としての〈わたし〉という関係性こそが、〈社会〉を生成するのである。それはまた、他者との相互性によって新たな身体性を獲得して、〈社会〉を生成しつつ、新たに構成していく、〈社会〉そのものとしての自己、つまり政治的身体でもあることとなる。

MONO-LAB-JAPANにおける個人のネットワーク化と一方的な自己語りにも似た価値の表出と他者からの承認、つまり一方的な〈贈与〉と〈答礼〉による相互の承認関係の生成とその関係の不断のつくりかえ、すなわち個人と社会とのつながりつつ切断され、切断されつつつながる関係による関係態としての身体性の獲得そのものが、新たな〈社会〉における個人の実存と深くかかわりを持っているのである。それはまた、単にものづくりを社会化し、その楽しさやおもしろさを伝え、人々をネットワークしようとするだけのものではなく、むしろ旧来の社会の構成において、個人がその実存を失いつつある中で、〈社会〉をつくりだし、新たな政治的身体としての個人を立ち上げようとする試みでもあるのである。

寡黙と忍耐を想起させる従来のものづくりとは似ても似つかぬ、おしゃべりでにぎやかなものづくり、これが新しい自我と〈社会〉をつくりだすのである。

（MONO-LAB-JAPANプロジェクトの詳細については、東京大学生涯学習論研究室MONO-LAB-JAPANプロジェクト編『ものづくりを通じた新しいコミュニティのデザイン――MONO-LAB-JAPANの活動を中心に』（学習基盤社会研究・調査モノグラフ7）、東京大学大学院教育学研究科社会教育学・生涯学習論研究室、二〇一四年を参照されたい。）

（1）マルティン・ハイデガー、木田元監訳・解説、平田裕之、迫田健一訳『現象学の根本問題』、作品社、二〇一〇年など。
（2）マルティン・ハイデガー、細谷貞雄訳『存在と時間』（上・下）、ちくま学芸文庫、一九九四年など。
（3）ネグリ＝ハートは、これを「愛」と呼んだ（アントニオ・ネグリ、マイケル・ハート、水嶋一憲・酒井隆史他訳『〈帝国〉――グローバル化の世界秩序とマルチチュードの可能性』、以文社、二〇〇三年）。また、柄谷行人『マルクスその可能性の中心』、講談社学術文庫、一九九〇年など。
（4）クリス・アンダーソン、関美和訳『ＭＡＫＥＲＳ――21世紀の産業革命が始まる』、ＮＨＫ出版、二〇一二年。
（5）同前書。

第5章　多世代が交流してつくる〈社会〉
――多世代交流型コミュニティの構想と実践

1　多世代が交流してつくる〈社会〉へ

1　高齢社会を組み換える

超高齢社会を迎えた日本では、高齢社会はともすれば高齢者が課題化される社会だと受け止められ、高齢者「問題」をどのように「解決」するのかという「対策」を立てるという語り口で、議論されることが多い。しかし、高齢社会とは、高齢者のみが住む社会ではなく、また高齢者だけが社会問題となる社会でもない。それは、子どもも若者も含めた老若男女が住む社会であり、その中で六五歳以上の人口が多くなり、かつ若年者が減ることで、高齢者の比率が高まる社会である。この意味では、それは従来のような市場経済を基本とした規模の拡大・発展モデルが機能しなくなる社会だといえるが、また新たな社会モデルを構築することで、人が住むに値する新しい社会をつくりだすことの可能性を持ったものでもある。

高齢者を「問題」と見なす議論そのものはまた、経済構造の変容と自治体の再編などによって、基礎自治体が急速に疲弊していることと深くかかわっている。それは、直接的にはすでに四半世紀にもなる不況によって、雇用不安が広がり、また税収が低迷して行政サービスが後退することで、住民生活が動揺していることに起因しているように見える。そこに、急激な少子高齢化と人口減少が重なって、多くの「地方」で基礎自治体の住民生活保護機能の低下が進行しているのである。それが、「地方消滅」[1]論と感情的に通底しているといってよいであろう。

こうした事態に直面して、従来のような財政出動による福祉の向上と住民生活の下支えは最後のセーフティネットへと組み換えられざるを得ず、他方で、基礎自治体のさらに基層の日常の住民生活のレイヤーで、生涯学習による住民意識の変革と住民自らが日常的に地域の課題解決に向けて動くための仕組みづくり、つまり住民自治の再構築が求められ、そのための自主的な動きが生まれている。また、住民自治が及ぶ範囲を基本とした小さな経済をつくりだして、人々の家計を安定させることをも、喫緊の課題として住民が受け止め始めた地域コミュニティが生まれてきている。

本章で紹介する多世代交流型コミュニティの構想と実践の試みは、このような課題を背景として、国を単位とした市場における人々の生活を議論するのではなく、人々が実際の生活を送っている地域コミュニティ、より具体的には小学校区単位のコミュニティを対象として、超高齢社会に対応した、人々が幸せに暮らしながら、自らの力で生活の基盤を安定させる〈社会〉をつくるために行われた取り組みである。この試みは、多世代が交流して、互いに配慮しあう関係を生み出すコミュニティを形成することで、地域社会の物理的環境を大きく変えることなく、人々のつながりを生み出し、そのつながりの中で人々が安心して生活を送ることができる仕組みをつくりだそうとするものである。それはまた、この仕組みの中で、人々がケアの〈贈与〉と〈答礼〉の関係に入ることで、そこに互いにより一層ケアしあう過剰なお返しをするような「運動」が形成され、それが新しい〈市場〉を生成して、経済を循環させつつ、人々が地域の人間関係の中で生を全うすることのできる〈社会〉をつくりだそうとするものであるといってよい。それはまた、従来の拡大再生産を基調とした、国という大きな単位にもとづく社会に充満する高齢社会悲観論を乗り越えて、住民生活のレイヤーを基本とした新しい高齢社会のあり方を模索する試みでもある。いわば、高齢社会を組み換えて、可能性に満ちた〈社会〉をつくる取り組みだといえる。

2　実施地区の概要と住民の意識

この取り組みは、千葉県柏市高柳地区で実施された。高柳地区は旧沼南町の一部で、沼南町の柏市への合併にともなって、柏市に編入された地区である。世帯数は約四五〇世帯で、沼南町時代の一九七〇年代に宅地開発がなされ、首都圏のベッドタウンとして人口が急増した地域で、現在、約一五パーセントが旧来の農村地区住民、約七〇パーセントが在住四〇年近くのいわゆる団地族、そして残りの一五パーセントが新来の住民であるといわれる。住民の結束力は強く、柏市の一部というよりは、高柳地区としての強いアイデンティティを持ち、互いの信頼関係の中で、地域をよりよくしようとする住民がそれぞれの活動を進めている。この地区では、小学校と中学校が地域の住民活動と密接なかかわりを持っていることが特徴的であり、中学校に地域住民が自由に活用できる「地域ルーム」が開設され、学校と地域住民との交流が進められるとともに、中学校の抱えるさまざまな問題の解決のために住民が協力するなど、良好な関係にある（生徒増に対応するため、地域ルームは二〇一一年四月に教室に戻されたが、二〇一三年には、校舎の増設が終わり、改めて地域ルームが開設された）。そのため、多様に行われている地域活動には、常に高柳小学校校長、中学校長・副校長、ＰＴＡ会長らが、参加しており、さらに中学校の生徒や卒業生の親を中心に高柳地区おやじの会が結成されて、相互の親睦とともに、中学校を支援する活動を進めている。また、ＴＣＮ（高柳地域ネットワーク）と呼ばれるボランティア団体のネットワークがあり、そこにも中学校が組織されているほか、大津川をきれいにする会・まつり会・ボランティア住民組織「みんなあつまれ柳の木」・高柳地区老人クラブ高友会・グラウンドゴルフ会なども活発に活動を展開している。

反面、上記のように在住四〇年近くの住民が約七割を占め、その大多数がすでに高齢者の仲間入りをしており、高齢社会に対応した地域コミュニティの将来像をいかに描くのかが喫緊の課題だと、地域のリーダーとくに自治会長および関係者には認識されていた。これまでのさまざまな住民の活動は、そこに小中学校が組織されていたように、子どもを中心として、「新しいふるさと」づくりを進めるために住民の交流を活発化させようとするものであったが、今後、高齢社会対応の活動をどうつくりだすのかで、戸惑いがあったという。

このような地区であるため、住民の当該地区への思いは強く、筆者による訪問インタビューにおいても、住民からは地域に対する熱い想いが語られた。それはまた、各自が担っているさまざまな地域活動の源泉でありながら、地域活動によって生み出される地元への思いでもあるといえる。しかし反面、住民の話からは、これまでのような子どもを巻き込んでの「新しいふるさと」づくりから、高齢社会対応の新しい持続可能なコミュニティづくりへと展開することについては、課題として認識されてはいたが、どのように進めるべきなのかという点において、意識に迷いがあることも垣間見られた。

筆者が訪問するまでは、高齢社会を意識しての地域での取り組みはなく、「新しいふるさと」づくりの活動が盛んに行われていた。たとえば「まつり会」であれば、子どもを中心とした夏祭りを企画し、実施し続けることで、地域の多世代間の交流を生み出すことに成功していた。大津川をきれいにする会では、子どももおとなも同じ活動に参加して、環境について学んでおり、また、中学校の教育振興会は、干支対抗野球大会を開催するなどして異世代間の交流を深める事業を進めてきていた。しかし、改めて高齢社会に対応したコミュニティづくりの必要について意識を向けてみると、必要だとは思うが、どのようにアプローチしたらよいのかよくわからないというのが住民たちの現状のようであり、またそのような状況が自治会長の認識でもあるとのことであった。

そのため、高柳地区自治会連合会としては「まさに、何とかしなければならないと考えていた」のであり、筆者の聞き取りに対して、各自治会長および住民組織の関係者からも、以下のような意見が表明された。

「これまでこの地区は、学校を中心にして、子どもたちのためのネットワークをつくってきた。それは新しいふるさとをつくりだすためにとてもよかったし、保護者を中心におとなたちのネットワークもできて、人間関係もとてもよい。今後は、この地域で自分は生き生きと暮らして、生を全うしたい。そのためには、高齢社会に対応した新しいコミュニティをつくりださなければならず、そこに新しい人が入ってきてくれて、高齢者と一緒になって暮らしていけるような、そういう流れができるとよい。」

「まったく知らない土地に引っ越してきたが、この土地ではお互いに人々が大事にしてくれるので、すぐに溶け込めた。子どもたちにとっても、生活しやすいまちだと思う。これからは、年配の方々をどうやってまち全体で見守っていくのかを考えなければならない時代だと思う。」

「この地区は、おやじが積極的に地域活動に参加している珍しい地域。だからこそ、このおやじの力をもっと出してもらって、これからの高齢社会に対応できるようなコミュニティをつくっていく必要がある。人材の育成が必要ではないか。」

「三六五日使える地域の核となる場所があるとすばらしい。そうなれば、自分たちで運営することも大いにあり得るし、そこを核にして、さまざまな交流活動を展開できるのではないか。この地域の住民は皆そういう力を持っている。」

3　住民による受け止め

そのため、新しい取り組みを始めるにあたっては、住民が参加するということではなく、地域の住民が主体になって実現していくための具体的な方策を練ることの必要が、関係者からは指摘された。後述するように、この取り組みは、住民の意識調査から着手されたが、それは筆者から「多世代交流型コミュニティ」についての基本的なイメージを提案し、それについての意見を聞き取ることを基本として進められた。地区関係者からは、このイメージを下敷きにして、地元住民との会合を重ね、より具体的な構想へと練り上げつつ、実現可能なプランをつくりあげていくことの必要性の指摘とプランを実現するための支援が要請された。また、この取り組みを実施するための核となる組織を置く施設については、柏市市民活動推進課の所管で、各地区自治会の管理下にある近隣センターや、高柳中学校に設置されている地域ルームの活用が提案され、さらには関係者の一人である地主からも土地と建物の提供の意向が示されるなど、より具体的なプランの策定への要望がなされた。

総じて、高柳地区では、従来の活発な住民活動を基礎として、当時、高齢化への対応が今後一〇年間の課題であると認識されながらも、どのようにアプローチしたらよいのか考えあぐねていたところへ、この取り組みのイメージが持ち込まれたことで、地域住民の意識と活動の方向性が一つにまとまったといえる。自治会連合会会長がいうように「これまでばらばらで行っていた地域活動が、これで一つになると思います。皆、やりたくてうずうずしているのです」という状態であったといえる。高柳地区については、すでにこれまでの住民活動を通して、多彩なアクターが育っており、大学の役割は、地元に入り込んで、彼らの気持ちを糾合しつつ、より具体的で実行可能なプランを策定し、彼ら自身が主体となって事業を展開する方向へと住民を組織化することであった。

4　取り組みの実施可能性を確認するための調査とその結果

高柳地区では、自治会の下部組織である班の班長および副班長二〇〇名に対して、取り組みの実施可能性を探るためのアンケート調査を実施した。調査は、二〇〇九年二月に郵送調査として実施された。発送数二〇〇、回収数一三八（回収率六九パーセント）であった。回答者の平均年齢は約七〇歳、平均居住年数は三七年であった。班長・副班長の多くが、居住年数および年齢にかかわりなく、この地区に愛着を感じていることが示されており、インタビューやワークショップで示された関係者の意識が、より多くの人々の意識としても確認されたものと思われる。以下、回答の内容を概観しておく(2)。

回答者の地域住民に対する評価は概ね肯定的であり、地域住民は協力的だととらえられている。反面、交流については、とくに多世代間交流について、あまり活発ではないとの評価であった。この点は、インタビューやワークショップで得られた地域のいわゆるリーダーたちの認識とはズレがある。これは、インタビューやワークショップで聞き取ることのできた認識は、活動を行っている当事者のものであり、活動の当事者と地区の様子を把握できる班長・副班長との意識に多少のズレが見られるということであろう。それを受けてか、班長・副班長には、多世代間交流ができる場所は必要だと認識されており、彼ら自身が参加したいと考えているとの積極的な回答が得られている。地域のリーダーたちの思いと重なる部分であろう。

また、住民についても、概ね多世代間交流を望んでおり、協力も得られるものと評価している。多世代間交流の場ができた場合には、住民はかなりの頻度で利用したいと考えていることもうかがえた。

総じて、アンケート調査からは、高柳地区の住民は、これまでの「新しいふるさと」づくりの取り組みの中で培ってきた高い結束力と、行動力、さらに住民が互いに気を遣いあいながら、事業を展開していく力を持っており、新たな取り組みを実施するにあたっても、彼らの力を活用する方向でそのあり方を検討する必要のあることが確認された。基本的には、多世代が交流するまちづくりの提案をもとにして、地域住民との話しあいを重ね、彼らの意思を尊重しながら、彼らを主たるアクターとして育成する過程を通して、この取り組みの目的を達成するようなアプローチを採用しつつ、取り組みの具体的な要素を住民の意思によって柔軟に組み換えていくことが必要だと認識された。

5 強い危機感と高い潜在力

この取り組みは、大量の資金を投入して、地域社会のあり方を一変させてしまうような手法ではなく、すでに人々が生活し、馴染んでいる地域コミュニティのハードウェアを基本的に変えずに、そこに高齢社会に対応できるような新たな人間関係を組み込む仕掛けをつくりだすことで、日常生活圏の範囲で、人々が互いに支えあいながら、納得のいく人生を送ることができるような〈社会〉を生成することを目的としている。アンケート調査は、実施予定地域に生きる人々の意識を、地元リーダーのレベルで明らかにしようとするものであった。この調査で明らかとなったのは、多少の温度差はあるにせよ、高齢社会を迎え、地域コミュニティが急速に高齢化していく現状に対して、誰もが強い危機意識を持っており、何とかしなければならないという思いを強くしているということであった。しかし、反面、そのような危機感を募らせる状況にありながらも、具体的にどのような手立てを考え、自らどう動けばよいのか、その問題への具体的なアプローチを考えあぐねている現状も明らかになったといってよい。

そのため、このような住民の意識に対して、多世代が交流するまちづくりの提案がなされることで、地元住民の意識が方向づけられ、なすべき活動に指針が与えられることとなったと考えられる。地元のリーダーたちは、住民とともに地域コミュニティでできることは何かを考え始め、具体的な動きをつくりだす契機をつかんでいったのである。

この意味では、住民の持つ潜在的な力は、危機意識の強さと相俟って、高いものがあった。この調査によって明らかになった住民たちの危機意識の強さと潜在力の高さは、日本全国の高齢化した多くの地域の姿でもあるといってよいのではないだろうか。

また、地域住民の力を引き出すためには、彼らの生活にかかわるさまざまな社会的な関係者の連携が必要となる。たとえば、地場産業・医療機関・学校などの教育機関・福祉関係団体や行政などとの連携が求められる。新たな生活コミュニティとしての地域は閉じられたものではなく、社会的なさまざまなアクターが交流する場としても形成される必要のあることも、調査を通して確認されたといってよい。

6　住民が要望するコミュニティ

関係者へのインタビューと調査の過程で、住民が要望する新しいコミュニティの姿が徐々に明確になっていった。それは、概ね以下のようなイメージをともなうものである。

a・施設に入らず一生安心

施設に入ることで家族や地域社会の人間関係から切断されるよりは、この地域社会の人間関係の中で納得して一生を終えたいと考えている人が多いことが明らかとなった。

そのために、人々は在宅医療や介護の充実とともに、以下のようなことを求めていた。①人々が日常的に交流できるような、ちょっと集まることのできる、また、いついっても誰か友だちがいるような「つながり」をつくるコミュニティの拠点、たとえばコミュニティ・カフェのような場を設けること。②その場を拠点として、地域コミュニティで「安心」「安全」「健康」が保障され、「生きがい」を得るための「学び」や「社会参加」ができ、いつまでも生き生きと過ごせること。③その結果、自分がこのコミュニティのアクターとして、住民相互の関係の中で、納得して、一生を終えることができること。

これが第一の要望であった。

b・奇麗に老いる

とくに女性住民から出された要望には、「老い」という言葉から連想されるみすぼらしさは嫌だという意見から、ちょっと化粧して出かける場所があり、日常生活でも適度の緊張感を持っていたい、「奇麗に老いたい」という意見があった。小粋なコミュニティ・カフェがあり、そこに出かけるのにちょっと口紅でもさして、よそゆきの服に着替えて、背筋を伸ばして出かけることができる環境が欲しいという。さらに、心を刺激し、好奇心をかき立てられる学びの機会が提供され、また住民との交流の中で、たとえばアロマ・マッサージでストレスを解消しながら、世間話でもして、身も心も軽やかになるような場が地域コミュニティの中に設けられることが求められた。

このような考えから、将来的には、身の回りを奇麗に保つサービスや互いの手助けの提供があってもよいとのことであった。

c・いつまでたっても好奇心を持って

「奇麗に老いる」と表裏をなすものとして提示されたのが、好奇心を持って生活し続けられるコミュニティのあり方を考えて欲しいというものであった。それは、学びの機会の提供だけでなく、学びの成果を生かすことのできる活動や、自分が役立っていると思えるための仕事の提供への要望と表裏のものである。それはまた、他者との承認関係の中で、自分が生きていることを実感したいという欲望に裏打ちされたものであり、自己有用感をいつまでも持ち続けていたいという気持ちの現れでもあった。

このことは、高齢者の社会参加を促すまちづくりへと展開し得る観点でもあるといえる。

d・ボランティアは高齢者世代のたしなみ

彼らの社会参加への思いは、ボランティアを何か特別な敷居の高いものとしてとらえるのではなく、たしなみなのだ、むしろやらなければならないものなのだとして受け止め、その機会を求めることへとつながっている。何か社会に恩返しをしなければならない、何か役に立ちたい、という思いは、そのまま自分を肯定して欲しいし、自分で自分を認めたいという思いと表裏一体のものである。この思いは、自分たちが若い世代からケアされるのではなく、高齢者が子どもや若者を見守ることで、それが回り回って自分に返ってくるようなコミュニティのあり方を彼ら自身が求めることにつながっている。

配慮や関心の〈贈与―答礼〉の関係が、住民の自己肯定感や生きがいなどの感覚と結びついているのである。

e・多世代共生・交流型コミュニティ

こうして彼らは、自分が生活するコミュニティが、自らが主体的なアクターとして位置づくことで、多世代の住民たちがともに生活し、交流しあう、新しいコミュニティへと形成されていくことを夢想し、求めることになった。多世代が交流するコミュニティのイメージは、自分の存在を肯定されたいし、他者を肯定したいという彼らの願望によって、改めて意味づけられていったのだといえる。

f・高齢者がまちの宝になる

こういうコミュニティにあって、高齢者自身はどのような存在となっていくのだろうか。彼らは、まちの温かさを伝える高齢者、知恵を伝える高齢者、相談役・守り手としての高齢者、歴史と社会を伝える高齢者、手づくりのサービスを提供する高齢者と、そのイメージを提示する。それはまた、子どもや若い世代と交流しながら、自分が役立っているというイメージと重なるものである。そして、彼らはこういうのである。「寝たきりになっても、子どもたちが遊びに来てくれるといいねえ」。

彼ら住民は、高齢者がコミュニティの宝となるようなまちのあり方、多世代交流のあり方を求めていたのである。

g・人々が「つながり」を持てる〈場〉の生成

これらのまちのイメージから、具体的には住民が自由に交流し、相互に認めあいながら、新しいことを学び、伝え、新しい人間関係をつくることができるコミュニティの核としての〈場〉づくりが求められた。それを、この取り組みではコミュニティ・カフェとしてとらえ、このカフェを活用するためのさまざまな試みを進めることとなった。

2 学びのセミナーの開催

1 学びのセミナーの計画

以上のように、住民とのやりとりの中で具体的なイメージがつくられてきた多世代交流型コミュニティ形成の取り組みだが、その準備段階として、高柳地区の住民相互の関係を活性化する必要が認識された。それは、学びの実験的なセミナーを実施し、住民の新しい団体を組織しつつ、彼らが地域でさまざまな活動を展開することで、地域の人間関係を組み換えながら、多世代交流型コミュニティの形成へと人々の意識を向かわせることとして、実践化されることとなった。それは次のような住民の学びの一連の過程として構想された。

セミナーを通して、その内容に興味関心を持ち、一緒に学ぶ仲間として、住民が相互に認めあうことを基礎として、新しい仲間づくりを進め、その過程で学びに対するドライブがかかる、つまりある種の過剰な循環ができあがること。

その学びを通して、住民の地域社会への参加意識が高められ、自分にできることを地域社会に返していこうとする動きが生まれること。そして、住民がさまざまなルートを通して地域社会に参加し、地域社会で新たな人間関係を構築していくことで、地域社会に新たな人的ネットワークが重層的にできあがること。そのネットワークから新たなセミナー開設の要求が生まれ、常にセミナーが新たにつくられ、また内容を更新し続けること。それがまた、新たな次の人的ネットワーク形成への循環をつくりだしていくこと。こういういわば自己展開するような地域の人々のつながりの生成が求められたのである。(3)

2　セミナーの設計とプログラム

実験的なセミナーの開設については、社会福祉協議会の担当者、市民活動推進課の生涯学習推進員および筆者とで検討を進めた結果、次のようになされることとなった。①地域コミュニティの人的ネットワークを構築するために、対象を企業退職者を基本とした男性と地域活動への関心を持ちやすい中高年の女性とし、ともに興味関心を抱きやすく、またセミナー後の自主活動の展開につなげやすい内容を採用すること。②学習効果を高め、また仲間づくりとその後の自主活動／地域活動グループの形成を促すためにも、三回から五回のシリーズで内容を編成して、受講者の相互交流を促すこと。③各セミナーには受講者の世話を焼きながら、受講者を互いに結びつけ、かつ受講者の地域社会への関心を高めるような「仕掛け人」を配置すること。④セミナーは地域活動に不慣れな高年男性を主な対象とすることもあり、当面、男女別の内容編成とすること。⑤セミナーの内容は、男性向けセミナーを料理、とくに未経験男性でもつくれる簡単レシピによる料理とし、料理そのものを考えてつくる創作料理教室、女性向けセミナーを身体に触れあいながらリラックスし、会話や傾聴などコミュニケーション活動へとつなげやすいアロマ・マッサージ教室とすること。⑥場所は、高柳地区の中にあるコミュニティ施設（近隣センター）とし、二〇〇九年一〇月から一二月にかけて行うこと。
プログラムは以下のように設計された。

a・男性向けのプログラム
男の料理道場「男道（めんどう）倶楽部」
日　時　一〇月二〇日、一一月一七日、一二月一五日
　　　　各火曜日　午前一〇時～午後一時　計三回
場　所　高柳近隣センター　調理室
内　容　「男子厨房に入らず」といわれてきたシニア世代に贈る料理初心者のための講座。「一から作らない」レトルト食品などを活用した簡単レシピをみんなで考え、妻が外出でも大丈夫といえる〝新たな男道〟を目指します。
対　象　市内在住・在勤の男性で、料理は初心者の方　二〇名
持ち物　エプロン　布巾
材料費　一五〇〇円（五〇〇円×三回分）

b・女性向けのプログラム
アロマの香りで広がるコミュニケーション
日　時　一〇月一三日、一〇月二七日、一一月一〇日、一一月二四日、一二月八日
　　　　各火曜日　午前九時三〇分～一一時三〇分　計五回
場　所　高柳近隣センター　会議室

内　容　アロマの基本やハンドマッサージ、エッセンシャルオイルの実習を学びます。
対　象　市内在住・在勤の女性で、アロマに関心のある方　二〇名
材料費　実費負担

c・告知と募集方法　セミナーの告知については、新しいタイプのセミナーであること、行政と大学との連携事業であることなどを明記しつつ、柏市の広報および柏市社会福祉協議会の広報に掲載するとともに、チラシをつくり、回覧板や近隣センターでの配布などを行う。

募集の結果、料理教室二三名、アロマ教室二〇名の受講が決定した。以下、参加者の意識の変化を中心に、地域コミュニティにおける人的ネットワーク形成のあり方を検討したい。

3　応募者の受講動機・講座への期待および価値観

a・受講者の属性　料理教室への参加者の年齢は、最年少六三歳、最高齢七四歳で、全員が企業退職者であった。アロマ教室への参加者は平均四〇歳代であり、受講申込み当初から地域でのボランティア活動を考えている人がいるなど、地域への関心の高さがうかがえた。以下、受講開始当初に行ったアンケートから、受講者の属性にかかわる回答を概観する。

＊地域活動などへの参加状況

受講者の地域活動などへの参加状況を見ると、受講者は地域コミュニティで生活しながらも、自治会・町会活動などいわゆる旧来の地縁組織を基本とした自治組織への参加はさほど活発ではなく、また近年、社会的なアクターとし

て注目されているＮＰＯやボランティアにもあまり積極的には参加していないことがうかがえた。むしろ、「楽縁」的な活動への参加が目立っていた。

このことは、たとえば自治会や町会の活動が、役職として一部の住民に輪番で担われるある種のルーティンなものとなってしまっており、住民が自ら積極的にかかわる活動とは意識されていないこと、またボランティアやＮＰＯについては、関心はあるが、どのようにかかわったらよいのかよくわからないまま、どちらかというと趣味的な活動へと流れていたことを示していると思われる。この意味では、今回のセミナー参加者は、決して、地域活動に消極的ではないが、地縁的な団体や志縁的な組織ともあまりかかわりがない反面で、生涯学習講座や楽縁的な団体には参加し慣れている住民が多いようであった。

＊地域に家族以外の知り合いがどのくらいいるか

次に、地域コミュニティにおける人間関係について訊ねたところ、次のような結果となった。女性たちは地域で活発に活動しており、多くの友人を持っているが、男性は企業を退職した後、なかなか地域社会に溶け込めず、知人・友人も多くなかった。また、女性たちはさまざまなネットワークにかかわって広く浅い人間関係の中で地域生活を送っているが、男性は逆に特定のテーマで深く狭い人間関係の中に生きているようであった。

＊地域への愛着とかかわりへの意欲

さらに、地域への愛着やかかわり方の意識を訊いてみると、男性も女性も、どちらもそれなりに地域コミュニティへの思いを持っているが、とくに強いというわけではないことが示された。それはまた、地域社会における地縁組織の解体と相互扶助関係の弱体化ともかかわる住民の意識でもあるように思われる。しかし、そうだからこそ、新しい人的なネットワークを形成していくことで、住民の地域への意識を高められる可能性が示されていたとも考えられる。

また、地域コミュニティに還ってきている男性の方が、地域に対する愛着を感じる傾向が若干強く、また何かしたいという気持ちも強いことがうかがえ、それらが地域活動へとつながっていく可能性は十分にあると考えられた。

b・セミナーの受講動機

＊セミナー受講のきっかけ

セミナー受講のきっかけを訊ねてみると、アロマ教室に応募した女性たちは、「講座内容がおもしろそう」「趣味を身につける」が圧倒的に多く、内容に強く反応していたことがわかる。また、「教養を身につける」「将来役に立ちそう」なども、内容と深いかかわりのある回答だと思われる。彼女たちの地域コミュニティでの生活のありようを示していたように思われるのが、「家から近い」という回答であった。受講者の半数が、こう答えており、彼女たちが地域に根ざした生活をしていることがうかがえる。

料理教室の男性の回答で特徴的なのは、「講座内容がおもしろそう」「将来役に立ちそう」という内容にかかわるもの以外に、「家族に勧められたから」という回答が受講者の三分の一を占めていたことである。妻から勧められて受講したのであろうし、それは「将来役に立ちそう」という思いとも重なっているものであろう。受講がきっかけとなって、妻を中心とした家族の間で共通の話題ができ、新たな会話が生まれることも期待された。

＊セミナー受講動機

セミナー開設にあたっては、受講申込みの葉書に受講動機を書いてもらっている。各セミナー受講者の受講動機を例示すれば、以下の通りである。

〈料理〉

・ひとり暮らしのため、簡単に料理を作れるようにしたいと思い応募した。
・定年になって家にいるようになり、妻の出かけた日の昼食を、自分で作れば、出かける妻が気兼ねしなくて済むと思いましたので応募しました。
・妻の負担を少しでもやわらげたい。

これら受講動機からは、中高年とくに企業退職者男性が家族にかなり遠慮して生活していること、仕事中心の人生であったが、それは家族とくに妻の支えがあってこそであり、その妻への感謝の気持ちを、自分が支えられたであろう食事の準備という形で表現したいと考えていること、さらにこれからの来るべき老老介護やひとり暮らしに備えようという気持ちのあることが伝わってくる。それはまた、家族から認められたいという承認欲求のひとつの表れでもあるようにも思われる。料理を仲間とともにつくり、一つでも二つでもレパートリーが増え、それを認めあう関係ができることで、このセミナーは中高年男性の新しい仲間づくりを促し、地域活動へと展開していき得るものであることがうかがえた。

また、妻に勧められて受講申込みをしたであろう以下のような記述もあった。自分ではやる気になっているのに、申込みは妻が代行したようである。こんなところにも、中高年男性の置かれた家庭内の地位が垣間見える。

・「男子厨房に入らず」を忠実に守っている我が亭主に料理の面白さを教えて下さい。(ナイショ) 本人もやる気になっています。

〈アロマ〉

・アロマを知りたいし、アロマでどんなコミュニケーションが広がるのか、どんなふうにコミュニケーションが持てるのか、興味を持ちました。

・アロマには興味がありましたが、なかなか学ぶ、知る機会がなく今回ぜひアロマを知りたいと思いました。四月に柏市に引っ越してきたこともあり、地域の皆様とも交流しつつ楽しみたいです。

・時々老人ホームに園芸がらみのボランティアに行くが、認知症の人でも香りに対しては驚くような反応を示す。香りの記憶はなかなか衰えないことを実感。世の中はまた、ストレス社会であるから、さまざまな世代の人たちを、アロマの香りでいやせればと思う。そして何より、季節の花の香りをかいで、なえそうな気持ちになるのを助けてもらっている自分がいる。

アロマの受講については、まず興味・関心があることが表明されるが、その興味・関心の基礎になっているのが、家族であったり、社会的な活動における気づきであったりすることが、ここには示されている。応募してきた女性たちが、アロマについて理解を深めつつ、その後、家族や職場さらにはボランティアの場でそれを広め、相手に気持ちよくなってもらいたい、そうすることで自分も心地よい生活を送ることができると受け止めていることがうかがえる。彼女たちの興味・関心は、そのはじめから社会的な関係に開かれたものとしてあり、アロマを学ぶことで新しいコミュニケーションへとつながっていくことを期待していることがよくわかる。それはまた、引っ越してきて、地域の人たちと仲良くなることを期待して受講申込みをしている人がいることにも示されている。

これらの受講動機からは、男性の料理教室も、女性のアロマ教室も、まず自分を基本に興味・関心のあることを学ぼうとしているが、その興味・関心の基礎には他者への配慮が存在していること、そうであるがために、学んで、知識を得ることで、それは家族や近隣の人間関係に生かすこと、さらにはより広い社会におけるボランティアに活用したいという気持ちと結びついていき、活動を通して、自分と他者との間に相互承認関係ができ、自分の存在を家族や社会にきちんと位置づけていけるであろうことが期待されているといってよい。このような受講動機からは、住民たちがかなりしっかりした家族と近隣の人間関係に支えられていること、そして、彼らがその中に自分の存在をきっちりと位置づけようとしていることがうかがえる。

4　受講の様子と受講後の変化

a・セミナーで実現できたことと自己評価の高まり　受講者は、上記のような動機をもってセミナーに参加することで、それぞれにセミナーを楽しんだようである。彼らは、受講後、セミナーに対して大きな満足を示している。それはまた、セミナーを通して実現できたことに対する肯定的な評価と深くかかわっている。受講後のアンケートからは、受講者が既述のような受講動機に示される目的や要求を、このセミナーで実現していることがうかがえる。以下、その概要を示しておく。

＊いろいろな人に出会え、友人が増えた

受講者たちは、セミナーの受講によってさまざまな人と出会えただけでなく、友人が増えたと述べている。

＊自分を高めることができた

受講者は、自らが期待した自分自身を高め、広げるという点についても、高い満足度を示している。彼らは基本的に、セミナーの受講を通して、視野を広げ、自分を高めることができ、また、今後の生活にとっても有用な技術を身につけることができたと肯定的に評価している。

このような評価は、セミナーの受講が次のような社会的な関係への広がりを持つことで、受講者自らが地域コミュニティへと歩み出ていこうとする傾向を示すことへとつながっているようである。

＊人々に伝えること、つながっていくこと、生活が豊かになること

受講者たちは、自分がこのセミナーで身につけたことを他の人に伝えることができるようになったと意識し、また人に伝えて、自分と地域の人々がつながることで、人々に貢献したいと考え、そしてさらに、自分が新しい知識や技術を伝えることで、地域コミュニティにしっかりと位置づいていることを認め、きちんと役割を果たしていることを確認することで、自分の生活の質が豊かになると考えている。

彼らは、受講動機に示されたように、自分を高めること、新しいことを学ぶことで、自分を家族や地域コミュニティの人間関係の中に開いていこうとし、そうすることで自分を肯定し、新しい生活を実現し、生活を豊かにしていこうとしていることがうかがえた。それはまた、このセミナーがこのような受講者の思いに応えることのできるものであったこと、そしてこのセミナーをそのようなものとして実現するだけの力が受講者にあったということをも示唆している。

＊高まる自己肯定感

受講者の自己肯定感も受講後にかなり高まっている。受講者は、自分は人の役に立つことができるという思いを強め、人生は成長と変化の過程であり、自分もまさにその中にいると感じ、セミナーを通して自己肯定感を高めるとともに、学ぶこと、仲間とともに認めあうこと、そして人の役に立つことを心地よく感じ、さらに自分を高めていこうとする達成の循環の中に入ろうとしているかのようであった。

＊地域社会に貢献すること

受講者たちは、セミナーで学んだことを基礎に、自己肯定感を高め、地域コミュニティに貢献できる自分を意識していくことで、地域コミュニティに対しても何かをしたいと考え始めているようであった。セミナーにおける楽しい学びが、相互承認関係を受講者の中につくりだし、それが学ぶことに対してより積極的になっていく彼らの動きをつくりつつ、さらに地域社会に展開して、自分がそこで役に立ち、人々から肯定的に受け止められることで、地域に貢献しようとする思いへと展開していることがうかがえる。

この取り組みの目的である、セミナーを通して、地域コミュニティの人的なネットワークを形成しつつ、相互に配慮しあう関係をつくりだす契機を得るという手法は、ある程度有効であることが示されたといえる。

b・セミナーへの評価　受講者たちは、セミナーに対してきわめて高い評価を与えている。それは、上記のような変化が自分に訪れていることを感じているからであろう。セミナーは単に知識や技術を学ぶだけのものでなく、その学びを通して新しい友人をつくり、その友人関係の中で学びの達成の関係が生まれ、それがさらに家族や地域コミュニティへの意識としてスピンアウトして、より大きな学びの達成の循環の中に人々を招き入れていく、そういうものとして作用しているのだといえる。

＊受講後の感想

このような高い満足度のゆえであろう、受講者は受講後、次のような感想を寄せている。誰もがセミナーの開設に感謝し、継続して学びたいと述べ、さらに何らかの形で地域コミュニティに出ていきたいと記している。

〈料理〉

・マカロニサラダにミニトマトの赤、惣菜の上に紅ショウガなどひとつの色でこんなにも変わるのか、良いことを経験しました。
・各班いろいろな料理を作りましたが、家ではお目にかからないもので楽しく作りおいしくいただきました。
・今後、人との交流がもっとできるような発展性がもたれると良い。ぜひこれからも場を作ってもらいたい。大変楽しく参加できました。ありがとうございました。

〈アロマ〉
・マッサージは初体験でとても癒され、よかったです。香水、ルームシャワー、すべてよかったです。あと、改めてアロマの世界、視野が広がり、とてもよかったです。
・ますますアロマに興味を持ちました。もっと知識を深めるために資格取得を考えようかと思っています。
・これまでは「知識をつけておしまい」という講座が多かったが、今回はそのあとに発展しそうなのが面白い。

＊今後への要望

このように満足したセミナーだったからであろうか、受講者からは今後に向けた次のような要望も出されている。
・東大連携コミュニティ事業について詳しく知りたいです。柏市と東大が連携しているプログラムなら、こういった講座を受講して得た知識を、市内の社会福祉の施設で活用できればいいと思います。
・今回のような講座をこれからも企画していただけたらうれしく思います。
・広報を読んで、とても素敵なセミナーがあるんだと思いました。今後もいろいろと参加したいと思いました。

・いろいろなセミナーに発展していただきたく思います。何でも結構です。参加していきますのでよろしくお願いします。

5　セミナーの効果および今後の展望

このセミナーは、開講実験としては二〇〇九年一〇月から一二月にかけて行われ、第二年度には、男性向けのものを「おやじダンサーズ」、女性向けのものを「ハンドベル」として開講した。その後、男の料理教室もアロマ教室も、そしておやじダンサーズも、ハンドベルも、受講者たちを中心として自主学習グループができて、活発な活動を展開することとなった。後に、ハンドベルはおやじダンサーズに吸収され、二〇一七年八月現在、料理四グループ、アロマ三グループ、そしてダンサーズ一グループが地元社会を中心に活動を繰り広げている。

料理教室は月に一度、アロマ教室は二週間に一度ほどの頻度で、近隣センターを活動の場所として行われているが、このような自主活動の展開の中で、新しい動きが生まれつつある。アロマグループは、学んだアロマのハンドマッサージの技術を使って、高齢者福祉施設で傾聴活動を進めており、また料理グループはレシピ集をつくり、地域の人々に使ってもらえるようにできないかとの構想を進めている。料理グループはさらに、地元の休耕田を借りて、野菜や米づくりに着手し、それを素材とした料理づくりを始めている。その上、この二つの自主活動グループの間に交流が生まれ、料理の自主グループが各班でつくった料理を、アロマの自主グループの女性たち（彼女たちを、料理グループの男性たちは「アロマドンナ」と呼んでいる）に品評してもらい、最優秀の班の男性たちは、彼女たちからアロマのハンドマッサージを受けることができる特典がつくことになったという。

また、おやじダンサーズは、ハンドベルのグループとともに、高齢者施設への慰問活動を進める一方で、地元のさまざまなイベントやテレビ番組にも出演するようになり、地元の人気者となっている。また、メンバーたちは、ダンス講座を子ども向けに開くなど、その活動の範囲を広げている。その後、二〇一六年末には、NPO法人化して、活動を本格化させている。現在、年間六〇回もの公演をこなすまでになっている。

今後、これらの新しい自主グループを基礎として、地域コミュニティにおけるさまざまな自主的なグループが相互にネットワークをはりめぐらすことで、少子高齢化や過疎化などを主な要因として解体の足を速めている地縁関係にもとづく地域の自治組織に加えて、住民相互の配慮と見守りを基本とする新たな自治的な機能を果たす、いわば幾重にも重なった網の目状の〈社会〉がつくられ、それが地域の人間関係を重層的に構築しながら、人々が自分が生活する地域コミュニティで十全に生を全うすることができるような仕組みを生み出していくことが期待される。

このセミナーは、地域コミュニティを地縁関係に代わる志縁関係や楽縁関係のネットワークが重層的に構成する人的な〈社会〉へと組成して、人々の相互扶助関係を再構築する可能性を探るものであった。この目的は、基本的には達成されたものと思われる。

3　多世代交流型コミュニティの形成へ

1　地縁のたまごプロジェクト

地域の人的ネットワークの形成を進める過程で、高柳地区では二〇一〇年七月に、地域のボランティア団体が組織する高柳地域ネットワーク（略称TCN）が中心となって、地域の関係者を組織して、多世代交流型コミュニティ実行委員会が結成された。その後、実行委員会を中心に多世代交流型コミュニティの形成について議論を進める過程で、改めて具体的な提案が示されることとなった。それは、多世代交流型コミュニティのつくり方として、「地縁のたまごプロジェクト」と呼ばれるものとして提示された。

実行委員会のメンバーは多世代交流型コミュニティをつくるにあたって、高柳地区の抱える問題を検討していくが、その問題は高齢者世代・働き盛り世代・子ども世代の三世代に共通の課題に収斂する構造を持っていることが、彼らによって認識されることとなった。それは、次のようにまとめることができる。高齢者は家族や孫世代と触れあう機会が減って、さびしい思いをしていること、また働き盛り世代の手助けをする機会もないために、時間と経験をもてあましていること。働き盛り世代は、不況や雇用不安による家計状況の悪化から、共働き家庭が急増し、また核家族であるために、仕事と家事負担が増加し、高齢者や子どもと十分に触れあうこと、とくに子育てに十分な時間を割くことが困難となっていること。そして、子ども世代は親以外のおとなと接する機会が減っており、さびしい思いをしているとともに、おとなの経験を継承することができなくなっていて、刺激を受けることが少なく、またおとなに大事にされているという感覚を持てなくなっていて、自己肯定感に乏しいこと。こういうことが確認されたのである。

その上で、実行委員会では、これら三者の課題は、地域の人間関係が希薄化して、人々が孤立の度合いを深めていることを媒介として、相互に結びついていると認識し、この課題を解決するためには、「さびしい」思いを解消するために、相互に人と人とを結ぶ地域の人間関係の循環が求められると考えた。それは、地域社会を多世代が交流できるコミュニティに変えること、すなわち高齢者は孫世代の子どもたちの見守りや経験の伝承に力を注ぐことで、「さびしい」思いが解消され、また生きがいのある人生を送ることができるようになり、孫世代は親以外の高齢者と触れあうことや経験の伝承を受けることで、「さびしい」思いを解消することができ、自分が大事にされているという感覚を持つことができるようになり、働き盛り世代は、高齢者とのかかわりを得て、子どもを見守ってもらうことで、安心して働きに出かけ、また社会参加できるようになる、ということである。

このとき、実行委員会で確認されたのは、このような地域コミュニティの人間関係をつくりだす鍵は、若い世代から高齢者へのケアではなく、高齢者こそが地域の人々の間に足を踏み出して、子どもたちと触れあうことで生まれる高齢者と孫世代との交流だということであった。これを、実行委員会は、「新しい鎮守の森構想」と呼んだ。

「新しい鎮守の森」とは、彼ら高齢者が子どもの頃、神社の鎮守の森は遊び場だったというイメージが下敷きになっている。その鎮守の森に守られて、自分たちは安心して遊ぶことができた。しかし、いまや社会が変わり、開発が進んで、子どもたちが安心して遊べる鎮守の森はない。そうであるなら、自分たちが「新しい鎮守の森」となって、子どもたちを守り、子どもたちが安心して遊べる環境をつくる役割を担おうじゃないか。しかも、そうすることで、「鎮守の森」である自分たちも、この社会に役立っているという感覚や生きがいを得ることができる、というのである。

そしてこの考えをさらに、子どもたちとの関係に置き直したのが、「地縁のたまごプロジェクト」である。「たまご」とは、小さく幼いものというイメージとともに、地域の子どもつまり他人の孫（他＋孫＝たまご）を自分の孫のように大事にすると、孫が多くなる（多＋孫＝たまご）という語呂合わせによって生まれる地域コミュニティのイメージでもある。こうして、多世代交流型コミュニティの構想は、地元から新たに「地縁のたまごプロジェクト」として提案され直すことで、地元の高齢者自身がこのプロジェクトの主たるアクターとして自らを位置づけて、実践へと移されることとなった。

2　組織づくり

地縁のたまごプロジェクトを展開するにあたって、実行委員会では、次のような組織体系を構想し、地域住民を組織化していった。

a・円卓会議　実行委員会の核を形成するもので、自治会長はじめ、地域の各団体の長および行政の担当者、そして筆者らからなる組織で、地域の抱える課題を掘り起こし、解決の方途を模索する会議とされた。この円卓会議で、常に事業のコンセプトが確認され、また検証されて、次のプログラムへと展開する事業全体の舵取りがなされた。この会議はまた、プログラムの進捗状況を検討しながら、事業の方向性を確認する場でもある。毎月、定期的に開催される事業のヘッドクオータだといえる。

b・長老育成　これは、事業のコーディネータを住民の中で育成し、事業を住民主体で進めることを目指すためのプログラムである。行政と大学が連携して、地域コーディネータ育成セミナーのプログラムを提供し、一年間に六シリーズ開催した。受講者は、一八二名に上った。「長老」とは地域のコーディネータのことであり、彼らが主体的に地域住民に働きかけることで、地域住民を動かし、多世代交流型コミュニティのプロジェクトつまり地縁のたまごプロジェクトの趣旨を住民の間に広めるとともに、住民自身が積極的に「できることを、できる範囲で」行うよう支援する役割を担う人々である。

c・まちづくりセミナー　これは、地域の住民自身が自らアクターとなって、コミュニティの中で各種の生涯学習やボランティア、さらには趣味などのセミナーを企画し、実施・運営する力をつけ、また地域コミュニティの中にさまざまな団体や組織を育成するためのセミナーである。このプログラムも大学が提供し、一年間で一五シリーズ開講され、二九〇名が受講している。

d・発信力の強化　さらに、この事業の取り組みを広く社会に知らせ、他地域の試みとの交流を促すために、情報発信力の強化が図られた。これは主にホームページの充実による交流の促進であるが、基本的なコンセプトは、高齢者や子どもでも簡単に更新できるホームページである。このホームページを通して、地元のさまざまな活動や各グループ・団体の活動が紹介され、また各グループ・団体が行うイベントやセミナーなどの参加募集がなされ、地域住民のネット上の交流の場をつくりだすことが目指された。

3　子どもを主役に——実践の特徴

これら組織づくりの一方で、高柳地区では、多世代交流型コミュニティの実質化が進められた。それは、高齢者と子どもとの交流事業として取り組まれ、さまざまなイベントやセミナーの開催として具体化された。その過程で、これらの多世代交流の実践は、新しい特徴を持つようになってきている。

つまり従来、おとなが子どもたちのために準備したさまざまなイベントや行事は、子どもを往々にしてお客様扱いしてしまい、子どもたちはおとなが用意した受け皿の上で、おとなが準備した枠組みの中でしか活動に参加することはできなかった。しかし、地縁のたまごプロジェクトにおける多世代交流セミナーは、高齢者が主なアクターとして動きながらも、子どもたちをも地域社会の主役へと育てようとするもので、子どもにもきちんとした役割を与えながら、子ども自身にこのまちの今後のあり方を考えさせるものとして編成されたのである。

a・餅つき大会　これまで、餅つき大会は子どもたちに楽しんでもらうために、おとなが周到な用意をし、子どもたちはお客様として餅つきを楽しんだが、この「事業」の餅つき大会では、子どもたち自身も餅つき大会の主役として、さまざまな役割を担うことが求められた。つまり、餅つきの準備から、実施、そして後片付けまでをも、高齢者たちと一緒にやることで、その手順を学び、また餅つきの楽しさとともに、人と一緒に仕事をすることのおもしろさを体験できるように、餅つきが編成されたのである。こうすることで、従来の「子どもを楽しませるための餅つき大会」が「子どももおとなも役割を担って楽しめる餅つき大会」に変わったという。

b・イメージキャラクターづくりとシャッターペイント　事業のイメージキャラクターづくりは、地元の中学生たちに託されることとなった。地元中学校の美術クラブに、イメージキャラクターづくりが依頼され、子どもたちが考えたキャラクターが地域住民の集会にかけられ、子どもたちによる幾度ものプレゼンテーションの後、長老セミナー参加者によって選定された。その上、このキャラクターは、地域の交流拠点であるコミュニティ・カフェのシャッターに、シャッターペイントとして、子どもら自身の手によって描かれることとなった

子どもたち自身がコミュニティの主役であり、このコミュニティを引き継ぎ、担っていくアクターなのだという意識を持つような工夫がなされているのである。

c・多世代交流セミナー　さらに、高齢者から子どもへの経験や知恵・技術を伝承するためのさまざまなセミナーが企画され、実施された。この過程で、高齢者は自分が子どもたちに認められ、技術や経験を伝承することで、自己有用感や自己肯定感を感じ、他方、子どもたちは高齢者から認められ、大切にされることで、自己肯定感を持ち、また伝

えられた技術を身につけ、自分でものをつくることができるようになることで、有用感と達成感を強めていった。ここに見られるのは、異世代の交流による相互承認関係の強化であり、それを通して、自らが自分を強く肯定できるようになる、他者を介した自己へのまなざしが鍛えられる循環の姿である。

4　コミュニティ・カフェの開設と交流の展開

1　コミュニティ・カフェの設置

このような取り組みを続ける中で、二〇一二年四月、高柳地区のある柏市の行政より、同地区内にある児童センターの車庫をコミュニティ・カフェとして活用してもよいとの許可が下りることとなった。許可が下りた後の住民の動きは素早く、内外装の改修工事から、什器の搬入、そして室内の飾り付けなど、すべて住民たちの手づくりで進めて、カフェをつくりあげていった。この地域の住民の中に建設業、電気工事店、材木店、大工その他諸々の自営業を営む人々がいて、彼らが一肌脱ぐ形でかかわり、そこに地域住民が労働力を提供することで、手づくりカフェができあがったのである。

そして、五月六日、コミュニティ・カフェがオープンすることとなった。当日は、まず地域の集会施設である近隣センターでオープン記念式典があり、多世代交流型コミュニティ実行委員会委員長が挨拶し、さらに市長が訪れて祝辞を述べ、行政からも重視されるものとなった。このオープニング・イベントには高齢の男性の姿が多く見られ、彼ら企業退職者が、地域に還り、新たな人生を歩み始めるためにも、コミュニティ・カフェが期待されていることがうかがえた。

コミュニティ・カフェの内部には、オープニングの時点で、すでに多くの地域のグループやサークルが活動を紹介し、また受講者を募集するチラシが貼られており、地域住民の期待の高さと今後の活用に向けた強い気持ちを感じることができた。

コミュニティ・カフェの前庭では、子どもたちもおとなに混じって、昔遊びに興じ、地域の特産品の即売も住民で賑わうなど、このカフェが地域コミュニティの新しい核として機能し得ることを予感させるものとなった。

開館後、コミュニティ・カフェは地域住民の集いの場所となり、週六日間の営業で、火・木・土曜日は、サークルやグループのセミナーなどの活動日とし、そのほかの曜日は住民に無料で開放されている。グループやサークルなどのセミナーは、午前一枠、午後二枠の時間が設けられているが、常に枠の取り合いの状態が続いており、地域の団体にとっても、コミュニティ・カフェがなくてはならないものとなっていることがうかがえる。また、住民たちも、買い物がてら立ち寄って、世間話をして帰ったり、グループの集まりの帰りに仲間とともに立ち寄って、議論の続きをしていったり、さらには高齢者がお昼にふらっと立ち寄っては、他の住民と四方山話に花を咲かせたりと、自由に使っているという。

カフェの運営は、基本的に地元住民の有志によるボランティアによって支えられており、カフェとはいっても、いまのところ厨房を持たないため、お茶やコーヒーと近所の菓子工房から提供されるパンやケーキなどの軽食を廉価で販売するにとどまっている。

開館後五年が経つ今日、毎日約一〇〇名の住民がカフェを使い、また約三〇の地域のサークルやグループがセミナーを開くなどさまざまな活動に利用している。毎月延べ二五〇〇名ほどの利用があり、この数は高柳地区の人口を優に超えているという。

2　活動・交流の展開

a・東大キッズセミナー　このコミュニティ・カフェを核とした多世代の住民の交流を促すためのアウトリーチ活動として、筆者の研究室がかかわって「東大キッズセミナー」を二〇一二年から毎夏開催している。これは、多世代交流型コミュニティ実行委員会との共催で、地域の子どもたちに、大学生と交流しながら、地域の多様な人々と結びつく体験の機会を提供して、自分が地域のおとなたちから大切にされていることを実感してもらうことを主な目的としている。二〇一二年のキッズセミナーは、ものづくり講座・マジック講座・インプロ講座から構成され、二〇一三年のセミナーは、二〇一二年のものに加えて、ネイル講座・夏休み宿題寺子屋、そしてまち歩き講座などが開講された。その後も、近くの小学校をも巻き込んで、二〇一七年の夏に至るまで、各種の講座が開かれている。各講座とも小中学生を中心に、多世代交流型コミュニティ実行委員会が募集し、毎回二〇名から三〇名の子どもたちで賑わっている。

b・外国との交流　住民が主体となって進められている多世代交流型コミュニティの取り組みは、世界的にも珍しく、海外からの来客も増えている。たとえば、内閣府の国際青年リーダープログラムに採用されたヨーロッパ（イギリス・ドイツ・オランダ）からの代表団が訪れ、実行委員会からの説明の後、住民と親しく交流したり、台湾のアクティブシニア協会の訪問団や健康都市連盟の訪問団などが訪れ、コミュニティ・カフェを舞台に、国際交流を繰り広げている。言葉は壁とはならず、地元の人々も、地元流のおもてなしで、遠来の客とすぐに馴染んで、日本語とボディランゲージで会話が弾んでいる。海外マスコミからの取材も多く、最近ではイギリスＢＢＣが日本の高齢社会特集番組作成のため、訪れている。さらに、二〇一五年には、多世代交流型コミュニティ実行委員長が筆者とともに台湾の高齢社会シンポジウムに出席し、地縁のたまごプロジェクトを紹介するなど、東アジア地域との交流も活発化してきている。

c・ちばコラボ大賞の受賞　この取り組みは千葉県の注目するところとなり、二〇一二年度ちばコラボ大賞を受賞した。また、二〇一三年一月には、文部科学省の依頼により、多世代交流型コミュニティ実行委員長が、「ファザーリングジャパン全国フォーラムinとっとり」で、「高齢者の地域づくりへの主体的な参加促進」をテーマに事例発表するなど、さまざまな形で行政の注目を集めるようになってきている。

d・被災地との交流　さらに近年、東日本大震災の被災地・岩手県大槌町との交流にも着手しており、多世代交流型コミュニティの経験を被災地住民に伝えながら、震災と津波で切断されてしまった地域コミュニティのつながりを、仮設住宅そして災害公営住宅（いわゆる復興住宅）入居者の間でつくりながら、人の交流を進める動きを生み出している。この動きには、おやじダンサーズその他の団体もかかわっている。

e・学校との交流　学校との連携も強め、土曜授業や放課後子ども教室を、多世代交流型コミュニティ実行委員会として担当したり、学校の環境整備にも力を入れたりと、いまでは、学校から「多世代さん」と呼ばれて、さまざまな行事への協力を依頼されるような関係づくりが進んでいる。最近では、学校の遠足などの校外行事に同伴して、先生方の負担を減らしたり、子どもと交流しつつ、放課後の見守りをする活動などにも積極的にかかわりを持ったりと、学校の運営になくてはならない存在になっている。そのためか、学校も「多世代さん」との関係を大切にして、教育実践をしようとの動きが強まり、地元からの要望も極力優先的に受け入れてくれるようになったという。

こうした取り組みの中で、地域の人間関係も明らかによくなり、子どもたちも笑顔で挨拶をしてくれるようになったと、関係者は口をそろえる。それだからであろうか、この地域は子育てに優しい地域だとの評判が立ち、若い子育て世代が幾度も見学に来て、また地域活動に参加しては、最終的に、ここに家を建てて引っ越してくることが多くなり、各地で少子化の影響で、学校は学級減であるのに、地元の学校は学級増になったのだという。

f・新たな動き　地元の農家の協力もあって、コミュニティ・カフェの前庭では、農作物の朝市が開かれ、住民の交流の場としても機能し、またちょっとした小さな経済の循環をつくることにもつながっている。

「さみしい高齢者と孫たちが結びつくことで楽しいコミュニティをつくる」という思いはすでに遂げられているといってよい。しかも最近では、人口増にともなって、医療機関の誘致にも成功し、コミュニティの安心度は格段に高まることとなった。いまこの医療法人との間では、訪問医療・在宅介護の実現に向けた話しあいが進められている。

またコミュニティを持続可能なものとするために、ひとり暮らしになった高齢者が、空き家を利用した地元の小さなグループホームに移り、自分の家をリフォームして若い世代に貸し出したり、売ったりして、若い世代に引っ越してきてもらうような仕組みをつくろうと、筆者の研究室がかかわって不動産流通の研究会も立ち上げられている。

g・住民すべてがフルメンバー　こうして、人々が誰彼となく結びついて、お互いに認めあい、支えあうことを通して、その地域コミュニティを担うアクターへと自らを育てていくことで、楽しくて、生きがいのある生活を送ることができるようになる。そうすることで、そこにさらに人が集まってきては、新しい地域コミュニティの経済が回り始め、まちが生き生きとしていく。このコミュニティでは、老若男女すべての人々がフルメンバー、つまり正規のメンバーとして自分の役割を楽しく担い、人と人とを結びつけながら、自分が認められ、コミュニティに位置づき、そこで大切にされているという幸せな感覚を持つことができるようになっているのである。

3　活発な実行委員会

以上のように、筆者からの提案以後、約八年間のうちに住民が自らを組織して、新しいコミュニティをつくりだしてきた高柳地区であるが、この活動の裏には、多世代交流型コミュニティ実行委員会の活発な活動が存在している。彼らは、実行委員長をはじめとして、毎週のごとく会合を開き、円卓会議にかけながら、プロジェクトの方向性の確認・検証と新たなプログラムの企画・実施を進めている。その作業量は膨大なものだが、それをもいとわず、むしろ楽しくこなしてしまうほどの力を、地域住民は持っているのである。

彼らの多くは、企業を退職して、地元に還ってきた元サラリーマンである。実行委員長自身がいわゆる元「千葉都民」であり、千葉県の高柳地区に住んでいながら、都内にある会社と家との間を往復するに過ぎないサラリーマン生活を送っていたのである。企業を定年退職後、地元に還ってきたはよいが、やることはなく、暇をもて余し、生きがいを失っていたところへ、この多世代交流型コミュニティのプロジェクトの提案があり、自治会長からやってみないかと誘われたことがきっかけとなって、この事業にかかわることとなったのであった。

この意味では、企業人であった人々は定年退職後、地域コミュニティに還ってくるが、そこで活躍の場があることで、彼ら自身が企業で培ったさまざまなノウハウやスキルを新しい形で活用し、第二の人生の生きがいを自らつくりだす力を持っていることがうかがえる。

記録によれば、実行委員会が二〇一〇年五月にできてから二〇一七年四月までの七年間に開かれた会議の数は、五〇〇回に達しようとしているのである。

5　多世代交流型コミュニティの可能性と課題

以上紹介した多世代交流型コミュニティ形成の実践は、小学校区を基本的な単位とする町内会をベースとした、小さな地域のまちづくりのささやかな試みである。そこは、もと農村地帯であり、高度経済成長とともに膨張した都市の影響を受けて、大規模な宅地の開発がなされ、ほぼ同じ年齢層の若い子育て世代が流入することで、急速に人口を拡大してきた地域である。住民のほとんどが「よそ者」であることで、住民たちは子どもたちのために、ここを「新しいふるさと」としてつくりあげることに懸命であった。そして、彼らが定年退職を迎え、このコミュニティに還る頃、この地域は急速な高齢化と人口減少に見舞われることが確実となっていた。

同様のコミュニティは日本全国至る所にあるといってよいだろう。このような課題を考える場合、コミュニティを基礎自治体つまり市町村単位で見るのではなく、小学校区単位の町内会ベースにとらえるということが重要である。自治体単位の広がりを持つ地域コミュニティをとらえ、そこでのまちづくりを考えようとすると、その取り組みには行政が前面に出てくることが求められ、結果的に住民は行政への依存を強めることで、まちづくりは行政的なトップダウンの手法による、予算に制約されたものとして進められざるを得なくなり、住民の要望や意向が十分に反映されたものとはなり難くなる。そうではなく、まちづくりの単位を、地域住民が生活実感を持つことができ、子どもたちが通う学校を中心として、具体的にイメージでき、しかも顔の見える人間関係がある小学校区のコミュニティとしてとらえることで、行政が主導するのではなく、住民自身が自らの課題として引き受け、自らがアクターとして実践することのできるまちづくりの取り組みを導くことができる。

この多世代交流型コミュニティ形成の試みは、まさにこの小学校区をベースとする小さなコミュニティの取り組みとして構想され、実践化されることによって、住民の緊密な連携のもとで、住民自身がそれぞれの役割を担いつつ、できる人が、できることを、できるところから行うことができたのだといえる。

しかも、この取り組みにおいては、大学が住民にかかわりながら、住民との対話の中で構想を提案し、住民自身がそれを検討して、反対提案を出し、さらにそれを検討する中で住民が納得のいく構想として練り上げるというプロセスを踏んでいる。その上、このプロセスは単に話し合いの過程としてあるだけではなく、この過程ですでに学びのセミナーなどが開かれて、地域住民が活動に参加するとはどういうことなのかを、体験的に体得するような仕掛けが組み込まれているのである。このような相互の交流の中から、住民自らの思いを実体化するような構想が練り上げられてきたのだといってよいであろう。

その上で、この取り組みでは、実施組織を旧来の自治会や既存の団体に置くのではなく、新たに実行委員会をつくり、そこに各団体の代表や住民有志が参加することで、コミュニティ全体を動かす方途が取られることとなった。大学もこの実行委員会の一員に組み込まれ、いわゆる指導的な立場ではなく、住民と同じ目線に立って、同じく実践に参加し、活動を展開するアクターに位置づけられている。あくまで、住民自身が新しい試みの主体なのであり、大学はその主体を支える存在ととらえられたのだといってよい。また、行政そのものも予算措置をとって支援するのではなく、たとえば市の地域づくりコーディネータや生涯学習アドバイザーが個人の立場で実行委員会に参加し、関係各課の課長や職員も同じく実行委員会に参画することで、それぞれの役割を担うこととされており、住民が行政に過度な期待をかけることがないような組織のつくり方となっていた。

このように構成された組織によって、多世代交流型コミュニティ形成の試みは進められてきた。この意味で、この試みは特別なものではなく、全国至る所にある同じような課題を抱えたコミュニティが、それぞれの住民のつながり方の特徴にもとづいて、小学校区という小さな広がりを単位に、住民が主体的に動いてつくりあげていくことのできる事業でもあるといえる。

この試みは、小さなコミュニティが相互に重なりあい、つながりあって、その重なりやつながりが広がっていくことで、住民そのものが重なりやつながりの結び目に位置づきつつ、自らアクターとして動く、新たな自治組織を構築していくことへとつながっている。高柳の多世代交流型コミュニティがコミュニティ・カフェを核として、地域住民が新たな結びつきを形成するにつれ、その結びつきは、大学のプログラムや被災地のまちづくりなどへと広がりつつあるのである。今後、この住民をアクターとするコミュニティの人々の結びつきが、どのような形で他のコミュニティと結びつきつつ、新たな自治的な空間を構成していくのかが問われているといってよい。

そして、この新たな自治的な空間の形成に深くかかわるのが、住民生活の基盤としての新たなコミュニティ経済をどのように構成し、運営するのかということである。高柳の多世代交流型コミュニティの試みでも、この点は実行委員会レベルで意識はされている。しかし、いまだ新たなコミュニティ経済の形成には至ってはいない。たとえば、コミュニティ・カフェの利用者が一日あたり一〇〇名にも上り、当然食事の要求もあるが、現在のところ厨房の設備がなく、飲食を提供することで収益を得ることは不可能である。また、カフェの前庭を利用して、地元の農家による朝市などが開かれ、収益事業につなげることが考えられているが、これも実施後二年を経て、ようやく収益事業化されつつある。

収益事業は、地域コミュニティにおいては住民それぞれの利害にかかわる問題でもあり、一つの事業実施組織がそのまま収益を上げることは困難であると思われる。むしろ、コミュニティ・カフェが核となって、地域住民の交流を促す中から、相互のニーズが生まれ、そのニーズを満たすような経済活動が、住民の中から自発的に生まれてくるような仕掛けをつくりだし続けることの方が重要であるように思われる。このコミュニティ経済では、その活動は貨幣によって測られるものではなく、むしろ住民の相互承認にもとづくコミュニティへの信頼に定礎された生きがいや楽しさという価値が交換されることとなると考えられる。今後の課題である。

この多世代交流型コミュニティ形成はいまだに初歩的な試みに過ぎないが、小さなコミュニティが相互に結びつくことで、新たな社会の基盤を確かなものへと組み上げ、かつ行政のあり方を従来のような空間と規範にもとづく権力的なものから、住民によって自律的に経営される小さな〈社会〉の結び目へと組み換える可能性を持ったものであるといえる。今後、同様の取り組みが各地で行われる中で、新たな社会基盤の姿が生成されてくることが期待される。

(1) 増田寛也編著『地方消滅——東京一極集中が招く人口急減』、中公新書、二〇一四年。
(2) この調査の詳細については、牧野篤『過疎化・高齢化対応コミュニティの構想——三つの試みより』(学習基盤社会研究・調査モノグラフ1)(東京大学大学院教育学研究科社会教育学・生涯学習論研究室、二〇一〇年)を参照されたい。
(3) このセミナーの詳細についても、同前報告書を参照されたい。

第6章　「農的な生活」の幸福論

1　企業に背を向けられ、背を向けた若者たち

愛知県豊田市で、筆者の研究室と行政および民間企業が共同して行った中山間村活性化事業に、「若者よ田舎をめざそうプロジェクト」がある。(1) このプロジェクトについては、前著『生きることとしての学び――二〇一〇年代・自生する地域コミュニティと共変化する人々』（東京大学出版会）で紹介したが、本章では、前著で十分に触れることのできなかった〈社会〉づくりとのかかわりで、本プロジェクトの別の一面を述べておきたい。このプロジェクトは、一言でいえば、高齢化・過疎化に悩む中山間村の集落に、若者を移り住まわせ、就農ではなく、農業ベースの「農的な生活」、つまり環境配慮型・多能工型のライフスタイルをつくり、それを発信する、開かれた〈社会〉をつくりだそうとする試みである。

1　自分を求める若者たち

豊田市のプロジェクトにかかわった実働部隊をリードした若者たちは、筆者が名古屋大学にいた頃の学生で、いまでは三〇代半ばになっている者たちである。彼らが大学を卒業する頃は、就職氷河期と呼ばれる時代であった。指導生の中には、面接を一八〇社ほども受けて、ようやく内定をもらってきた者もいたくらいであった。もうひとつ、彼らはいわゆるアトピー世代であり、常に、自分の身体が自分の思い通りにならないという感覚を抱え込んでいた。しかもそれが「私さがし」と結びついてしまっていて、なんともつらそうな、生きるのが苦しいような感じに、筆者には見えていた。

その彼らが、卒業を控えて、筆者のところに相談にきた。自分の将来の進路についての相談である。企業に入るにも不景気で、就職氷河期だということはよくわかっている、でも、そこで自分を殺して、企業に気に入られるような自分を演じることができるか、というと、どうも自信がないのだという。「じゃあ、どうしたいの？」との問いかけに、彼らは異口同音に、環境に配慮した、持続可能な社会をつくるためにはどうしたらよいのかということを考えたいという。「それって、考えるということであって、実践するとか、就職して社会の仕組みを変えるということじゃないよね」と問い返すと、「考えてみます」といって一旦は引き返していった。その後、ずいぶんと議論したようなのだが、その結果、農業をやりたいといいだしたのだ。

どういうことなのかと問うと、自分の身体が自分のものではない感じがするという話から始まって、誰がどうつくったのかわからないものを食べるのではなくて、目に見えるところで、自分たちが責任を持ってつくったものを、自分も食べたいし、人にも食べてもらいたい、そうすることでこの社会のあり方も少しは変えられるのではないか、というのだ。いまの社会の仕組みを安心で、安全な、そして持続可能なものに変えたい、と。

本気で考えているのか、農業では食えないといわれて、多くの農家が二種兼業になったり、後継者がいなくて廃業したりしてしまっているのに、というと、そういうこともわかっている、ただ、いまの段階ではどうなるかわからないけれど、とにかく続けて、自分たちが新しい農業を基本とした生活をつくりあげたい、との返答であった。そこで、知り合いの経営者たちに、こんな若者がいるのだけれど、という話をしたところ、いまどき珍しいヤツらだ、せっかくだから会社にして、責任を持ってこの社会にかかわるようにした方がいいのじゃないか、ということになって、彼らが出資して株式会社をつくってくれることとなった。

学生たちが社長や役員となったのである。最初は社員四人の会社であった。学生たちにしてみれば、あれよあれよという感じだったのではないかと思う。農学部出身者はいなくて、教育学部・工学部・理学部の出身者ばかりであった。ここから、彼らの苦悩と苦闘が始まることになる。会社名は、Ｍ－ｅａｓｙ、Make the earth alive synergy の単語の頭文字をとって構成した、地球を生き生きとした協働態にする、というような意味である。

2　波瀾万丈の農業研修

会社をつくってもらったはいいのだが、農業経験ゼロの若者たちである。さっそくあちこちの農家を紹介してもらって、研修に行くこととなった。ハウストマトの農家からカリスマと呼ばれる農家まで、いろいろな農法の勉強に行かせた。おいしいトマトが、農薬で農家の人たちの身体がぼろぼろになることの代償としてつくられている現実に愕然としたり、自分たちも農薬を使うために、牛乳を飲まされたり、また無農薬でしかも耕さない不耕起農法の勉強をしたり、さらには障がいを持った人でも車いすで農業ができるようにとラック式のハウスを考案して、実践してみたりと、彼らはさまざまな体験をしていった。

その中で極めつけは、中国への派遣であった。筆者の知人のコンサルティング会社が中国事業を行っていたのだが、上海万博の絡みで、長江（揚子江）の河口にある崇明島をエコアイランドとして開発する話があり、そこに無農薬・有機・不耕起の農業を導入して、健康志向の別荘地として、大都市上海のリゾートにしようという計画があった。この計画にかかわらないかとの誘いがあったのである。当時、まだ電気も通っていないような田舎の島だったのだが、彼らに「行くか？」と聞いたら、「行く」というので、「大変だぞ」と何度も念を押して、行かせることとなった。

本当に大変だったようだが、当時の中国から見たら先進国の日本の青年たちが、こんな田舎にやってきて、農業をやるというので、現地ではかなり話題になった。地元の農民たちも彼らを歓迎してくれ、彼らも地元の方言で会話を交わせるほどにまで、打ち解けあったようである。泥濘の中での開墾から始めた事業だったが、彼らが四苦八苦しながら耕作地を広げている姿が、地元の農民の心を動かしたようだった。

このプロジェクトは結局、当時の小泉首相が靖国神社参拝を強行するなどして日中関係を壊してしまった煽りを食らって、頓挫し、一年ほどで彼らは帰国することになる。しかし、彼ら自身は、それなりによい経験をしたのではないかと思う。

3　高齢農家と消費者をつなぐ

帰国後彼らは、愛知県知多半島の農家を紹介され、移り住むことになる。ここで、遊休農地を借り受けて開墾し、自分たちの目指す無農薬・有機・不耕起の農業を始めた。そこで地元の高齢農家の方々と仲良くなって、事業の新しい展開が生まれることとなった。

農家とはいっても、皆さん元農家といった方がよくて、もう自分では農業をやってはいないけれど、畑や田んぼを維持するために、自家用で作物を育てている人ばかりであった。そういう人たちから、こんなのあるよ、お食べなさい、と自家用の野菜を分けてもらったりして交流しているうちに、彼らはあることに気づくこととなった。自家用野菜でもつくりすぎてしまって、棄てられるものが多いのだ。それで、彼らはそれを名古屋などの都市に持っていって、試しに売ってみた。すると、思いの外よく売れる。

有機だ、無農薬だといわなくても、農家の自家用野菜だというだけで、消費者は安心して買ってくれる。みんな、農家の自家用野菜は無農薬だと知っているのだ。そこで、名古屋市内を中心に自家用野菜の移動販売を始めることとした。そうしたら、消費者の反応がものすごくいい。

自家用野菜なので、多品種で少量生産、農家が自分で食べる分の野菜を、たくさんの種類つくっている。しかも全部、旬の、取れたて。その余ったものを分けてもらって、都市で売る、こういう仕組みである。だから、いつもいろんな種類の、しかも旬の野菜が店頭に並ぶことになる。その上、移動販売を基本にした対面販売なので、買いに来てくれた消費者と対話しながら、野菜を売ることができる。彼ら自身が、消費者からいろいろ学ぶことになった。たとえば、冬に「ナスはないの?」と聞かれて、「はい、ないですねえ。ナスは夏野菜なので、いまの時期にはないんです」と答えると、「ナスが夏野菜だなんて知らなかった」といわれて、彼ら自身が驚くということが起こる。消費者はいつもハウスでつくられたものを食べているので、野菜に季節を感じることがなかったのだ。それはまた旬の味を知らないということでもある。旬のトマトを持っていくと、トマト嫌いの子どもが喜んで食べてくれる、それを見て親が驚く、という場に居合わせることにもなった。

こういうことが重なり、彼らは消費者の気持ちや想いを農家に伝え、また農家の想いや考えを消費者に伝えることで、双方の橋渡しをするようになっていく。そうすると、消費者も無農薬でおいしい旬の野菜をつくってくれる農家を応援してくれるようになり、農家も消費者の気持ちに応えようとして、よりおいしいものをつくろうとするようになる。こういう相互のやりとりを彼らが媒介するようになった。

こういう経験から、彼ら自身が農を中心とした新しい生活のイメージをつくりだすことになる。単に野菜をつくって売る、ということから、もっと生活のあり方を見直して、新しい生活を提案していく、そこに新しい経済のあり方を見出していったのだといってよい。

そこで、これを形にするための別組織を立ち上げることとなった。それが有限責任事業組合LLPやさい安心クラブである。やさい安心クラブでは、人も新たに雇って、移動販売を事業化していった。名古屋市内での販売網も広げて、一時は、メンバー一人あたり一ヵ月に一〇〇万円ほども売り上げるときがあった。

このように動いているときに、豊田市でのプロジェクトの話が持ち上がったのである。

2　腹の虫がおさまらん

1　「お前ら何しに来たんだ！」

豊田市は、二〇〇五年に中核都市としての使命感と水源の整備などを理由に、周辺六町村を合併し、巨大な面積を持つ市となる。しかし、合併した結果、旧豊田市が意図していたのとは逆の力が働いて、旧豊田市のベッドタウンと化していた一町を除いて、旧五町村で急激な過疎化と高齢化が同時進行してしまっていた。

慌てた豊田市は、シンクタンクやコンサルティング会社に原因の究明を委託するのだが、どこも結果は同じで「農林業では飯が食えないから。交通の便などのインフラが整備されていないから」というものだったという。「そんなことはもう五〇年も前からわかっていたのです」と、当時の市長はいう。「いい加減にしろ、といいたい。産業がない、農林業じゃダメだ、インフラが整っていない。そんなないないづくしの話をさせるために、高いカネを払って調査を依頼しているのではない。それまでも、過疎化が起こり、若い人々が逃げ出した地域なのに、なぜ合併後、再び急速に人がいなくなってしまったのか。原因がわからないのです。」

筆者に対して、何かできないかとの相談があった。そこで、市長にもお願いして、筆者が院生を連れて、現地に入ることになった。そこで投げつけられたのが冒頭の言葉であった。実は筆者も、豊田市民ではないが、同じ地方の出身なので、この言葉遣いには違和感を覚えたことを記憶している。かなり怒っているな、という感じであった。この地方では、いくら失礼ない い方でも、初対面の人に「お前」とはいわないのだ。

それで、当然、会ってもらえない。仕方がないなあ、と思い、一升瓶を抱えて、地元の集会所に上がり込んでは、三日、一週間と睨みあいをすることとなった。もう、持久戦である。そうすると、気になって様子を見にくる。それからだ、彼らの本音を聞くことができるのは。そこで語られる彼らの村の話は、戦後の日本社会の歴史の縮図だといってよい。

2　しょうがないじゃないか

——この土地は、昔は林業で栄えたところだった。カネに困れば、檜の木の一本でも切ってきて売れば、芸者を上げて遊べたほどだった。過疎というのなら、もうそれはいまの地元の顔役の親の世代からそうだった。トヨタ自動車が大きくなって、農閑期などには毎朝、マイクロバスが回っては、季節労働者つまり自分の親たちを乗せていった。定期的に賃金が入る生活は、麻薬のようなものだった。戦後の高度成長期、外材が入って来て、林業も傾き始めた。

自分も親から、もう農林業では食えん、街に出ていけ、といわれて育った。そのためには学歴がいる。だから、しっかり勉強して、街の高校に進学して、できれば大学にも行って、大企業に入るか公務員になれ、そういって家を出されたんだ。

いまいる顔役で、ずっと農林業で食ってきた者なんかおらんのよ。みんな、一遍は豊田や名古屋に出ている。そうでない者も地元の役場職員や郵便局員、教員だったんだ。みんな、サラリーマンをやっていて、それで定年で、親の面倒を見ないかんわ、田畑や仏さん、お墓があるわ、で帰ってきた者ばかりだ。

だから、若いもんはみんな、都会で生まれとるのよ。オレの子どもも孫もそうだ。こいつらの故郷はここじゃない、都会なんだ。

過疎、過疎っていうけど、それはもう五〇年も昔からそうだったんだ。――

こういう話は、豊田だけではない。たとえばこういうことがあった。愛知県のある農村地帯なのだが、トヨタ系の企業が進出しようとした。町からは進出にあたって条件が付された。環境に配慮すること、田園地帯なので工場を緑化して、景観にも気をつけること、そして町民を優先的に採用すること、であった。その結果、どうなったか。専業農家だった町民の多くが第二種兼業になってしまったのだ。筆者も、知り合いに話を聞いたことがあるが、年に一度の収入に頼っている農業は博打に近い。台風や虫害などでも収入が左右される。それに引き替え、工場で働くと、毎日決まった時間に出退勤しなければならないけれど、毎月きちんと給料がもらえる。これは生活を考えると、ありがたい。農業が博打なら、サラリーマンは麻薬だ。一旦毎月サラリーが入る生活をしてしまうと、もう足抜けできない、と。

このような農民の行動を責めることはできない。彼らは何も農業を守るために農業をやっているわけではないのだから。だから、先の豊田の中山間村の顔役やその親の選択を、私たちは後付けで批判することはできない。そのときどきの生活にとって最善の選択の結果が、いまの疲弊した中山間村なのだろうし、それはまた市場経済の中ではどうしようもなかったことなのかもしれない。

彼らは、だから、もう放っておいてくれ、という。この村は、オレたちの代でおしまいになる、それで仕方がないじゃないか。そういうのだ。

そして、ぽつんと最後にこういうのだ。「せっかく来てくれても、もう何もしてやれん。すまんな」と。

「お前ら、何しにきたんだ!」という声は、いま頃、いったい何をしようというのか、こんなになってしまったこの村で、という思いと、もう、来てもらっても何もしてやれんのだ、すまんな、という怒りが混じった申し訳なさのような感情が綯い交ぜになった言葉だったのである。

3　腹の虫が治まらん

それでも、と粘って話を続けていくと、顔役たちはこういいだすのだ。

「先生、こうして、かかわろうとして、やってきた以上、本気でやってくれるか。こうやって、地場まで来てくれて、オレたちの話を聞いてくれたよそ者はおらんかった。」

私も「もちろんです。でも、やるのは、皆さんですよ。私も本気でかかわります」と返答した。

そうしたら、こういうのだ。「このままじゃ、腹の虫が治まらん。」

彼らは、自分の故郷を自分の代で終わりにしようとあきらめつつも、そうせざるを得なかった自分と、自分にそうさせてきた社会や時代に怒っていたのだ。その背後には、何とかして自分の村を次の世代に手渡していきたい、自分の故郷が故郷としてつながっていって欲しいという強い思いがあったのだといってよいだろう。

こうして調査が進むことになった。そこから見えてきたのは、次のようなことである。中山間村が廃れてきてしまったのは、農林業では食えない、という経済的な理由があることは当然なのだが、それでは、たとえばクルマで三〇分から一時間でトヨタ自動車に勤めることができるような、いわば通勤圏で、なぜごそっと人がいなくなってしまうのか、そういうことが説明できない。そのとき、一緒に調査に入っていた院生がぼそっとつぶやいた。「なんで、こんなに条件のいいところから、若い人がいなくなってしまうのでしょうか。人の手の入った田園は気持ちがいいし、家も広い庭もあって、子どもの面倒も見てもらえる。ないものを数えだしたら切りがない。コンビニもない、ＴＳＵＴＡＹＡもない。でも逆にあるものの方が多いんじゃないでしょうか。」

これにはっとさせられた。確かに農林業では食えないかもしれないし、クルマがなければ生活できないかもしれない。でも、豊田市に出ていった若者たちが、人も羨むような生活をしているのかというと、そうでもない。狭いアパートやマンションに住んで、毎月の給料でかつかつの生活をしている。なのに、田舎を棄てて出て行ってしまう。これはもう、ある種の文化的な問題、つまり近代的な意味における都市的消費文化への憧れのようなものなのではないか。そういう曖昧なものが、人を動かしてしまっているのではないか、ということなのである。

3 「恩返しがしたい」と若者たちはいった

1 「若者よ田舎をめざそう」プロジェクト

もしかしたら、いまの顔役たちだって、親から農林業では食えないから、街に出ろ、といわれたときに、それは単に飯の種の問題だけではなくて、もっと文化的な憧れのようなものがあったのではないかと思われた。それを問うていくと、やはり皆さん、そういうものがあった、若い頃には、というのだ。

そうだとしたら、いくらインフラを整備しても、コミュニティバスを通しても、ダメだということになる。若い人たちが出て行ってしまうのは、そういう個別の生活の利便性や飯が食えるかどうかということだけではなくて、もっと漠然とした都市的な消費文化への憧れということになるのだから。

しかし、そう見ていくと、今度は逆の可能性が見えてくる。都市に滞留している若者たちで、仕方なくそうしているけれども、本当はもっと違う生き方がしたいと思っている人たちがいることもわかっている。また、これまでのような産業社会とは違って、ＬＯＨＡＳな生き方をしたいと考えている若者たちが増えていることもわかっている。しかも、彼らはまったくの陸の孤島のようなところで、ひっそりと生活をしたいと考えているわけではなくて、人の手の入った山里で、環境志向のちょっとおしゃれな生活をしたいと考えている。そこでは、当然、都市に近いこと、都市的な文化にも触れることができること、そういうことも重要になってくる。

こう考えると、この豊田市の中山間村はそういう条件を、まだいまなら、十分に備えていると考えられた。だったら、こういう若者たちを全国から集めて、この村に住まわせ、農家になるのではなくて、環境に配慮して、彼らの持つ都市的な文化を農村の生活で活かせるような「農的な生活」をすること、そうすることで農山村を活性化させるような方途はないかと考え始めたのである。

こうして、若者たちを移住させて、「農的な生活」を実践し、都市と農山村との交流を深めながら、新しい生活のコミュニティをつくりだしていこうとするプロジェクトの骨格が決まってきたのである。

このことを市長に話したら、「先生のいっていることは理解できません」といわれてしまった。「こんな、地元の人間が逃げ出してしまったところに、都会の若者たちが来るなんてことがあるのでしょうか」というのだ。市長も、田舎出身なのに、否、むしろそうだからこそ、都市中心的な考えになっていたようだった。それでもこういわれたのだった。「でも、もう手がありません。先生のおっしゃることに賭けましょう。市としても、全面的に支援します。やってください」。こうして、中山間村支援事業が始まった。名付けて「若者よ田舎をめざそうプロジェクト」である。

2　一〇名の枠に四九名が

こうして、まずプロジェクトに参加する若者たちを集めることになった。とはいっても、豊田市も筆者も何か伝手があるわけではない。そこで、このプロジェクトの先行きを占う意味でも、とハローワークで募集をかけることとした。「田舎暮らしをしたい人、「農的な生活」をつくりだすプロジェクトに参加しませんか」というような呼びかけである。

出足はあまりよくなかった。はじめは、豊田市の担当職員も気を揉んだようだった。しかし、最終的には一〇名の公募に四九名もの応募があり、関係者がびっくりしたほどだった。豊田市の関係者は「先生、そんな一〇名も集まりませんよ。一人、二人来てくれれば御の字でしょう」なんていっていたのだ。

それが、一〇名の枠に四九名。この結果に驚いた豊田市の担当者は、いけると思ったのか、若者たちを中山間地域に呼び込むための空き家バンクを始めることになる。

その後、書類選考を経て、候補者を二〇名ほどに絞り込み、その彼らをプロジェクト実施予定地区に送って、合宿選考をすることとした。三泊四日ほどだったが、飯炊きから掃除、洗濯までの共同生活、そして農作業、さらに地元の人々との交流、そのうえレポート作成や面接など、さまざまなプログラムが組まれていた。とくに農作業の経験者を集めようとしたわけではない。むしろ、田舎暮らしにどのようなイメージを抱いているのか、新しい生活づくりをやり遂げる意志はあるのか、そして何よりも地元の人たちや他のメンバーとうまくやっていけるのか、などが選考基準であった。

きわめつけは、地元の人たち、とはいってもほとんどが高齢者なのだが、このじいちゃん・ばあちゃんたちと彼ら若者との交流バーベキュー大会だった。ここには地元の区長（町内会長）なども加わって、候補者の若者たちと交流し、酒を酌み交わし、バーベキューを食べ、議論を重ねていった。このバーベキュー大会、実は地元の人たちによる選考会でもあった。筆者らが候補者を選ぶのもよいのだが、最終的には、地元の人たちが受け入れ、彼らとともに生活をしていくことになるのだから、地元の人たちにもこのプロジェクトを支えているという意識を持ってもらいたかったのと、一〇名の見ず知らずの若者を移住させるのだから、彼らの人生に対しても、地元の人たちが当事者として責任を持ってもらいたかったのだ。

こうして最終的に一〇名の若者たちが選ばれて、晴れて正式のメンバーとなる。

3 「農的な生活」への苦闘

プロジェクトは次のような枠組みを持っていた。先に紹介したM-easyが事業の受け皿となり、豊田市からの委託を受けて、この一〇名を雇用する。M-easyには、豊田市が国の「ふるさと創生緊急雇用基金」から補助金を取ってきてくれて、それを使って一〇名の賃金とした。豊田市は社会部地域振興課とプロジェクト実施地区を抱える支所が彼らの事業をバックアップし、筆者の研究室が理念的な指導をする、という形である。二〇〇九年九月からプロジェクトが始まった。

筆者がメンバーの彼らに求めたのは、まずは地元の人間関係を尊重すること、自分もかかわることであった。彼らは初めに、住民票を移し、地元に正式に移住した。その後、きちんと近隣への挨拶回りをすませ、地元の町内会にも加入して、町内会のお役を引き受けた。草刈りから道直し、市の広報の回覧まで、いろいろなことをやった。そして、小学校の運動会に参加したのだ。地元では、小学校は子どもが減っていて、運動会をやるのにも地元のおとなたちがかかわらなければできないほどになっていた。小学校の運動会といえば地元の一大イベントなのだ。ここに若いお兄さんやお姉さんが参加したのだから、子どもたちは大喜び、保護者も「ずっといてくれるといい」といってくれるほど、喜ばれることとなった。

その後、彼らは「農的な生活」を実践しようと苦闘することになる。地元には、M-easyが指導して、有機・無農薬・不耕起の農業を実践すると伝えてあった。地元の人たちはそれを遠巻きにして見ているという状態だった。地元では有機・無農薬の農業をやったことがなかったからだ。しかも、若い人たちがせっかく入ってきてくれたのに、下手に手出しして、嫌われたら大変だという心理も働いていていて、彼らのことを心配していたのに、何もしないでおく、ということがしばらく続いたようだった。

Ｍ－ｅａｓｙもメンバーも、この土地のことはほとんど知らないし、まずは自分たちの経済生活を何とかしなければならない。それで、第一年目は、農業中心の生活をすることとなった。しかし、これが大変だった。休耕田を借り受けて、それを耕し直したり、野菜をつくって、流通に乗せるために、水田を畑に変える作業を黙々と続けたのだが、なかなか成果が上がらない。

その上、悪いときには悪いことが重なるもので、この年の夏は猛暑、冬は寒波がやってきて、地元の農家でも不作だったといわれるような事態に、彼らメンバーの農業は大打撃を受けたのである。しかも、彼らの作物を当てにして名古屋市内で販売網を拡大していたやさい安心クラブが、作物が供給されないことで、経営難に陥ることになった。プロジェクトは初年度から、苦戦を強いられることになったのである。

4 「恩返しがしたい」「住み続けたい」

こうなると、寄せ集めの即席の集団は弱さを露呈する。メンバーそれぞれが勝手なことをいいだして、内部での不協和音が高まっていくこととなった。感情的な対立がメンバーの中に芽生えることもあった。しかし、メンバーたちは、そんな関係の中でも、決して仲間から離れようとはしなかった。喧嘩をして、顔も見たくない、「農的な生活」のイメージをめぐって、互いに意見が合わず、対立が生まれて、もうお前とは一緒にやれないといいあいになっても、彼らは仲間から離れようとはしなかったのだ。

また、メンバーの間に不協和音が高まると、そこにつけ込んでくる人たちもいる。とくにこのプロジェクトが成功しては、自分のプライドが許さない人たち、こういう人たちがいる。たとえば、過去に農山村の振興事業をやって失敗し続けてきた行政関係者などがそうだ。そういう人たちが、彼らの弱みにつけ込んで、彼らの間を分断しようとする動きが出たこともあった。

しかし、このときに彼らメンバーを守ってくれたのが、地元の高齢者たちだった。じいちゃん・ばあちゃんたちは、農業についてはメンバーに遠慮して口出ししなかったが、生活面では懸命に彼らを支えてくれた。ばあちゃんたちは「おせんしょばあさん」の面目躍如、作物を持ってきては、これを食え、あれを食えと世話を焼き、ちゃんとご飯食べてるかと、常日頃から何かをつくっては持っていき、また手料理のつくりかたを伝授していった。「おせんしょ」とは地元の言葉で、世話焼きという意味だ。

じいちゃんはどうかというと、自分の子どもたちが出ていってしまった村に、孫のような若者が来てくれたというので、夜な夜な一升瓶をぶら下げては、メンバーの宿舎を訪れて、飲み会を繰り広げていたのだ。

こういう関係の中で、彼らメンバーはいくら仲違いしても、仲間から、そして地元から離れることができなくなってしまっていた。メンバーの一人がこういったのが印象的だった。「これまで、こんなに大事にしてもらったことはなかった。親からも、お前はバカだ、アホだといわれ続けて、社会に出てからも、きちんとした仕事に就けなかった。もう、自分はダメな人間なんだと思い込んでいた。でも、ここでは、みんなが自分のことを真正面から見てくれる。認めてくれる。そして、いるだけで、ありがとうといってくれる。こんなに自分がここにいることがうれしいと思ったことはない。」

こういう承認関係の中で、彼らは「農的な生活」を模索する苦しい時期に、早くから「恩返しがしたい」「ここに住み続けたい」というようになっていった。

4　二五年ぶりの赤ちゃん

1　「農的な生活」の方向転換

こういう苦しみを経て、プロジェクトの第二年目には、その方向性が大きく転換することになる。それまでの有機・無農薬・不耕起の方針を転換して、地元の人たちに教えを請うこと、農業で飯を食うことにこだわるのではなく、さまざまな生業をつくりだすことで、全体として新しい「農的な生活」が回るように、自分たちの生活を設計し直すこと、さらに地元の文化を発掘して、それをメンバーの持つ都市的な文化と融合して、新しい文化を生み出し、それを都市へと発信して、都市—農山村の交流事業へと展開すること、こういうことが合意されたのだ。

さらに、この新しい事業を展開するために、Ｍ－ｅａｓｙのリーダー夫妻が地元に移住して、彼らと生活をともにすることにした。新しい「農的な生活」の可能性に賭けようということになったのである。

その頃から、近隣の高齢者とのそれまでも良好であった関係が、さらに劇的によくなっていった。高齢者が若者の農業指導をし、若者が高齢者の見守りをして、また一緒にご飯をつくって食べ、まるで祖父母と孫の関係を見せてくれるようになったのである。筆者の前では渋い顔を崩さない土地の古老たちも、メンバーの中に入って酒を酌み交わすその笑顔は、もう子どもの頃に戻ったかのように明るく、屈託のないものなのだった。こういう関係がどんどんできてくる中で、メンバーの生活もどんどん変化していくようになる。

メンバーの若者たちは、単に農業で生計を立てるのではなくて、地元に伝わる食品加工の技術を高齢者から学ぶことで、たとえば味噌や凍み豆腐、梅干し、ジャムなどの加工品を製造して、やさい安心クラブの流通ルートを通して販売したり、都市と農山村の交流事業である「ご縁市」を開催したり、農地のトラスト事業を行って、米や大豆、そして綿花の栽培と収穫、さらにはそれらを使った加工品づくりを都市住民と一緒に進めて、田舎暮らしを発信する事業へと育てていった。

2　赤ちゃんが来た

こういう活動の中で、地元にとって一大事件が起こる。Ｍ－ｅａｓｙのリーダー夫妻に子どもが生まれたのだ。男の子。地元では実に二五年ぶりの子どもの誕生であった。この子の誕生に、地元の人々は沸き立ち、我がことのように喜び、祝福してくれた。とくに「おせんしょばあさん」たちは興奮気味で、この子が生まれてから半年ほどは、毎日、誰か彼かがこの子を抱きに家に上がり込んでいたほどであった。

「子どもの声が響くって、いいことだねえ。希望が湧いてくる。こんな気持ちになったのは何十年ぶりかねえ」。ばあちゃんたちはいう。

こうして、地元は若い彼らを支えながら、新しい生活を自らがつくりだそうと動き出すことなる。過疎と高齢化、しかも若者たちがいなくなってしまうことに打ちひしがれていた高齢者たちは、ここで目を見張るような変化を見せてくれるようになっていった。希望が湧いてきたのだ。

高齢者がメンバーの若者たちを支えながら、この土地が培ってきた文化を伝え、それを若者たちが新しくアレンジして都会に発信する。そこにまた高齢の住民がかかわって、新しい加工品を考えたりする。メンバーが始めた婚活事業「ご縁結び」で、若い男女が地元の食材を使って味噌や豆腐をつくるプログラムがあれば、高齢者がその講師を買って出る。若い女性に出会うことで、じいちゃんがはしゃいで、ばあちゃんが呆れる。こういうことが、あちこちで起こるようになった。

そのきわめつけが、ある集落で、高齢住民たちが集まって、集落ビジョンをつくったことであった。それが、五年計画ではなくて、一〇年計画なのだ。筆者が冗談で「その頃まで生きてないでしょ」というと、「先生、バカなこといっちゃいけない。オレたちがいなくなっても、彼らがいてくれる。それがオレたちの希望なんだ」と叱られたのを覚えている。

3　変わる行政

こうなると、行政も変わっていく。それまでもメンバーの活動を側面から支えてくれていた支所の職員も、もっと積極的にこの地区を盛り立てていこうとするようになっていった。たとえば、その取り組みの一つに、集落カルテがある。支所の職員が担当地区のすべての集落のすべての家庭を回って、各家庭の状況を調べ上げ、各家庭のニーズをカルテ化して、個別の支援事業へと活用し始めたのだ。このカルテにもとづけば、どの集落のどの家庭にどのような支援が必要で、それはどのようにして調達すればよいのかが一目瞭然なのである。

また、この地区の支所は、若者の定住促進のために空き家バンクを開いて、良質な空き家を提供してきたのだが、このプロジェクトが軌道に乗り始めると、全国から若者たちが集まるようになり、空き家が足りなくなってしまった。そのため、支所は市役所に掛けあって、若者の定住促進のための市営住宅を誘致することに成功した。この住宅はすでに建築が終わり、若者たちが住み始めている。

こうやって、行政そのものが中山間村の新しいあり方に目覚め、これまでの行政では考えられないような動きを示し始めたのである。

5 集まる若者たち

1 去る人、来る人

このプロジェクトは一〇人の若者を全国から公募して、この土地に住まわせることから始まった。そこにさらにM－easyのリーダー夫妻の二名を加えて、一二名が移り住んだことになる。途中、五名のメンバーが入れ替わっている。しかし、誰一人として、このプロジェクトが嫌になったり、方針が合わなくなったりして、辞めた者はいない。

皆、たとえば実家の事情で、またつきあっていた彼女との結婚を控えて、などプロジェクトとは直接のかかわりがない理由で、地元を離れていった。地元の人々も彼らをとても惜しみ、結婚のために離れるメンバーのためには、結婚後の住居や彼女の働き口まで探してきてくれるほど、親身になって世話を焼いてきた。結果的に、彼女の親の猛反対で実現しなかったが、地元の住民の温かい心遣いは、メンバーの心をも揺り動かすこととなった。

どのメンバーが離れるときにも、地元の住民が盛大な壮行会を開いてくれ、メンバーたちは涙を流しながら別れを惜しむのだった。そして、新しくメンバーを補充すれば、すぐに集まって、歓迎会を開いてくれる。こういう良好な関係が生まれていた。プロジェクトが始まって二年ほど経った頃である。

しかも、この地区で若者たちが楽しそうな生活を送っているという情報が口コミで広がったのか、プロジェクトの最終年度つまり三年目になると、彼らを頼って各地から若者たちが移住してくるようになった。その結果、この地区では空き家が足りなくなって、待ちが出るほどにまでになった。

誰もが、メンバーを頼り、メンバーが先にいてくれたからこそ、安心して田舎暮らしに入ることができたという。しかも、彼らは多くが夫婦で移住してきて、この地で子どもを産み始めた。過疎と高齢化、そして人口減少に悩んでいたこの地区は、いつの間にかこの集落だけが、高齢化率が急激に低下し、出産ラッシュが続き、結果的に人口増が起きる、不思議な村になっていった。

こうしてこのプロジェクト二年半の試みが終わる頃には、この地区は、若者たちが地元のじいちゃん・ばあちゃんたちから文化の伝承を受けながら、新しい生活スタイルを生み出し、農業だけ、林業だけ、という生活ではなくて、あれもこれもすべてが生業という生活をすることで、新しい「農的な生活」を実現する村へと変貌していたのである。

2 地元の大工と結婚

メンバーの中には、メンバー同士で結婚して、地元で「農的な生活」を送っている者がいる。また、地元の大工と結婚して、プロジェクトを離れはしても、応援団としてかかわり続けている女性もいる。

この彼女、途中のメンバー補充で東京からやってきたのだった。東京では、いわゆるOLの生活をしていたのだが、心身ともに疲れ切ってしまい、うつ病のようだったという。どうしても、仕事を続けられなくなったときに、このプロジェクトのメンバー補充の募集を見て、居ても立ってもいられずに飛びついたというのだ。はじめにまず、お試しに二週間ほどメンバーと一緒に暮らす経験をしたのだが、もうそのときに、自分の居場所はここにあると感じていたという。誰もが自分をまっすぐ見てくれる、このことが驚きだったし、心地よかったのだそうだ。

それまでの自分は、人に弱みを見せまいとして、何枚も鎧を着ていたような状態だった。誰にも自分の本当の姿を見せられず、人も自分の肩書きや業績で自分を評価していたと思う。しかもいまの社会の経済状況では、人のことなど構っていられない。消費者のことなど構わず、騙してでもいいから、業績を上げろというのが会社の方針だった。その中で、壊れていく自分を感じていたのだという。しかし、ここでは、誰もがそんなことを気にする風でもなく、自分のことをまっすぐに見てくれて、まっすぐに話をしてくれる。自分を取り繕う必要もなければ、誰かに対して身構える必要もない、ごく普通に接していれば、受け入れられて、自分の居場所をつくってもらえる。こういう心地よさがあったというのだ。

こうして、この彼女はプロジェクトメンバーに馴染み、地元に馴染んでいく。そして、ついに地元でソウルメイトに出会い、結婚する。この彼女、いまでは夫の住む村に住み、プロジェクトを離れているが、常に応援団としてやってきては、彼らの活動を支えてくれている。こういう形で、このプロジェクトが広い外延を持ちながら広がってきているのである。

3　なんだか子どもが欲しくなる

リーダー夫妻にはすでに三人目の子どもが生まれ、すくすくと育っている。この土地に移り住んだ若い夫婦も子どもを産み始め、プロジェクトが終了して四年の間に一五人を超える子どもが生まれて、ちょっとしたベビーブームになっている。実はこの地区は、子どもが減ってしまったため、プロジェクト開始直後に小学校を統廃合して、学校がなくなってしまっている。いまでは豊田市教育委員会が早まった！といっていると聞く。

メンバーや新たに移住して子どもを持った若者たちに聞くと、「なんだか子どもが欲しくなる」のだという。「おカネもないのに？」とちょっと意地悪な質問をすると、「だって、ここだと子育てにおカネなんかかからないし、子どもが欲しくなるって、なんだかおカネの問題じゃなくなっちゃうんですよ」とのこと。子どもが生まれれば、近隣のおばあちゃんたちが面倒を見てくれるし、子育ての技術や知恵も伝授してくれる。全然孤独じゃない。しかも、毎日五感を使って生きているので、なんだか自分の身体が生き生きしてくる感じがして、自然に子どもを持ちたいと思えてしまう、不思議な感じがするというのだ。

全身で自然に触れ、全身で毎日の生活を送っていくと、人間関係も頭の中だけ、表面だけという関係から、もっと全身的なものに変わっていって、それが彼らの人間としての野性をよみがえらせるとでもいえばよいのだろうか。こういうことの中で、新しい自分が花開いて、それが子どもを欲しがるような感じなのだと、誰もがいうのである。

ここにいまの少子化の問題を考える鍵があるのかもしれない。

6　みんなの子ども

1　誰もが見てくれている

実際に子どもが生まれると、近所のばあちゃんたちが見てくれる。気がつくと、おせんしょばあさんが家に上がり込んで、子どもをあやしてくれているなんてことが起こる。これを、嫌だと思うか、ありがたいと思うか、というのは大きな違いで、都市的な、プライバシーを云々するような感覚だと、無断で上がり込んで、うちの子に何するんだということになるが、この若者らはそうではなくて、ありがたいと思って、感謝している。そうすることで、この子どもは、自分の子どもだけど、みんなの子どもとして大事にされているのだという幸せな感覚になるのだという。

こういう関係ができてくると、何かにつけて、近隣が助け、助けられることにつながっていく。そこでは、カネを間に入れない、サービスの提供のしあいが起こることになる。それは、労力と時間を提供しあって、おカネを使わないでも、生活が成り立つということの基本でもある。このプロジェクトに参加した若者たちは、こういう関係を楽しんでいるし、ありがたいと思う、そういう生き方をしているのである。

先日、リーダーに筆者の勤める大学で、このプロジェクトの話をしてもらった。質疑応答になって、学生からはこんな質問が出た。「子どもが増えていると聞きましたが、遊び場はどうしているのですか。畑や田んぼばかりじゃ遊べないと思うのですが」。これに対するリーダーの答えが振るっている。「遊び場っていわれても、そんなものないし……。っていうか、環境全部が遊び場なんで、生活している場そのものが遊び場っていうか……。いったい何を聞きたいの？」

「でも、それじゃあ、危なくないですか？」「う～ん。危なくないかっていわれてもねえ。どこかに誰かがいて、見ていてくれるから、どこにいてもうちの子は大丈夫で、家から離れたところに自分で迷い込んでしまっても、誰かがこれお前んとこの子じゃないのか、って連れてきてくれるし……。危険っていうものの概念が違う気がするんだよね……。」

と、まあ、聞いていておもしろかったのだが、村の中での生活とは、こういうことでもあるのだろう。誰かが誰かをきちんと見てくれている。とくに子どもは「七歳までは神のうち」と呼ばれて、昔は多産多死で七歳になるまでに亡くなる子が多かったから、死んだらあきらめるということだったのだが、だからこそ村みんなで大事に育てようとした、そういうことの名残もあるのだろう。なにも、古いしきたりやいわゆる封建的な規範で締めつけようとか相互監視しようとか、そういうことではない。大事なみんなの子なんだからみんなで大事に育てようよ、そこには、ちょっと煩わしいかもしれないけど、ばあちゃんやじいちゃんがあれこれ世話を焼くよ、世話を焼かせてよ、という関係があるということだといえる。

彼らを見ていると、山里での暮らしが身についてくると、ごく自然に子どもを近隣のばあちゃんやじいちゃんに預けることができるし、子どももそれが当然だという顔をしている、そんな情景に出くわすことが多くなる。こうやって、多様な人間関係の中で生きるのも悪くないのではないだろうか。

2　学校をどうする？

先にも述べたが、この地区はこのプロジェクトが始まってすぐに小学校がなくなっている。豊田市の合併にともなって、小学校の統廃合が進められた結果である。いまとなっては、この地区で子どもがたくさん生まれ、廃校前の子どもの数を優に超えるだけの子どもの入学が見込まれている。皆、早まった、といって残念がっている。

しかし、ものは考えようだといえる。学校も歴史的な産物であり、義務教育の義務というのは、究極的には子どもに教育を保障する義務を国が負っているという意味での義務なので、子どもには学校に行く権利があるということが大前提なのだし、その前提は学ぶ権利があるということである。もし、親や保護者がその子どもに学校に上げるだけの教育をきちんと保障することができると申し立てて、義務教育を管轄している市町村の教育委員会が認めれば、学校に行かなくてもよいことになっている。しかも、二〇一六年には、いわゆる教育機会確保法が制定され、不登校の児童生徒を主な対象として、不登校を悪しきものとする社会通念を改め、多様な学びの機会を子どもたちに保障することが求められることとなった。

なので、学校というものを前提で彼らの学びを考えるのではなくて、ホームスクーリングでもいいだろうし、もっと柔軟な仕組みをこの山里で考えて、実施してもよいのではないだろうか。地元のばあちゃん・じいちゃんがそれまでの学校のいろいろな行事にかかわっていたように、新しく生まれた子たちの教育に携わってもいいだろう。彼らの中には小学校の校長までやった人もいる。またメンバーの中には元小学校教員もいれば、大学卒・大学院卒で教員免許を持った者もいる。こういう人材を使わない手はない。

地域のコミュニティそのものが学校として機能してもよいくらいの発想で、考えていけばよいのではないかと思う。

3　地元で学ぶ

これからは学校というものの形も変わっていく。たとえば、教科書や教材がデジタル化していく。そうなると、学びの形態も、反転学習を基本とした個別のものに変わっていく。そこでは、子どもたちは自分で学び、ネット上で友だちどうし教えあい、さらに一緒に次の単元へとどんどん学習を進めていくことが可能になる。このとき、教師の役割も変わることになる。これまでのように一斉授業で知識を伝える役回りから、子どもに寄り添って、子どもが知識を探求し、さらには創造していくのをサポートする役割へと自ら変化することが求められる。

こうなれば、学校というある意味で日常生活から切れた、特殊で、均質な、囲い込まれた空間に出かけて行く意味がなくなっていく。これまでの学校では、知識は権威的なもので、教師はそれを伝達する末端にいたわけだが、新しい学びの形では、そういう伝達し、記憶するという、いわば分配と所有のモデルは通用しなくなる。そこでは、子どもたちは互いに学びあいながら、常に知識を探求しては、議論を繰り返して、知識を組み換え、また新たにしていくという作業を続けることになる。まさに、わからないことを探求して、自分のものにしながら、それが友だちとの間に開かれていくことで、次の知識の探求へとつながっていくという、無際限の知の探検へと歩みを進めていくことになる。

こうなったとき、学校という閉鎖的な空間は、地元とシームレスにつながった学びの空間として、新たに構成し直される必要がある。そうなれば、学校に行く・行かないということは問題にならず、知識を仲間とともに探求し、創造していくことそのものが、大切なこととなる。

大学も変わらざるを得ない。ＭＯＯＣｓが普及すれば、いまのような大講義や一方的に知識を伝えるような授業はインターネットで代替されてしまう。そうではなくて、もっと個人ベースの、議論を基本とした、ソクラテスの産婆術のような、対話によって新しい知識や知見を導き、それを対話の関係の中に産み落としていくような学びが求められることになる。

それはまた、多様な人たちが多様な関係の中で対話を進めることで、多様な価値を持った、多様な知識が生み出されてくることへとつながっていく。その現場が、地元である。つまり多様な人たちが行き交い、気を配りあい、助けあい、ともに生活をしている日常生活の場そのものが、新しい学びをつくりだす実践の場だということになる。こういうことを実現する実験を始めてみるのもおもしろいのではないだろうか。

それこそが、みんなの子どもである子どもたちを地域コミュニティで育てることにつながっていくのだといえる。

7　つながりが価値をつくり、循環させる

1　木の駅

プロジェクト実施地区では興味深い取り組みが次々に生まれている。これは、カネ儲けやものから入るまちおこしではなくて、どちらかというと、おもしろいから、と人と人との「つながり」をつくっていくことで、それが需要を喚起しながら、価値が循環する仕組みへと展開し、それがコミュニティ・ビジネスのような形へと広がっていくとい

う動きを見せている。

たとえば、「木の駅」プロジェクトがある。これは、この地域が昔、林業で栄えたところでありながら、植林したあと、外材が入って来て、林業が廃れ、山が荒れてしまったこととかかわりがある。密植された杉や檜のひょろひょろの木をどうするのか、里山を雑木林へと再生するためにも、この木を切って、新たに広葉樹などを植える必要があるのに、杉や檜を切り出すのにカネがかかるため放置されていた。

農林水産省が進めてきた地域おこし協力隊の林業支援員などの協力を受けて、プロジェクトメンバーがかかわって始まったのが、「木の駅」プロジェクトである。これはもともと、木を切ることが楽しい、切り出して、みんなでチェーンソーを使って丸太を切るとおもしろいと感じたメンバーたちが、丸太のままにしておくのではなくて、六〇センチほどの長さに切っておけば、誰でもがクルマでやってきて、買っていけるといいだしたことが始まりだという。安く買えれば、自分の家に持って帰って、燃料にしてもいいし、あれこれ遊び道具にしてもいい、チェーンソーで木を切って、みんなで燃やして、バーベキューをやっても楽しいんじゃない?、というノリだったようだ。

だったら、それを集めて置いておいて、道の駅みたいに売ったらいいのじゃないか、だったら普通の売り買いじゃおもしろくないから地域通貨やったらいいじゃん、ということで「もり券」という地域通貨ができて、それが地元のおにぎり通貨と互換性を持つようになり、地域で循環するようになる。メンバーはこの取り組みの先進地に出かけていって、仕組みを学び、地元で実践しているのである。いまや、この「木の駅」プロジェクトは、全国各地に広がって、相互に交流が行われている。

そうしていたら、筆者らのような者が、丸太を買いにいくのもいいけど、家の薪ストーブで使えるような薪をつくってもらえないかといいだした。いまちょっとした薪ストーブブームで、都市在住者だけでなく、彼らの地元でも薪ストーブのキットを買ってきて、自分の家に設置したりしているし、さらにロケットストーブなどを普及させて、煮炊きに使ったりし始めている。薪の需要は確実にある。だったら、薪をつくって売ろうよ、ということになって、薪の生産地に勉強にいって、薪の割り方から乾かし方までを教えてもらい、二〇一四年から薪を売り始めた。これも、彼らの活動を支援するためのものなので、会員制にして、年会費制で、薪は少し割安になるように設定されている。

こうやって、つながっていくことで、新しい産業の芽が出てくるのである。

2　回る地域通貨

地域通貨も回り始めた。地元には、「おむすび通貨」があるのだが、これに「もり券」が加わり、兌換できるようになっている。しかも、これら地域通貨は、日本円とは一方的な一対一の兌換で、私たちがこの地域で日本円を支払うと、おむすび通貨でおつりが返ってくるのだが、それが目減りする通貨なのだ。つまり、とっておくと目減りする、早く使わないと、貨幣価値が下がるのだ。こうして、地元のスーパーや野菜の無人販売所などで野菜を買ったり、プロジェクトメンバーがやっているイベントなどにいっては、ピザや五平餅を買ったりして、消費を促すことへとつながっていくのである。

しかもいま、この通貨は名古屋市内の商店街で流通するようになり、その商店街でも使えるようになっている。この商店街の会員たちは、この通貨を使って、プロジェクト地域から野菜や米などの原料を購入したり、商店主たちそのものがこの地区にやってきては交流を楽しんだり、という関係ができてきている。

ここではおカネは貯め込むものではなくて、みんながつながって、価値を交換しあうためのツール、価値の流通を促すための本来の道具となっているのである。

3　エネルギーの地産地消

こういう動きの中で、エネルギーの地産地消の取り組みが生まれてきている。名古屋大学の環境学系の教員たちがかかわって、さまざまな環境技術を組み合わせて、地元で発電して、それを売電するのではなくて、地元で消費してしまおうという試みである。

間伐材や木の駅で売っているような細い杉や檜を使った木質ペレットを燃料にする小規模なボイラー発電や、地元の小さな水流を利用した小水力発電、さらには太陽光や風力を利用した発電を組み合わせて、それらの設備を集落毎に設置して、集落で発電して、集落で消費してしまうという取り組みである。

この取り組みはまだ始まったばかりだが、初期投資とメンテナンスだけにお金がかかり、後はタダという電力供給の仕組みなので、日常的な電力使用ではそんなにおカネがかからず、電化生活が実現することになる。

かかわっている教員たちにいわせると、現在のさまざまな環境問題を解決するための基本的な技術はすでに完成されているのだという。問題は、それらを組み合わせて運用する技術、つまり社会技術が遅れていて、さらに社会技術の開発を阻害しているのが既存の企業を守ろうとする規制や政策など、いわゆる制度だということである。

こういう点でも、プロジェクト実施地区は先導的な役割を担い始めている。

4　スローライフは忙しい

プロジェクトのメンバーたちは、いまではすっかり地元に入り込んで、地元の人として生きている。そして地元も、彼らを正統な後継者として認め、新しいふるさとをつくりだす活動を積極的に進めている。

メンバーの口癖がある。「スローライフは忙しい」。里山での暮らしといえば、ＬＯＨＡＳ、つまりゆっくり、のんびり、環境配慮型の上質な生活というイメージなのだが、実はＬＯＨＡＳを実現しようと思うと、いろんなことをやらなければならない。これまでの都会での生活が、会社で働いていさえすれば、おカネがもらえて、そのおカネを使って、消費生活をすればよかった、つまり自分の時間と労働力を会社に売って、カネを儲けて、それを使って消費するというとても単調な生活だったとすれば、この里山での生活は、おカネはかからないが、何から何まで自分でやらなければならない。その意味では、スローライフを維持するためには、とても忙しい生活を送らなければならないということなのである。

これは、考えてみればそうで、会社に勤める生活では、おカネを得るために自分の時間と労働力を売っていれば、それでよかった。あとは余暇という余分な時間で、その時間に儲けたおカネで消費生活を送ればよかったわけだが、田舎暮らしは、おカネを消費する代わりに、時間と手間を消費するわけなので、あれこれやらなければならないし、時間もかかる。だけど、そのときにあれこれ工夫することで、いろんな生活の楽しみ方ができてきて、それが自分の能力を開花させるし、生活に多様性が出てきて、豊かな時間を送ることができるようになる。こういう生活をすることになる。だから、忙しいのだ。

8　同じだから違う社会

1　「みんな同じ」社会

このメンバーの姿を見て「負け犬」じゃないか、と思うだろうか。厳しい競争社会ではやっていけずに降りてしまった、敗者じゃないか、と思うだろうか。でも、この社会の大多数の人たちは、勝者にはなれず、この彼らと紙一重のところで、ぎりぎり自分を保っているのではないだろうか。

このようにいうのは、この社会が構造的に、人々を追いつめないではいないからだ。大量生産・大量消費を旨とする産業社会では、人々は農村的な結合から切れて、自由で孤独な労働者として、都市で働くようになる。そこでは、誰もが同じように働いて、同じように賃金をもらえ、同じような生活を送ることができるという感覚が社会に広まることになる。そして、同じように働くために、学校を通して同じ言語（標準語）を学び、同じ価値観を持ち、同じように振る舞う身体の所作を身につけていく。時間と空間が、誰にとっても同じものとなり、誰もが工場で働ける産業的身体を持つように仕立てられていく。こうして、「みんな同じ」という感覚ができあがる。

しかもこの「みんな同じ」という感覚は、みんなが欲しいものは自分も欲しいもの、みんなの欲しいという感覚は自分の感覚でもある、さらに相手が満足することに自分が満足するという「他者の欲望を欲望する」（ラカン）といわれる感覚を一般化していく。これが市場を拡大していくのだ。学校は、子どもたちを教育して「みんな同じ」感覚を持って、同じように働く労働者につくりあげるだけではなく、みんなと同じ欲望を持ち、かつみんなが喜ぶことでうれしくなる消費者をつくりだすための制度としても機能してきた。しかも、経済発展のためには、市場の拡大が求められるので、学校には、誰彼を問わず、みんなを入学させて、どんどん消費者を市場に供給することが求められた。

こういう「みんな同じ」という感覚が一般化することで、それは信憑となり、それが社会をより平等なものにしようとする力となって作用する。誰もがみんなと同じように生活する権利を持ち、それを保障されるべきだという考えや社会的な差別や格差は是正されるべきだという考えは、こうした社会が生み出した優れた価値である。

2　同じだから違う社会

しかし反面で、「みんな同じ」であれば、一つの尺度をあてがってやれば、お互いに較べることができて、序列化することができることにもなる。これが進学競争やテストによる序列化、さらには偏差値による序列化というものにつながっていく。変ないい方だが、人との違いは人と同じだから生まれることになるのである。

そして、この社会では、分業が一般化することで、人の労働力としての力も細分化されて、簡単な仕事ができる力へと還元されていくことになる。そこから今度は、労働を管理する事務的な仕事の重要性が増し、いわゆるブルーカラーとホワイトカラーと呼ばれる階層の分化を導いていく。しかしそれも、パソコンとネットワークの発達で、ホワイトカラーの専門性はどんどん解体されて、単純労働化されていく。ここで人は、誰とでも入れ替え可能な状態になっていき、一つの単純な仕事しかやらないし、それしかできない「単能工」となっていってしまう。

これまでの社会では、人はどんどん「みんな同じ」状態になり、誰とでも入れ替え可能になって、「あなたでなければダメなんだ」といわれなくなっていく。しかし反面で、みんなと同じになればなるほど、自分はみんなとは違うんだという感覚を持つことができてもいた。一面で、入れ替え可能で、自分でなくても、この社会は回っていくし、自分がいなくたって誰も困らない、私って誰?という感覚が人を支配するようになるのだが、もう一面で、自分が人と同じだとされればされるほど、実は人と同じだとされることが基準となって、でも自分って、人とは違うよなあ、という感覚も強くなってくる。しかも、「みんな同じ」という安心感を得ることができる。自分はこの社会に受け入れられているのだ、と。

自分が、「みんなと同じ」自分を参照系として、「みんなとは違う」自分がいることを自分なりに認めることができる、そういう社会が従前の社会だったといってよいだろう。人は、社会の中の一員として、入れ替え可能で、社会的な存在価値が曖昧になりつつも、その社会をつくっている自分として、自分を確認することができたのだといえる。しかしこの社会が、日本では一九八〇年代半ばから怪しくなった。市場が飽和して、みんな同じであることが意味をなさなくなり、「個性」「人とは違うこと」が求められ始めたのである。

3 「みんな」の解体と「自分」の曖昧化

その後、社会は製造業中心の産業社会から、金融・サービス業中心の社会へと構造的に変化し、「みんな」が解体を始めることとなる。ここで問題が起こることとなった。多くの人たちが、自分は一体何なのか、わからなくなってしまったのだ。それまであったはずの、自分が自分を固有のものとして認める基準がなくなってしまったのだといってよい。「みんな同じ」で入れ替え可能な自分もそれなりに苦しかったはずなのに、それでもまだ「みんな」とは違う自分を「みんな」を通して感じることができたし、自分で自分を肯定することができた。でも、この「みんな」が、一人ひとりそれぞれ違う状態であることを求められることで、一挙に、崩れていってしまった。人とは違う自分、個性ある自分をつくらなければ、という強迫観念に人がとらわれていくこととなったのである。

しかも、いまや金融業やサービス業は雇用をつくりだす産業ではないことは明らかで、皆、非正規雇用ですまされてしまう。それこそ誰とでも入れ替え可能なのだし、それが強化されていく。その上、サービス業では、「お客様」の機嫌を損ねては大変なことになる。一挙手一投足を評価されることになる。ちょっとしたミスが、自分の全人格を否定されるような罵倒を導きかねない。それはもう、労働力の評価などというものではあり得ない。

こういう社会構造の中で、人は、「みんな同じ」という基準を失い、すべてがばらばらで、個性的であれと煽られて、不安に駆られて、不機嫌な「他人」を参照系にして、自分をとらえなければならなくなっていく。それなのに、その「他人」は気まぐれで、しかもそれぞれがばらばらなのだから、基準にはならない。こうして、人は自分を自分で肯定することができなくなってしまう。そこで起こったのが、気まぐれな「他人」から直接認められるように、「他人」の感情に自分を合わせることだ。しかし、それは、同調することでしかなくて、自分を個性的につくりだすことでも、自分を肯定することでもない。これを、感情労働といったりする。

こういう関係の中で、人は、人よりも上に立つことで、何とか自分を保とうとする戦略を採り始める。それは自分が努力して、より高いところへいこうとすることよりは、人を罵倒し、批判し、引きずり下ろすことで、人よりも優位に立つという戦略として一般化していく。しかもそれは、個性を重視せよといいつつも、人よりも比較優位をとれとのメッセージを発している社会の要請に応えるものでもあった。こうして、社会は不機嫌になり、人々の関係は毛羽立った、居心地の悪いものとなってしまう。そこで得られる肯定感は、社会の中に人とともに生きていて、自分を社会の中に位置づける、社会的な存在としての自分という肯定感ではない。それは、人を馬鹿にすることで得られる虚しいもの、または人を認めることをせず、とにかくここにいるボクを見ていて！というわがままな自己愛的なものでしかない。これでは、心が荒んでいくのではないだろうか。

9 「農的な生活」の幸福論

1 百姓の生活の現代版

しかし、もう私たちの社会は以前のような「みんな同じ」を価値とする社会に戻ることはできない。では、どうしたらよいのか。ここに、この問いと「若者よ田舎をめざそう」プロジェクトに筆者が見出した可能性とがリンクする。

筆者がこのプロジェクトの成功を確信したのは、それまで自己肯定感なんて持ったことのなかったメンバーが、初めて、自分を認め、地元の人たちに感謝し、自分を地元に位置づけようとしたときだった。そういう存在のあり方は、自分を取り巻く社会に新しい価値を生み出していく。それは、そのまま直接、経済的な儲けにつながるわけではない。しかしそれは、彼ら自身が無償の贈り物をもらうことで、誰かにお返ししなくてはいられなくなり、その〈贈与〉と〈答礼〉の関係が、人々のネットワークを広げ、交流を活発にして、そこに彼らが生み出した「農的な生活」の価値が投げ込まれることで、彼らが予期せぬ形で新しい価値を生み出して、それがまた地元に還ってくるという、市場本来のあり方を生み出していく。このプロジェクトはそういうつくられ方をしているのだ。

これこそが、これからの時代に求められる〈社会〉のあり方なのではないだろうか。そこでは、いろんな人たちが、人とは違う生き方、人とは違う価値を持ちながらも、緩やかに結びついて、お互いに尊重しあって生きることができる。しかも、そのいろんな人たちは、それぞれに異なる仕事を持ち、異なる生き方をして、この〈社会〉を多重なレイヤーとしてつくりあげていながらも、そのレイヤー相互の間を軽やかに行き来して、そこにまた新しいレイヤーつまり新しい生活の価値をつくりだし、それをネットワークの中に還流して、ネットワークをより豊かにしていく。こういう生き方が実現している。

これを「多能工」の生き方と呼ぼうと思う。

2　人の尊厳とともにあること

このことは何も農山村に限った話ではない。たとえばこういう事例がある。ある海外の機械メーカーから筆者のところへ技術者の訪問があった。先進国の高齢化を見据えて、高齢者の身体機能を補助するウェアラブル・デバイスを開発しているというのだ。へぇ、大友克洋の『老人Z』みたいなものかなあ、と考えたりしていた。まずは製品の構想の紹介があって、こんなに便利だということが縷々説明され、その後、こういうのだ。日本は世界で最も高齢化している国なので、日本の高齢者にこそ我が社のウェアラブル・デバイスをまず着装してもらいたい。そう考えて、各地に調査に入っている、というのだ。ほお、と思って聞いていると、でも、うまくいかない。日本の高齢者は、こういうものを身につけるのを拒否する傾向にあるようだ。なぜだかわからない。それで相談に来た。こういうことなのである。

誰に聞いても、こんなにいいものなのに、そして素晴らしいといってくれるのに、実際に高齢者に聞き取りにいってみると、なぜ多くの高齢者が拒否するのか、理解できない。日本の医療や福祉の専門家に聞いても、宣伝が足りないからだろう、こういうデバイスがあればもっと便利になるし、身体機能の補助になることがわかれば、着装するようになるといわれるのだが、それにしても、なぜここまで拒否されるのか不思議だというのだ。

そこで、筆者からは、「皆さんは、このデバイスを開発していて、楽しいですか」と問いかけてみた。一瞬、えっ、という顔をされたが、「ええ。社会の役に立つことですから」という返事。「では、このデバイス、もし自分が日本の高齢者だったら、着装したいと思いますか」と聞き返した。すると、「もちろんです。こんなにいいものは、他社にはありませんし、これを着装すれば、行動がとても楽になるからです」というのだ。

「でも」、と筆者からは、「もし私だったら、ちょっと躊躇しますよ。確かに、いいものなのでしょうけれど」と話をさせてもらった。なぜ躊躇するのか。それはこのデバイスをつけたら、もしかしたらいま使える身体機能が衰えて、使えなくなってしまうかもしれない。いま苦労してでも、何とかなっている身体が、このデバイスをつけることで、確かに楽になるだろうけれど、この一生懸命にやっているという感じがなくなってしまうかもしれない。そう感じるからです、と。すると、「楽になるのに、なぜ」という反応。いえ、そうではないのです。苦労しているというところに、いま生きているという実感とともに、自分に対する肯定感、がんばっているじゃないかという感じが生まれるのです。それは、自分がこの社会で生きているという尊厳とかかわる感覚なのです、と付け加えた。「こういう高齢者の感じている尊厳のようなものを考えたことはありますか」と。

すると、「いやあ、そんなことは考えたことがなかった。楽になるのなら、それがいいと考えてきた。こんな風にいわれるのは、驚きだ」という。そこで、筆者からはさらにこう付け加えた。「もしかしたら、楽になると、家族や友だちからのケアが受けられなくなるのではないかと心配なのかもしれませんよ。それって、甘えているというよりは、自分の存在を認めてもらえなくなるという不安と一体のものかもしれません」と。「そんなこと、考えたこともありませんでした。でも、デバイスをつけることで、自立できたと見なされて、相手にされなくなったら、寂しいでしょうね」との反応だった。

「また、皆さんはデバイスを開発するときに、孫世代にインタビューしたりしましたか」と問うと、「していない」という。「なぜ、高齢者のデバイスを開発するのに、孫に意見を聞かなければならないのか」と、怪訝そうな顔をするので、「高齢の人たちがデバイスをつけようと思うのは、それをつけることで、孫や家族、それに友だちとのつながりがもっと強くなって、もっと人から認められて、自分も家族や友だちとの関係の中で、自分の力で、しっかりと生きているのだと思えるときでしょう。それは皆さん自身も同じではないですか」と問い返さざるを得なくなり、次のような話をした。

「ここで大切なのは、デバイスをつけることで、孫や家族、友だちとの関係の中で、新しい生活が、それも孫や家族や友だちから期待されるような新しい生活ができるという欲望を、高齢者が持てるかどうかだと思うのです。生活が便利になりますよ、自立生活ができますよ、人に迷惑がかからなくなりますよ、というお年寄りひとりの生活をベースにした抽象的な話ではなくて、このデバイスをつけることで、大切な人との間で生きようとする欲望が湧いてくる、しかもその欲望は、孫や家族の欲望でもある。こういう関係性こそが大切なのではないかと思います。これこそが尊厳と深くかかわっているのですし、そうなることで、このデバイスは本当の意味で役に立つものとなるのではないでしょうか。」

こう伝えると、同席していた技術者たちが、頬を紅潮させて、盛んに議論し始めたのだった。筆者はそっちのけである。それだけ、自分たちのやろうとしていることの方向性が見えてきて、楽しいものになってきたのではないだろうか。彼ら自身の目がとても輝いていたのが印象的だった。こういう技術者は、単にデバイスをつくるだけでなくて、デバイスをつくることの先に、人が幸せに生きることとはどういうことなのかを見ることができる「職人」になっているのではないだろうか。そして、そういう「職人」を擁する会社は、高齢者向けのデバイスをつくりながら、人が幸せに生きられる社会を構想し、市場に提供できる会社となるのではないだろうか。

このことは、本書で紹介した、「地縁のたまごプロジェクト」のコミュニティ・カフェや「岡さんのいえＴＯＭＯ」でおいしさの再発見をしたある食品メーカーの開発担当者の反応と通じている。私たちはすでに、食品会社が単なるモノとしての食品ではなく、そこに食事を組み込んだ関係態としての食品を考えなければならなくなっているように、あらゆるモノの生産に人々の関係性を組み込まなければならない時代に生きているのかもしれない。

3　誰もが価値の発信者

このように考えていくと、話は何も大企業だけに限らない。ごく普通の市民が、来るべき社会では、価値の創造者と発信者になることができるのではないだろうか。これまでの社会であれば、労働力にも消費者にもならなかった小さな子ども、それに労働の第一線を退いたと考えられてきた高齢者、さらには障がいを持った人や寝たきりの人たちまでもが、新しい価値をつくりだし、発信する役割を担うこととなる。まだ言葉もしゃべれず、はいはいすることもできないような赤ちゃんまでもが、お母さんとの楽しい食事の場面を食品会社の技術者に見せることで、おいしいとは成分だけではないことを、むしろ自分を包み込んで、全面的に肯定してくれるお母さんという存在と一緒にいて、感情を交流させて、おいしいね、と目と目を見合わせてご飯を食べることで、そのご飯は本当においしくて、身体にいいものとなっていくということを、示すことができるのである。この社会は、こういう時代に入っているのだといえるのではないだろうか。

ここには一つの条件がある。それは、人々が、常に誰かとつながっていて、その誰かとともに自分がその社会に生きているという実感を得られ、その社会に自分は受け入れられ、肯定されているという強い感情を持てるということである。そしてそれが、人の生きようとする欲望を駆り立て、モノやサービスを得ようとする欲望をつくりだし、新たな市場をつくりだしていく。このことが、これまでの社会では忘れられていたのではないだろうか。

これまでの社会では、個人をつながりから切断して、個性を煽り、人とは異なる自分になることを強迫観念のように求めてきた。それは、強い個人を想定し、皆に、強くあれ、自己責任で物事に当たれ、と要求する社会である。その結果、人は自分がこの社会の中で人から認められて生きているという肯定感を失い、結果的に、何が自分の個性なのか、何を自分が欲しいのか、そういうことすらわからなくなってしまった。否、そういう欲望そのものが本来的には個人に属するものではなかったのに、それを個人のものだとして強要してきたところに、この社会の失敗があるのではないだろうか。これは何も、人と人との絆が大事だなどという陳腐な話をしようとしているのではない。

個人の欲望は、生きようとする欲望も含めて、すべて社会的に認めあう関係の中から、個人の存在の後に生まれてくる、事後的なものである。孤立感・孤独感が健康とは独立の変数として、個人の生死に深くかかわっている、つまり人から認められていないと感じている人ほど、生きる意欲を失ってしまうということは、関係者の間では周知の事実である。そしてこのことは、筆者が兼務する勤務校の高齢社会総合研究機構における国際共同研究でも、疫学的に証明されている。これまでの市場は、欲望は個人のものだと勘違いして、個人を社会から孤立させて、ばらばらにしていけば、消費は増えると考えてきたのではないだろうか。しかし、欲望とは、社会的なものである。しかもそれは生きるためのものである。それは、個人がもともと持っているものではなく、個人が他者との相互承認関係ができて初めて持つ、関係がつくりだす、集合的なものなのである。このことは、たとえ、消費単位が個人であったとしても、人が本質的に社会的な存在であることを示している。

4 「農的な生活」の幸福論

この社会は構造的に、人を追いつめないではいない。人を「○○力」に還元し過ぎてしまうように思われる。労働力、購買力、生産力、学力、そして最近では社会人力、コミュニケーション力、エンプロイアビリティ（雇用される力）など、人は人ではなくて、モノであるかのようだ。この「力」はまた市場で消費される商品でもある。その結果、人は人とともに生きている感覚を失い、自分を肯定できなくなる、つまり尊厳を否定されるという事態が招かれている。

この社会をつくっている市場、そしてその市場を構成しているはずの欲望とは本来、人が互いに認めあう関係の中に生まれるものである。そして市場とは、その欲望を人々が自分の欲望として実現しようとすることで成り立つ、常に事後的なものである。そこでとらえられるのは、老若男女を問わず、障がいがあろうがなかろうが、さまざまな人が互いにかかわり、自分の欲望を求めることが社会のために尽くすこととなり、それが自分のためにもなる、こういうことである。そこでは、個人は「○○力」などという抽象的な商品に還元されるものではなく、切れば血が出るような具体的な身体を持つものとなる。こういうことを、これからの社会はもっと大切にしていかなければならないのではないだろうか。人は人とつながることでこそ人になるという、それこそ人類が生まれた当初から続いてきた事実を。そして、欲望とは人と人との間にこそ生まれるという事実を。これが「農的な生活」の基本なのではないかと思う。

そしていまや、私たちが生きているこの社会は、改めてこの人と人とのつながりということを基本として、人々が「みんな同じ」ではなく、違っているからこそ平等に扱われ、違っているからこそ、つながることで刺激を受けあい、違っているからこそ、その違いの間に新しい価値を生み出して、それを欲望として社会的に組織することができる時代に至っているのではないだろうか。そこでとらえられるのは、違っていることでつながって、互いに認めあうことで、欲望を社会的に組織すること、そこにすべての世代のさまざまな人々がかかわりを持てること、そして自分の欲望を実現することが社会のために尽くすことになり、自分のためにもなる、こういうことではないだろうか。それこそが、この社会を新しい市場のあり方へと導いていくのだといえる。

そしてもう一つ見落としてはならないことがある。既述のプロジェクトのメンバーが、自分の存在を人との間で自分のものとすることで、自分の身体性を回復しているということである。「○○力」に分解されてしまっていた自分が、社会にきちんと時間と空間を占める具体的な身体性として回復しているのだ。欲望が他者との間で、具体的な身体性をともなったものとして、彼らによって生きられるようになる。だからこそ、その生身の身体は、子どもが欲しくなるのではないだろうか。

このように見てくると、本当に「負けている」のはどちらなのだろうか。弱い人たちを「負け犬」だと蔑んでいる強いつもりの人たちこそが、この社会の停滞を招いてしまっているのではないだろうか。「〇〇力」に還元されてしまった自己を誇示するような強い個人など、市場に囚われとなって、社会を想像し、創造する力を失った哀れな人の姿のように見える。市場は本来、ありもしない個人の欲望で成り立っているのではなく、人と人とが認めあう関係にこそ欲望が生まれ、それを人々が自分の欲望として見出し、社会に実現しようとすることで成り立つ、常に事後的なものなのだ。

誰もが、多様な価値を尊重しあい、認めあって、勘考して、人の幸せのために尽くすことができる。それが新しい価値を生み、経済を循環させていき、本来の市場社会が新たな姿を見せながら実現していく。こういうこと、これが一人ひとりの幸せにつながるのではないだろうか。それは、常に自分の尊厳を人との承認関係の中で、具体的な身体をともなうものとして創造し続けることでもある。

それはまた、こういってもよいかもしれない。「単能工」の産業社会から、「多能工」の、みんなが違っているのに、つながっていて、認めあえ、みんなの欲望が自分のものでもある〈社会〉、そして新しい市場へ。

こういう生き方、これが「農的な生活」なのである。

(1) この取り組みについては、牧野篤『生きることとしての学び――二〇一〇年代・自生する地域コミュニティと共変化する人々』(東京大学出版会、二〇一四年)および牧野篤『農的な生活がおもしろい――年収二〇〇万円で豊かに暮らす!』(さくら舎、二〇一四年)に詳述した。合わせて参照されたい。

終　章　当事者性の〈社会〉へ

1　政治のポピュリズムと人々の「お客様」化

1　「われわれ」の中の私と身体性

社会経済構造の変容により、過去の成功体験を支えていた拡大再生産モデルが不全化して久しい。人々の間には閉塞感が充満し、不安定化する雇用と家計は人々の存在そのものを揺るがしつつある。それは端的に自我の揺らぎ、つまり自分がこの社会に時間と空間を占めてしっかりと存在しているという確かな感覚、すなわち身体性の喪失として表現し得るものである。それはまた、人々が他者とともにあり、「われわれ」として、ともに生きていることが自明ではなくなっていることを示している。

経済活動が、人間が自然に働きかけて価値を生み出す営みであるとすれば、農業から工業への展開は、自然の「生」の営みに人間が参加して価値を得る、人間が「生きた自然」の中に生きようとする営みから、自然を殺して要素を得、それを加工することで価値を生み出す「死んだ自然」の利用へと、人間と自然との関係が転回していくことだということができる。[1] それは、人間が自然の一部として活動することから、自然から切り離され、疎外されることで、逆に自然を支配する立場に立とうとすることへとつながっている。このことは、経済活動の中にいわゆる要素市場をつくりだし、広汎な交易を成立させ、さらにそこに貨幣が発明されることで、普遍的な市場とそこで交換される価値を生み出すことへと結びついていた。これはさらに、土地とそれに連なる人間関係の呪縛から人々を解放し、人々が自由で孤独な工場労働者となることを促したが、反面、人々に普遍的で画一的な生産様式にともなう均質な人間であること、およびそれがもたらす画一的で均質な生活様式を強要することとなった。しかもそれが、人々の間に人間一般という普遍的な感覚をもたらし、それを基礎に、見知らぬ人々の間に信頼を生み出すこととなり、市場の広汎な成立を可能とすることともなった。

上記のことは、人々の身体性すなわち時間と空間のあり方と深くかかわっており、時計時間と工場空間の普遍化として現象することとなる。そこでは、人間の非人間的な使用、つまり工場の機械や要素資源への人々の従属が招かれるが、反面で、人々は同じ時間と空間に生き、自らをいわゆる産業的身体つまり工場における労働力へと形成し、同じく労働に従事することで、「われわれ」の中の「私」という感覚、つまり帰属の意識を抱くことが可能となっていた。家族や共同体という個別的で具体的なものへの帰属ではなく、より抽象的で普遍的なもの、たとえば国家や人類への帰属の意識が生まれることとなるのである。このことは、人々が生存と所有の欲求を共有し、「われわれ」として生きることに幸せを感じることと同義である。

フーコーの言葉を借りれば、人々は規律・訓練を通して産業的身体へと形成されるが、そうされればされるほど、「われわれ」という意識を強めていく。その意識を国家へと回収するためにこそ、司牧者権力が「生政治」を発動させて、人々の忠誠心を購入せざるを得ないということになる。人々が自然から遠く切り離され、「死んだ自然」を加工して、価値を生み出すという労働のあり方は、「死んだ自然」と生み出された価値の交換の場としての市場を普遍的に成立させるとともに、労働そのものを自然つまり人間を非人間的に使用する形態すなわち分業へと分断していく。人々は産業的身体である労働力として、普遍化され、「われわれ」としての存在を強めるが、それはまた人々を自然から切り離して、自然に規定されていたさまざまな人間関係から疎外し、自由でしかも孤立した存在へと組み換えていくことになる。そのことが、家族を基本とした人々のつながりを切断し、相互扶助を基本とする共同体を解体するとともに、時計時間と工場空間の場所つまり都市に浮遊する「われわれ」である人々の回収先としての「国家」を要請することとなるのである。その国家こそ、司牧者権力が「生政治」を発動する国民国家であり、その肥大した形が福祉国家である。

2 「われわれ」の喪失と自意識の過剰

人々が「生きた自然」に参加しようとする農業から、「生きた自然」を殺して素材をつくりだし、それを加工する軽工業へ、そして自然を殺すのではなく、すでに「死んでいる自然」を要素資源（たとえば、化石資源や燃料など）として活用する重工業や重化学工業への転回[2]はまた、人々を自然から切断し、非自然的な存在へと措き直しつつ、普遍化・一般化し、自由で孤独な産業的身体へと形成する過程でもあり、それは同じ時計時間・工場空間を生きる普遍的な産業的身体として自他を認識する孤独な「群衆」の成立をも意味していた。この「群衆」を身体を介した規律・訓練によって「われわれ」へと形成し、「国家」へと回収するためにこそ、司牧者権力が「生政治」を発動すること、つまり福祉国家の形成が求められたのである。

しかしその後、産業社会（工業社会）から大衆消費社会・金融社会（ポスト工業社会）へと社会経済構造は移行し、かつ人々の欲求も生存と所有からより高次の承認へと移ろっていき、この社会では、人々の労働から身体性が排除されることとなる。つまり、これまでの社会を規定していた時計時間と工場空間が解体または労働過程から剝離し、人々の存在が時間と空間によって規定されるものであることをやめる事態が招来されるのである。経済活動が、自然から切断された人々を非人間的に使用する形態から、自然から切断された人々を労働過程から排除し、かつ人の存在を労働力としてではなく、その承認欲求を欲望として消費する金融経済へと展開するのである。そこでは承認欲求が貨幣へと表象されて交換されるのみで、要素資源を加工して、新たな価値を創造する生産は後景に退くこととなる。それは、いわばゼロサムのマネーゲームであり、そこには、人間が自然資源に働きかけて価値を生み出す身体性は、存在の余地はない。

　またサービス市場においては、感情労働が人々を支配することとなる。(3) そこでは、顧客の感情を損ねないことこそが第一義的に求められ、人々の行動規範は他者の感情であることへと転回する。このような市場においては、普遍的な「われわれ」が成立することはなく、また「われわれ」を通して相互に承認し、信用を形成することは不可能となる。人々は他者を通して自己を認識する機制を失い、互いに自らを消費者として、消費者の欲望を満足させるように他者に求めるばかりであり、不機嫌でいがみあう社会が出現することとなる。広汎な市場が瓦解し、人々は他者につながる一般性を失って、孤立の度合いを深めていくのである。

　このような社会においては、承認欲求は相互性を失って、満たされることはなく、承認欲求は一方的な欲望の充足を求める消費者が他者にクレームをつけるいがみあいへと転化していく。人々は労働過程からその身体性を排除されて、存在の実態を失い、市場において評価つまり他者によって消費される対象にされ続け、他者とともにこの「社会」を構成しているという感覚を失っていく。人々は他者とともにある身体性の感覚を失い、「われわれ」としての帰属意識も喪失し、しかも実際の経済活動においても、自然に働きかけて価値を生み出すのではなく、貨幣という欲望の表象物を交換することで、自己の欲望つまり他者に承認されたい自己の人格を消費しているのに過ぎなくなる。こうして、人々はこの社会にともに生きているという感覚を失い、自己を消費することしかできなくなってしまう。それが招くのは、社会の砂粒化であり、過剰な自意識の暴発である。

3 「社会」「政府」「市場」と「お客様」

このことはたとえば神野直彦の言葉を借りて、次のようにいってよいであろう。(4) 人間が自然に働きかけて価値を生産し、生活の糧を得、かつそれを交換していた時代には、人々は「生きた自然」の一部として、その自然に定礎された関係を保っていた。それは家族を基本とした共同体における人間関係であり、それが人々の生活を安定させ、ともにあるという感覚を生み出していた。つまり広義には「社会」(家族・家庭さらには共同体)が基本となる経済のあり方であったといえる。

それが、工業社会に移行するにつれて、この「社会」が解体し、人々は自由で孤独な労働力として、都市へと移動して、生産労働に従事することとなる。そこでは、人々は時計時間と工場空間に生きることとなり、産業的身体へと形成されて、普遍的な存在としてのあり方を獲得するが、それはまた同じ「われわれ」という意識をもたらす帰属が中心の存在のあり方でもあった。この「われわれ」をより大規模な生産と交換の仕組みへと結合するためにこそ、司牧者権力すなわち政府が「生政治」を発動して、「われわれ」である人々を「国家」へと回収する国民国家つまり福祉国家の形成が求められたのである。つまり、「国家」(政府)が基本となる経済のあり方だといってよい。

その後、この工業社会は大衆消費社会と呼ばれる社会へと移行する。そこでは、普遍的な時間と空間つまり時計時間と工場空間が不要化し、それらに定礎されていた人々の身体性が労働過程から排除されて、人々の実存は不安定化する。反面、経済活動は自然に働きかけて価値を生み出す営みではなくなり、むしろあらゆることが価値化されて、交換されることが基本となる。その基礎が、人々の存在と所有の欲求からより高次の欲求へと移行した承認欲求であり、その表象としての貨幣である。ここでは、人々の承認欲求はすべて貨幣へと表象されて、相互性を失い、他者を通した「われわれ」としての自己認識すら解体して、貨幣の離合集散が自らの社会的な位置づけを与えるものへと移行していく。そこで繰り返されるのはゼロサムのゲームであり、承認欲求のコレクションである。このゲームでは貨幣は固有性を失ったマネーとしてマーケットを流通し、その離合集散のゲームが、承認欲求実現のゲームとして繰り広げられることになる。つまり、マネーのマーケットこそが経済の主流となるのであり、いわば「市場」が支配する経済のあり方であるといってよいであろう。

しかも、このような大衆消費社会のあり方は経済のグローバル化と軌を一にしている。それはそのまま、従来のような重化学工業を基盤とする福祉国家の機能不全を意味することとなる。つまり、経済発展を背景とした潤沢な税収に支えられた現金支給による国民生活の基盤の平等な保障は、市場を支える産業のインフラストラクチャーと国民生活を支えるセーフティネットの整備として進められ、それが市場の外側での富の再分配を行うことで、人々の市場への参加を促し、それがさらに経済発展を促すという循環がつくられていた。福祉国家は強固な国境によって守られていたのであり、そのために「国家」（政府）が有効に機能してきたのだといえる。しかし、経済のグローバル化の時代には、資本は国境をたやすく飛び越えて移動し、福祉国家の富の再分配機能を脅かすことになる。(5)「生政治」の発動が不要化して、「国家」（政府）は国民から忠誠心を購入することが困難となり、自己責任論が台頭するのである。こうして、「社会」が解体し、「国家」が後景に退くことで、「市場」が迫り出してくる時代がやってくる。それが大衆消費社会なのだともいえる。

さらに、今日私たちが目にしているのは、この「市場」が支配する経済の暴走であり、その経済と一体化している自意識の暴発、つまり市場において肥大化した自我が、消費者つまり「お客様」として他者の上に君臨しようとする、相互性なき自己承認への欲求の暴走である。そしてその自己はまた、他者との間での相互承認を欠くがために、きわめて脆弱な、不安定な自我でしかあり得ない。その上、その自我は、他者を経由した自己対象化の機制を持たないことで、容易に権力と結びつきつつ、一層肥大化することとなる。このとき、権力そのものが国民の目を通して自らを点検する筋道を失い、きわめて独善的な強い「父」を演じることで暴走することになる。

4 権力と直結する個

このような肥大化し、過剰化する、不安定で脆弱な人々の自我を背景として、昨今、国の形の組み換えが政府主導で急速に進められつつある。それは、これまでのように物質的な豊かさを基礎として、国家が国民生活を護ること、つまり財政を出動して福祉を拡充することによって、人々の忠誠心を購入する、すなわち国家への求心力を高めていく福祉国家としてのあり方から、経済不況・財政難を背景として、国民に自立と自己責任を強いながら、一方で強い国家を演出し、そのいわば文化的・精神的な優越性を強調して、統合を強め、その他方で異端を排除し、人々の不安定な自我を救済して政治化するあり方への旋回として立ち現れている。司牧者権力としての国家が国民に奉仕する政治のあり方から、為政者たちが不安に駆られる国民を精神的に救済するかのような強いリーダーを演出して、為政者と国民一人ひとりを直結させ、国民を国家に奉仕させる政治のあり方への転回である。そこに迫り出してくるのは、政権が国民によって選ばれたという民主主義の背理である。つまり、国民によって選ばれた為政者が演出する強いリーダーに不安や鬱憤を晴らすかのようにして自己を重ねあわせることで、リーダーと自らを同値して支持を与える国民に、為政者そのものがすり寄りつつ、国民の精神を為政者の意志へと重ねて動員し、国民を国家に奉仕させるポピュリズムに政治が傾いていくのである。ここでは、政治は国民の集合的な意識つまり文化的・精神的価値によって検証されることはなくなり、政治の私物化が進展する。政治は法治から実質的には人治へと旋回し、いわば神聖国家の総動員体制とでも形容できるような政治的実態がつくられていく。そこでまず動員されるのは、過去の死者たち、とくに「国のために」戦って亡くなった人々の霊（みたま）である。

この国の形の組み換えの一例として、行政システムの改革、つまり従来のような中央集権を基本とした地方自治制度から地方分権を基本とした自治制度への改変が急速に進められ、基礎自治体を基本とする地域社会が「自立」を強く迫られる一方で、そこに国民文化と民族精神の優越性が持ち込まれることによって、「生権力」としての国家ではなく、いわば文化的・精神的な優越性としての国家が迫り出して、社会的な統合が目指されていることを指摘することができる。そこでは、国家が、行政的には後景に退きつつ、文化・精神的に前景化して、その国家に国民を奉仕させようとする言説が強化されることとなる。このことについては、昨今、日本・日本人であることの誇りが他の国や国民に対する優越感と重ねられて一方的に主張される、ある種の国家主義的な観念が政治的に喧伝されていることを挙げれば十分であろう。その背景には、少子高齢化の急激な進展や人口減少社会への移行にともなう市場の縮小、そして経済構造の転換と雇用機会の減少、さらには国と地方の長期債務の急激な膨張、また社会的な価値観の急速な多元化・多様化という、近代に入ってから経験したことのない構造的な転換に、私たちの生きるこの社会が直面し、出口の見えない曖昧な不安に、人々が駆られているという事実がある。

この曖昧な不安を回収するのが文化・精神としての国家という権力なのであり、それは、国家なくして国民生活を保護することはできない、そのためには国民が国家に無条件に尽くすべきだという論理と結びついている。ここで不安定な自我を抱える国民一人ひとりは権力と自己とを同値しつつ、小さな権力として互いに排除しあいながら、自己の保全つまり安定化を図ろうとすることとなる。

5　国家権力の企業化

政治のポピュリズムへの転回と大衆消費社会における人々の「お客様」化とはある種の通奏低音を持っている。つまり、そこにあるのは、人々が他者とともに生き、他者の目を通して自己を見つめるという近代的な自我のあり方の回路が切断され、権力と自らを同値した人々が、自ら小さな権力・小さな父として、自己主張を繰り返しては、自分を満足させよと社会に要求し、他者の存在を認めず、自己と他者とがともに生きている社会を否定しようとする態度、すなわち相互性の欠如、さらには反知性的な態度である。知性の基本である省察、つまり他者の目を通して自己を振り返ることができなくなっているということである。ここにおいて、人々が他者とともに生き、自己を「われわれ」の一員として意識し、連帯の感覚を保つことで国家の基盤を安定させていた社会は解体し、人々は他者との「われわれ」という同一感・帰属感を失って、個々ばらばらな個人として権力へ自己を同値し、権力のポピュリズム化と人々の「お客様」化を推し進めることとなる。

このように自ら権力と同値した人々の自我のありようは、他者の目を欠いた、自己へのまなざしを持たない、つまり自己肯定感と相互承認の関係を得ることのできない、孤独な自我としてしかあり得ない。大衆消費社会では、帰属を基本とした、自分が誰かとともに、コツコツと働き、努力することで、ともによりよい生活を実現していけるという「勤労」の観念とそれに定礎されたともに働くことによって生まれる「われわれ」という感覚を、人々は失っていってしまう。「勤労」は身体性にもとづくものであり、大衆消費社会ではすでに「勤労」は排除され、身体性の根拠である普遍的な、他者と共有されている時間と空間が否定されているからである。それは、他者との間に、他者とともに、他者でもある自分を生きる自己というアイデンティティの動揺を招くとともに、相互に承認しあうことで生まれる、自己肯定感を持てなくなること、すなわち自尊心を保てなくなることと同義である。そのため、人々の自尊心は常に他者への尊大な態度によって担保されつつ、自分を超えたより大きなもの、つまり権力によって慰められ続けなければならず、肥大し続けなければいられなくなる。自意識が肥大化し、「お客様」化するのである。それがまた権力を自制の効かないものへとけしかけることとなり、ポピュリズムはさらに昂進し、国家の暴走を招くことへとつながっていく。

それは、国家の企業化として形容するにふさわしい様態であり、そこでは民主主義は非効率な制度として退けられることとなる。なぜなら、「お客様」が求めているのは即物的・即時的な自己の満足、つまり貨幣化された承認欲求であり、それはまた金融・サービス業中心の経済構造において欲望されている価値と同じものだからである。

こうして国民である人々は、その自然権である所有権をいい募りつつ、生存権を基本とする社会権の保障を消費者として自ら放棄して、国際資本へと国家によって売り渡されてしまうこととなる。ここにおいて民主主義を標榜する国民国家は自壊の方向に舵を切ることとなるといってよい。つまり、「市場」の暴走によって「平等」が瓦解し、「自由」が万人の万人に対する闘争として迫り上がってくることとなるのである。しかもその「自由」はまた、与えられる自由、つまり不自由な自由でしかあり得ないものである。

2　分配・所有の不自由から生成と変容の自由へ

1　社会の再生産と身体性の回復

このような状況下での、地方の自立・分権の政策的・行政的推進と文化的・精神的な国民の統合である。つまり、福祉国家が機能不全を起こし、従来のような富の再分配による人々の統合が解除されている状況において、人々の自意識の暴発によって「市場」が暴走し、過剰な自意識が人々の間の紐帯を切断して、その実存を曖昧化し、かつ社会的な統合を動揺させるとともに、その動揺の国家への一元的回収が同時に進められるのである。ここで問われなければならないのは、分権政策の下、基礎自治体レベルでいかに住民の生活を護りつつ、人々の存在を安定させることができるのか、ということである。

つまり自我の暴発を制御するために、他者とともにある自己という、他者との相互性にもとづく自己の身体性を回復することで、人々が自ら生活する基盤である〈社会〉を新たにつくりだし、その〈社会〉において、自らの文化的・精神的な基礎となる地域文化を生み出して、それを権力に対峙させつつ、暴発する自意識と共役的関係にある市場つまり国家の暴走を制御することをいかに可能とすることができるのかということである。それは、地域の活性化による住民生活の安定というある種の物質的なもの、つまり地域経済を基礎としながら、その基礎の上に、住民自身の身体性という個別でありながら普遍的なものを、どのようにして回復させつつ、他者との関係における相互承認と自己肯定を通して、自己の存在をその関係の中に生成していくのか、他者とともにある自己という身体性をいかに確立するのかということでもある。

このことは〈社会〉の構成のあり方を問わないではいない。経済のグローバル化の進展にともなって従来の国民国家つまり福祉国家の国境が動揺し、福祉国家の富の再分配機能が不全化することで、人々の生活のセーフティネットすなわち「平等」が解体し、人々の間の紐帯が切断されて、人々の孤立と実存の不全化が招かれている。つまり、「平等」の解体にともなって解き放たれた「自由」が、大衆消費社会における過剰な自意識と結びついて、「市場」に委ねられて暴走し、人々相互の信頼を毀損しつつ、人々を孤立させているのであって、それを国家が文化的に回収して権力に直結することで、人々一人ひとりを小さな権力へと立ち上げながら、抗争的な関係へと組み入れて、さらに一元的な統治を推し進める政治的な動きが加速している。いわば一般意志を欠いた政治のリヴァイアサン化の進行、つまり人々が砂粒化して相互に抗争することで、国家システムが国民から対象化されなくなり、政治の人治化が進む構造の中で、いかにして「市場」における過剰な自意識の暴発を防ぎつつ、人々の生活のセーフティネットを張り替え、かつ人々相互の関係を抗争から協働へと組み換えて、安定した社会基盤を形成するのかが、問われているのである。

2 「自治」をめぐる「自由」と「平等」

そのことはまた、「自治」をめぐる「自由」と「平等」との関係、およびそれらの概念の再構成を求めないではいない。従来の社会経済構造にもとづく国家システムのありようは、個人の存在を個体主義的にとらえつつ、その「身体」に働きかけることで人格的な形成を促し、それを国民の育成へと結びつけることで構成されるものであり、「自由」と「平等」も人々の個体間のあり方として措かれていた。この関係において「自治」が問われ、人々の生きる「社会」が語られてきたのであった。それはまた、「国家」の枠組みを前提とした政治の対象としての国民のあり方から導かれる「社会」の姿でもあった。

しかし、社会経済構造がグローバル化していく過程で、国境が動揺し、福祉国家〈国民国家〉が不全化するとともに、浮遊する「個」が権力と直結して過剰な自意識として「市場」に委ねられて暴発する時代には、改めてそれを〈社会〉へと包摂し、再構成する（つまり、新たな社会契約説を構成する）必要がある。なぜなら、それは人々の生活とその基盤である相互承認と相互扶助の関係を切り崩し、社会そのものを解体し、人々の生活保障を動揺させるからである。しかも、機能不全を来して、「個」を「市場」へと委ねた福祉国家そのものが、その実、「市場」を抑制し、「個」の忠誠心を購入するだけで、国民である個人の政治・行政への直接的な参加を認めない、肥大した官僚機構による富の再分配機能を担うことを本質とするものでしかなかったといわれる。[6] すなわち、「自由」と「平等」の関係を従来のような福祉国家〈国民国家〉を前提としたものから、新たな〈社会〉を構想し、実践するものへと組み換える必要が出てくるのである。そしてそれは、「自治」つまり政治・行政への参加をめぐる人々相互の関係を問うことに他ならない。

この問いは、私たちの現実生活においては、基礎自治体つまり市町村の団体自治と住民自治のあり方を再考するという議論に結びつくこととなる。市町村という基礎自治体は、そこに住む人々つまり住民の生活を、住民皆で守るための、住民による経営体であり、その機能は基本的に、二つの「自治」から構成されている。一つは団体自治と呼ばれるものであり、もう一つは住民自治と呼ばれるものである。

団体自治とは、国家に対してその自治体の独立した法人格を認め、その法人格を持つ団体がその治める地域の行政を、自らの権能と判断によって行うことを基本としている。これは、国家という権力に対する自治体の法人格の独立性を認める立場からの自治論であり、地方主権の基本をなす自治だといえる。

これを、もう少しその自治体の住民の立場からとらえると、次のようにいうことができる。地域の行政を、その自治体に住む人々つまり住民たちが担うために、自分の持つ財貨・富を提供しあい、それを市場を通さずに分配して、住民の生活基盤を平等に整え、住民の物質的な生活の最低限の安定を保障しようとするものだ、と。税を徴収して、それを使ってさまざまな行政サービスを行うことで、住民の生活の基盤を整えるとともに、その利便性を高めること、これがその自治体の法人格の独立性を高めることにつながり、団体自治の基本となる。自治体行政は、富の平等な再分配を行うことが基本的な役割となっているである。

しかし、これだけでは住民の生活を安定させることはできない。本来の団体自治を実現するためには、根源的に自立した人格を持つ個人としての住民が、自治体行政に参画して、そのあり方を自らの意志にもとづいて決定し、自己の責任においてそれを実践することが求められることとなる。この個人としての人格の本源的独立性が、自治体という法人格の国家からの独立の根拠となるのである。

これをもう少し住民生活にひきつけて考えると、次のようにいうことができる。住民自身による相互扶助、つまり「共助」の関係すなわち「社会」がしっかりと機能していなければ、行政による富の再分配も、行政サービスの提供による物質生活の基盤を整える事業も、十全に機能することはない。団体自治による富の再分配は、限られたパイを分けあうことで、不平等の幅をできるだけ小さくしよう、持てる人から持てない人へと財貨・富を再分配することで、最低限の生活を保障しようとするものである。これに対して、住民自治とは、人々が顔の見える関係を基本として、助けあうことで日常生活上のさまざまな困難を解決して、生活を安定させようとする互助を基本とした自治のあり方であり、それは、富の再分配のあり方を住民相互の信頼関係にもとづいて決めていく根拠となるものなのだといってよい。さらにここで注意しなければならないのは、この住民という主体は、一人ひとり個別に分割できる個体というよりは、むしろ分割できない当為としての関係態または集合態として置かれざるを得ない存在だということである。

それはいわば自らの日常生活における具体的な行動を、事後的に一般意志として確認する責務を負った存在、いわば常に行政をつくりつづける実践を集合的に担う存在だといってもよいであろう。

3　自治と市場

話をもう少し広げれば、この住民自治とは、私たちが生きる市場社会と基本的な価値を共有したものであるともいえる。つまり、市場社会は、人々が相互に認めあい、他者に対する想像力を働かせて、相手を慮り、信頼関係をつくることで、初めてモノやサービスの交換や売り買いが成立する社会であり、それが拡大することによって、見知らぬ人々の間で貨幣を媒介させて、交易が可能となる仕組みだからである。人々が相互に承認しあい、信頼しあうことが、市場社会の仕組みの最も根源的な価値となるのである。その意味では、市場も実は「社会」が十全に機能しないところでは、本来の意味における機能を果たすことはできず、「社会」が壊れてしまうところでは、市場は暴走せざるを得ないということになる。既述のような「市場」に委ねられた「個」の暴発は、ある種、その究極の形であるといってよい。

そして、この「自治」の問題は既述の「自由」と「平等」をめぐる権利の問題へと展開しかつ収斂する。つまり、「市場」に委ねられた「個」の暴発は、社会実践としては自然権と社会権のとらえ方と深くかかわっているのだといってよい。私たちは国民としての自己を生きるとき、自治体の住民としての生活を基盤にしており、それが「自治」の基盤を構成している。しかし、個人と権力が直結して、個人が小さな権力・小さな父としていがみあう社会においては、「自治」は解体して、個人と権力とを媒介する中間集団は否定され、丸裸の個人が対峙しあいつつ、他者に対して自己の「権利」を主張し、その「権利」を「満たす」ことを要求する。つまり、この社会では「権利」は欲望であり、かつ他者に対して主張され、さらに他者と奪いあうものとして措かれている。それはいわば所与のものであり、王権神授説を換骨奪胎して獲得された天賦の人権であり、人々が互いに奪いあうものであるかのようにして、権力に求めるものとしてある。いい方を変えれば、すべての「権利」が所与のものであり、かつその所与性の根拠を超越権力に求め、それが自らに存することを他者に認めさせようとする、つまり自己の欲望を満たすように他者に要求しあう関係に人々が措かれることを意味している。そこでは欲望そのものが自己に存するもの、つまり所与のものと措かれている。この関係では、人々は限られたパイを奪いあうかのようにして、自己の欲望が満たされることを求めるがために、人々は互いに他者よりも自分を高みに措こうとすることになる。しかもそれが消費社会における自己承認欲求の充足として、他者による承認を求める欲求の満足を求めるがために、この関係では、自然権としての所有権が社会権としての生存権をも呑み込んで、すべては自然権的な奪いあいの様相を呈することとなる。ここにおいて、「自由」が前面へと迫り出し、また「平等」も「自由」の奪いあいの中に解消されて、解釈されることとなる。

つまり、「平等」の権利も所与のものを他者と奪いあうことで実現するのであり、不利益を被っている人々は利益層が不当に利益を受けている既得権者だといい募って、その所有権を奪うことで「平等」を実現しようとし、反対に、利益層は自己の所有権を守るために、不利益層をたとえば怠惰であるとか、社会に寄生しているフリーライダーだと批判して、すべてを自己責任の、権利の奪いあいの関係において解釈し、否定しあうことになる。ここでは、社会権は目的規定的にとらえられることはなく、自然権の一部の所有権であるかのように解釈され、権力に対して自己を同定し、他者から承認を奪う関係が形成されることとなる。その経済活動における表現が金融資本主義におけるマネーゲーム、つまりマネーに承認の量を重ねて自己同定しようとするゼロサムの奪いあいのゲームの展開である。ここではすべての権利は自然権としての所有のゲームを争うべきものとなり、社会権が本来持っていた、人々が相互承認の関係において動的に生活を保障しあうことで生存とその質的な向上を図り続けるという性格は否定されてしまう。

天賦人権論を支える一般意志、つまり人権が人々に生得のものとして与えられているという所与性は、人々の同意つまり契約によって担保されている、つまり社会契約を結んで国家がつくられたあとで、いわば事後的に認められるものという前提が崩れ、権利は欲望として他者との間で奪いあうものへと変質しているのである。人権とは本来、人々が他者との間で認めあうことを基礎として、一般意志として形成されたものであり、天賦人権の天賦という本質も、人々相互の同意にその根拠を持つものである。それゆえに、人権は常に人々相互の関係のあり方によって規定され、変化し、新たな要素をつくりだして自らを豊かにしていく動的な性格を有するものであり、かつ実践的には、契約つまり一般意志によって定礎された超越権力によって保障されるべきものとして措かれていたのだといえる。人権の基盤は人々の相互承認関係なのである。

4　相互承認関係の生成と「自由」—「平等」二項関係の組み換え

このような相互の承認関係が解体し、社会権が関係論的な動的性格を失う社会においては、「平等」が解体するのみならず、「自由」も変質する。つまり「自由」は所有の自由でありながら、それは他者からの承認を奪う自由、つまり常に他者に対して要求し、他者から奪い取らなければならない、きわめて制約された、いわば不自由な自由とならざるを得ない。それがために、人々は自らのより大きな自由を獲得するために、他者に自己を承認するように強要するとともに、権力に自己を同値して、他者よりも上に立とうとし、他者を否定しあう、いがみあう自由の関係へと転じていかざるを得ない。

社会権としての「平等」が解体することで、自然権としての「自由」は、他者によって制約されざるを得ず、人々は互いに他者に対して横暴にならざるを得なくなり、つまるところ「自由」は不自由な自由へと転じざるを得ない。この社会では、権力と同値した「個」は権力によって慰められつつ、「市場」へと売り渡され、より不自由な「自由」な存在として、他者といがみあうことを強要され、孤立の度合いを深めていかざるを得ない。

ここでは、人々は自由であろうとすればするほど不自由になり、自由であろうとすればするほど、他者といがみあい、孤立して、権力に同値することで自己を同定せざるを得なくなる。その自己はまた権力によって「市場」へと売り払われて、暴発する、過剰な自意識へと転じていくことになる。自由であろうとすればするほど、人々は自己を十全にとらえようとする相互承認の関係から自分を排除し、自己が不全化せざるを得ないのである。

ここにおいて、人々の自己を十全に活かし、人々が自己を社会の中に措くためには、「自由」の組み換えが求められることとなる。それは、他者から奪い、権力に同定を求める、所与の価値の分配と所有の自由ではなく、むしろ人々の「間」に生まれて、自己を十全に活かすために、常に他者との「間」の関係をつくりだし、他者との相互承認関係を生み出し、自己を常につくりだすことで、他者をも生み出していく、〈社会〉を生成し続ける自由への組み換えである。それは、従来のような要求と分配・所有の自由から生成・変容の自由への転回であり、新たな「平等」を準備することである。それはリヴァイアサンによってもたらされる、自由を制約することで得られる平等ではなく、また自然権を活かすための社会基盤である社会権としての平等でもなく、さらには天賦人権論のように所与の権利であるのでもなく、人々一人ひとりの実存に存する尊厳から導かれ、かつ尊厳を高める、関係論的で動的な、生成・変容の自由の相互承認として立ち上げられるべきものである。

以上のことは、改めてまとめれば、「自由」を所与の権利や価値を分配し、所有することで個人が主体として屹立する自由から、他者との間で他者とともに権利や価値を生成し、組み換え続けることで、自らが変容し続ける自由へ、つまり静的な個体主義的イメージにもとづく単一レイヤーの社会の自由から、動的な関係論的イメージにもとづく多重レイヤーの〈社会〉の自由へと転換させることであり、またこの〈社会〉においては、「平等」は個体の自由を制約しつつ、個体の生命と生活を保護する社会権としての平等から、関係論的な自由つまり生成と変容の自由を相互の関係において認めあい続けるということ、またはその状態であること、つまり生成と変容の自由の相互承認と個体そのものの不断の変化という動的な状態であることになる。それはまた、権利主体のあり方を個体から関係態へと組み換えること、否、むしろ本来的な意味において、社会契約を結んだ後に事後的に見出される分割不可能な集合態としての国民＝住民を立ち上げ、統治者と被統治者が一致するという民主主義の原則を実現することである。そこでは、国民＝住民である私たちには、日常的な具体的な実践によって、当為である一般意志を確認し続けることが求められる。それはまた、私たち自身が権力を組み換え、つくりだし続け、権利を発明し続け、関係態として自己をつくりだし続けること、つまり〈社会〉を生成し続けることと同じである。

このことは、私たちの日常生活においては、自らが住む地域コミュニティを多様な価値に満たされた多重なレイヤーによって構成し、住民がその間を自由に行き交うことで新たな価値を生成し、新たな存在へと生まれいで続けることを尊重し、承認し続ける、関係としての「自由」と「平等」、つまり権力のあり方としてとらえられる。人々が自らの生存と生活から超越した権力を措定して、契約を結び、自由を制約されることで、集団としての利益を得る国民国家つまり福祉国家の行政権力ではなく、人々が生活の多重なレイヤーにおいて、自由に価値を創造し続けることを相互に承認する動的な関係論的権力として、権力が組み換えられるのである。そこでは、人々は、日常生活を他者との関係において生み出し、常に新たな関係性つまり価値として自分の存在をつくりだしつつ、その生成と変容の場としてのレイヤーを創造し続け、そうすることで〈社会〉を生成し、変容させ続けるアクターとなる。ここにおいて権力は、人々が契約を結ぶ所与のものから、人々が常に相互の承認関係において生成し、組み換え続ける関係論的なものとして、宙吊りにされる。

そして、これは人々の〈学び〉を課題化するものであるといわざるを得ない。なぜなら、〈学び〉とは、人々が相互承認関係において、互いに変容し続けることで関係を組み換え、他者との間で自己の存在を新たにしていく、つまり〈社会〉をつくりだし続ける営みだからである。

3 エディプス・コンプレックスと社会の拡大再生産

1 主体形成・自己実現と「社会を創る学び」

この〈社会〉をつくりだす〈学び〉は、従来の「社会を創る学び」の議論[7]とは似て非なるものである。本章の議論にかかわっては、たとえば佐藤一子は次のように述べている。地域社会の諸課題を解決するためにも「住民を公共福祉サービスの受益者として対象化するのではなく、住民の主体的参加のもとで住民自身自ら担うべき活動は担い、解決しうることは解決し、自治体の責任と住民の相互扶助活動とのパートナーシップのもとで地域づくりが発展しうるような新しい関係を築くことが課題となっているのである[8]」。

この参加論は、近代社会における自我形成と人間知性の発達、すなわち近代的自我の確立という議論、いいかえれば、住民の主体形成と自己実現を当為と見なす議論を暗黙のうちに下敷きにしている。たとえば、佐藤は次のようにいう。「自己実現と社会への参加という「二重の展望」にむけての自発的な学びである生涯学習が、社会のすべての構成員の日常的な営みとなるならば、それは二一世紀に向けて参加型社会を築いていく有効な方法となる[9]」。

佐藤は自らこの観点を受けて、生涯学習の特徴を次のように指摘する。「生涯学習は将来のために準備することを目的とした学校教育とは異なり、いまの自分の関心や課題、内面の問題に直接むきあい、他者との出会いをつうじて自分をみつめ、自分と社会とのかかわりを考え、社会に参加するための自発的な学習」である。[10] そのためにこそ「『社会における学び』から『社会を創る学び』への転換を求めて、社会教育概念を再構成・再解釈する試みが必要」となる。[11]

そして、社会教育概念の再構成・再解釈の方向性として、佐藤は次の四つを挙げる。第一に、「『社会教育』における『社会』の概念を、個人・集団による具体的な社会参加のひろがりをつうじて、草の根における協同的・多元的な関係の創生として主体的、価値的にとらえていくこと」[12]、第二に「このような『社会』における個と共同体・集団との矛盾を含む相互関係のなかで、自己実現と社会参加という二重の展望を拓く学びを発展させるような組織的な教育過程のあり方を、意図的な主体と実践の方法に即して明らかにし、法概念にとどまらない実態に即した実践的概念としての『社会教育』を豊かにしていくこと」[13]、第三に「『フォーマルな教育の場における学校的な『知』にたいして、より実際生活に近いノンフォーマルな学習の場における知の革新・創造が先行していることを明らかにし、『社会の教育的必要を総合的・系統的に計画化する』『新しい次元における社会教育』の可能性を学校を相対化しつつ探求すること」[14]、第四に「地域社会創造をめざす生涯学習計画の実現の手法とそれを具体化する行政システム・職員・諸教育文化機関のネットワーク化の筋道の明確化」であり、そこではとくに「参加を保障するプロセス」が問われている。[15]

その上で、佐藤は社会教育学研究の課題をこう指摘する。「『社会における学び』から『社会を創る学び』への転換に即して社会教育概念を再構成し、自発的な学びを発展させる組織的な教育過程のあり方を明らかにしうる社会教育学の体系を構築していくことが今後の課題である」[16]。

このような議論は、地域住民の主体形成と社会教育の役割を検討する鈴木敏正らにも共通するものである[17]。そして、この議論はまた、従来のような行政依存の住民のあり方から住民自身が行政参加のみならず、社会を新たに創造する実践に参加することで、新たな福祉社会のあり方を構想しようとする神野直彦の議論[18]とも重なっている。それは佐藤のいう「自己実現と社会参加の二重の展望」という表現、さらには鈴木のいう「主体形成」という表現に端的に示されている。

これら議論の前提は、「個」の確立に向けた自己形成・自己実現という個体の不断の運動である。

2 「社会教育終焉論」とその論理

そして、この論理は、「社会教育の終焉」を主張した松下圭一の議論[19]にも共有されているものである。松下は、日本社会は「ようやく都市型社会の成熟をみるにいたった」として、いわゆる近代市民社会の成立を宣言し、そこにおいて「社会教育行政は、この時点で、危機にたつにいたった」という[20]。松下は、「教育」という言葉の定義は「オシエ・ソダテル」であり、それは未成年への文化的同化としての基礎教育を意味しており、なぜ日本社会では「〈社会教育〉の名によって、成人市民が行政による教育の対象となるのか」と疑問を呈し、「国民主権の主体である成人市民が、国民主権による「信託」をうけているにすぎない道具としての政府ないし行政によって、なぜ「オシエ・ソダテ」られなければならないのだろうか」という[21]。

松下はさらに、日本の教育行政に「官治性・包括性・無謬性」を読み取り[22]、それは「農村型社会を基盤とし、かつ農村型社会からの脱却をめざして〈近代化〉をおしすすめてきた国家観念、それを基軸とした既成の制度・政策、あるいは発想・理論は、ひろく全般的に再編を余儀なくされている。教育をめぐってもその再編は例外ではない」という。[23]その上で、松下は都市型社会の成熟にともなって「自治・共和という市民意識がひろがりはじめ、制度・政策の分権化・国際化さらに文化化の必然性とあいまって、《市民文化活動》の噴出を生み出している。」「このような新しい文化状況のもとで、行政としての「社会教育行政」は終焉する」と主張する。[24]

既述のような、佐藤に代表される「自己実現と社会参加」を保障するための社会教育の意義・役割を問い、その保障体系としての行政を論じる議論も、松下のように自立した市民を前提に、行政からの自立を説く議論も、権利論としては「社会権」と「自然権（自由権）」の関係をめぐって表裏の関係にあるといっても過言ではない。それはまた、ホッブズに見られる「社会権」とりわけ生存権の保障のために「自然権（自由権）」とくに所有権を制限し、自らの権利をリヴァイアサンに預けて社会を構成する個人のあり方、つまり一般意志のあり方を採用するのか、またはルソーに見られるように自然状態こそが人間の調和のとれた姿、つまり一般意志が実現している状態であり、社会を構成することで人々は「自然権（自由権）」に囚われとなって抗争することになるとして、社会を退けようとする個人のあり方を採用するのか、という議論に収斂する。いいかえれば、平等のために自由を制限するのか、自由のために平等を最低限に抑制するのかという議論とも重なる。

これはまた、ロックのいうように「抵抗権」ともつながる議論でもある。たとえば、松下は次のようにいう。「市民文化活動は、基本的人権たる「自由権」の行使である。[25]」「この「自由権」を行使するにあたって実質保障となる「社会権」も、……シビル・ミニマムの整備があればよい」。この議論では、松下はルソー的な一般意志を採用しているわけではなく、むしろホッブズのリヴァイアサンの議論を下敷きにして、ロックの「抵抗権」としての市民意志を重視している。つまり、松下の議論は、市民社会の自由が福祉国家の平等を乗り越えて、自ら新たな価値を実現するという意味におけるルソー的な一般意志の実現を課題化しているのではなく、むしろ福祉国家の過剰な介入と自由の制約に対して、ロック的な抵抗の論理から「社会教育（行政）の終焉」を主張しているに過ぎないともいえる。それはまた、ロックのいうような元来自然法と自然権とは融和的であるという議論ではなく、ホッブズ的に自然法と自然権とが対立することを前提としつつ、一般意志を体現しているはずの権力が市民の自由に介入した場合の抵抗としてロックを援用しているように見える。

それゆえに、この両者の議論の対立は、いわゆる「現代福祉国家的価値」と「近代市民社会的価値」との間のせめぎあいであり、また「平等」と「自由」との間のせめぎあいでもあって[26]、ある事象の表裏を語っているに過ぎないという一面がある。この「ある事象」とは、国民である人々を集団として扱いつつ、その集団に属する個人に人権・権利が所与のものとして与えられており、個人がその権利が構成する主権を行使して、自らの生存権を基本とする社会権をよりよく保障するための道具として、その自然権（自由権）を制限する、つまり信託する形で構築した制度としての国家という観念であり、その「表裏」とは、国家をより積極的に活用して、「社会権」の拡張を目指すのか、それとも、その国家の過剰な介入に「抵抗」して、「自然権（自由権）」の拡張を目指すのかという違いが強調されているということである。

それはまた、権利を所与のものと措き、その分配と所有のあり方をめぐる認識の相違が語られているに過ぎないということでもある。前者の佐藤らの議論が「平等」を迂回路とした「自由」の保障を語っているとすれば、後者の松下の議論は「平等」を土台にした「自由」の自由を語っているのであり、議論の前提は、どちらも権利の所与性とその分配・所有であり、その主体としての個人の個体性なのである。それゆえに、どちらもが相手に対する徹底的な批判とはなり得ず、また反論も決定的な反論とはならず、とくに前者の後者に対する反論は、後者が目指す近代市民社会的な「自由」に同意するかのような曖昧な論調にならざるを得ない[27]。なぜなら前者が「平等」を主張するのも、

「自由」の実現のためであり、それは基本的には社会参加の「平等」による個人の自己実現の「自由」のより十全な保障として行政論的にはとらえられるからである。

3　近代的自我の確立と「自由」—「平等」

この議論をさらに本章の課題にひきつけてとらえると、この両者には次のことが暗黙の前提として置かれていることを指摘することができる。つまり、繰り返しとなるが、いわば近代的自我の形成、すなわち自立した個人としての人格の形成が前提として了解されているのである。このことは、近代的自我またはその形成（という観念）が所与のものとして、国民である人々に平等に分配されていることを意味している。それゆえに佐藤に代表される議論では、この自我形成による自己実現の十全な保障すなわち分配を国家または行政権力に求め——つまり平等——、さらに自立した自我を持つ個人である国民、そしてそのより具体的な生活の場における主体としての住民の行政参加と相互扶助によって、その自我形成のプロジェクトを推し進めようとし、またそれがゆえに松下は国家・行政権力の介入を嫌い、自立した自我を持つ住民である市民による「市民文化活動」によって、自我形成・自己実現のより十全な分配——つまり自由——を求めているのである。

この意味では、佐藤の議論も松下の議論も、一見相対立するもののように見えて、その実、近代的自我の確立というプロジェクトの実現またはその機会をすべての国民であり住民である個人すなわち個体に平等に分配し、そのプロジェクト実現の自由を保障しようとしているという点において、つまり議論の核心に人々の自己形成と自己実現を所与の前提とするという構造をとっているという点において、同じものだといえる。このことは、両者がともに権利と権力の所与性を前提として、その分配と所有のあり方を課題化しており、それが両者の対立点であるに過ぎないことを示している。

つまり、両者は既述のように、権利保障のあり方をめぐって「平等」に重きを置くか、「自由」に重きを置くかの対立を示していたが、この権利が天賦人権論、さらにはその根拠である王権神授説によって所与のものと措かれることで、その保障は分配と所有のあり方へと組み換えられているのであり、それは自然権（自由権）をめぐる争いを抑制し、社会権を保障するために強権力つまりリヴァイアサンと人民（国民）との関係のあり方を規定するものとなる。佐藤の議論はリヴァイアサンによる権利の分配と個人による所有の強化、つまりリヴァイアサンを「生権力」として強化する福祉国家論的方向へと展開し、松下の議論はその段階を経て、権利の分配を我がものとした人民による自由な自己形成を求める市民社会論的方向へと展開しているが、両者の違いは基本的に社会観の相違に還元できるものであり、その前提となっている人間観は近代的自我の形成という一つのモデルであって、両者が依って立っているのは、そのモデルが国民である個人すべてに平等に保障されること、つまり権力によって分配されることである。

ここで改めて指摘しなければならないのは、この権利の分配と所有の議論は、主権者としての国民を個体としてとらえることによって可能となっているということである。ここでは詳述できないが、一点だけ指摘しておけば、一人ひとり個体である人々が理念としての社会契約を結んで国家を形成した後になって、事後的にその国家の主権者としての国民が見出されるのであって、その場合、国民とは一般意志を体現した関係態とでも呼ぶべき存在である他はないということである。それは事実としての存在ではなく、当為としての存在であり、かつ日常の具体的な実践によって事後的に自らが当為、つまり一般意志にかなったものであったのかどうかを検証しつつ、他者とは不可分でありながら、自律的でもある存在として、主権すなわち権力を生み出し、担い続ける存在である。このとき、一般意志とは、自ら他者とは異なりつつも不可分の関係態としてあるという意識であり、常に自己を見ず知らずの他者への想像力によって検証しつつ、自らの日常生活を実践し続けるということである。ここでは、主権が事後的に確認されるのと同様に、権利も事後的に天賦のものとして見出されるものとしてある。(28)

そして、この主権の事後性は、言葉の持つ特性と重なっている。言葉は、私たち自身のものでありながら、私たちが具体的な日常生活を送る社会に生きる人々のものであり、事前に意味がわかっていながら、それを用いた後でないと何がいわれたのかわからないものである。つまり、意味は、言語を用いる個体が言語を発した後に生まれる差異によって規定されているということである。ある発話にともなう意味は社会に埋め込まれていて、人はそれを発話することで用いるが、それは発話された他のものでは「ない」という差異において、事後的に意味が確認されるものとしてある。私たちは、その言葉を用いることで、人と会話し、意思疎通することができる、つまり意味を理解し、理解してもらえると考えているが、それは他者との間の差異を体系として受け止めていること、つまり分割不可能な社会的な存在として他者と自分を受け止めていることと同じである。私たちは、言葉を用いるそのはじめから、分割可能な個体として存在しているのではなく、分割不可能な関係態として存在しているのだといえる。言葉は所与でありながら、それが表出する意味は、その都度、私たちによって新たな差異としてつくられ、意味を確認され続けていくのである。ここでは、差異とは他者とのつながりを生み出すもの、つまり意味は孤立したものではなく、つながることでその都度生まれるものであることが重要である。これが、私たちが言語によって自由になることの姿である。(29)

しかし、佐藤に代表される議論も松下に代表される議論も、主体を個体と措くことで、権利を所与つまり事前にあるものであり、分配され、所有されるものと見なしており、そこでは権利は超越的な権力から人民である個人に分け与えられるもの、つまり人々は個体としてその分け前にあずかる存在として置かれることとなる。それゆえに、どちらの議論も、結果的には国家の抑圧や制約からの個人の自立が課題化されなければならなくなる。それはまた自我形成が課題化されることと同じである。

4 エディプス・コンプレックスの分配

この自我形成はまたエディプス・コンプレックスの分配、つまり「抑圧」によって自己を形成する営みである他はない。それはヘーゲルのいう「否定的なものを直視し、そのもとにとどまる」[30]こと、つまり「死に耐え、死のなかでおのれを維持する生命こそが精神の生命である」[31]という近代的精神の生の運動が、すべての国民である個人の中に見出されていることを意味している。ここでは、個人は普遍的な近代的自我として、その個別性つまり自由を主張されながらも、普遍性つまり平等が前提されているのである。その意味でも、佐藤らの主体形成・社会参加論も、松下の「社会教育終焉論」も、その構造を共有しているといわざるを得ない。

この近代的精神の生の運動はまた、務台理作がヘーゲルを援用していうように、死に向かって生きることが生の目的であり、そうであることを意識することでこそ、現実の生が生き生きとその存在の十全性をもたらしてくれ、それがために個人は自己をよりよく形成しようとし、現実をよりよく生きようとするという生の矛盾的同一性を特徴とするものとなる。しかも、この個人が個体として、社会契約を結ぶことで国家の構成員である国民または市民であることによって、この個人は、先行する世代の死を超えて、よりよい生を生きようとする集合的主体つまり関係態として措かれることになる。そうすることで、集団としての国家はよりよく発展するというイメージを獲得することができる[32]。

それはまた、個人が死を自覚しつつ、その回避を願うこと、つまり自己を主張して既存の権力に抵抗することで死への恐怖を与えられるのではなく、また放置されることで到来するであろう死を回避し、さらには身近に感じる貧困や劣悪な衛生・栄養状態がもたらす死の恐怖から逃れるために、既存の権力へと自己を同一化して、保護を得、権力を「生権力」化することで、死を乗り越える、つまり自由と平等が構成する矛盾的同一化を、同一化つまり平等の方向において成し遂げることで、国家または集団を次のステージへと進めることができるという社会観をもたらすこととなる。この社会観は、拡大再生産の社会観であり、社会が同じ構造のパターンを描きながら、拡大しつつ再生産されるというイメージをもたらすものとなる。それは近代産業社会つまり工業社会の発展イメージであり、その社会を基盤とする近代国民国家の発展イメージでもある。それはまた、自己を他者の目から見ることによる自我像、つまり「われわれ」の中の「私」というイメージをもたらし、「私」個人は、「われわれ」の中に位置づくとともに、「われわれ」として拡大する自我としても意識されることになる。ナショナリズムの基盤が形成されるのであり、自我の姿は国家社会の拡大とともに、拡大再生産され、国家への求心力を強めつつ、自我像の肥大化へと向かうことになる。

そして、この個人の自我形成の矛盾的同一性を個人の生において見出したのがフロイトの「抑圧」の理論であり、エディプス・コンプレックスの議論であったといってよい。この議論では、個人の自我形成は、常に先行する世代つまり「父」による「抑圧」すなわち死の恐怖（自由を主張することによるリヴァイアサンからの否定または放棄によってもたらされる恐怖。ここには貧困や劣悪な生育条件も含まれる）と、それを回避するために先行する世代に保護を求める同一化（つまり平等を求めることで、自由を一旦抑制し、集団に同一化し、集団の安定に寄与し、リヴァイアサンの「生権力」化を促すこと）と、その先にある先行世代の乗り越え（集団つまり抑圧を乗り越えて、自らの自由を主張することで自我の形成を成し遂げようとすること）、つまり父殺しによる、自己の「父」化というパターン、つまり拡大再生産のパターン（しかしその父を乗り越えたはずの自己は、そのまま、父の持つ構造を引き継いで集団の拡大を担う新たな「父」でしかないこと、つまり自己を実現する自由とは「われわれ」という平等の中での自由でしかないこと）を描きつつ、集合的な自我を構成することになる。つまり、個人は社会化されつつ、その社会の拡大再生産を担う「われわれ」として形成され続けることになるのである。

ヘーゲルのいう「否定的なものを直視し、そのもとにとどまる」という精神の生の運動は、近代社会においては、国民国家の形成のあり方、つまり個人を「われわれ」へと形成することによる「自由」と「平等」とのせめぎあいという構造に組み換えられているのだといってよいであろう。そして、ここにおいて、個人は普遍性をまとった人間一般としてとらえられ、その基本は、自然資源を加工して価値を生み出す生産労働に従事する産業的身体として措かれることになる。この産業的身体を構成しているのが、時間性と空間性、つまり普遍的な時計時間と人工的な工場空間という近代社会を構成している存在の「場所」の普遍性である。産業的身体とは、個体主義的には個人の肉体でありながら、その社会的な存在としては普遍的な時空を構成するものであり、すべての人々に平等に分配された個体としての「身体」であり、その自由は、その普遍性の枠内において認知されるものであった。それゆえ、「自由」と「平等」のせめぎあいも、この産業的身体を拡大するもの、つまり国家を発展させることで、個人の自我形成が展開し、自己実現が図られる、すなわち個人の価値が高まり、拡大するという単一の方向を持つ対抗関係でしかあり得ないのであった。

5　エディプス・コンプレックスと社会の拡大再生産

エディプス・コンプレックスによる個人の自我形成の論理とは、「父」になり続ける自己の世代間の反復つまり社会の拡大再生産のパターンをその構成員である個人に見ようとしたものであり、その構成員である個人とは「われわれ」に他ならず、その「われわれ」は産業的身体を持つものとして、再生産されつつ、普遍と結びつけられ、そうすることで、エディプス・コンプレックスによる自我形成は人間一般のもの、つまり人間に普遍的な拡大再生産のパターンであると理解されることとなる。ここでは、個体主義的な個人の存在と普遍的な人間一般とが、発達または自我形成という普遍的な時間軸の一方向への展開によって結びつけられ、その個体であり普遍である個人が占める「場所」が社会として構成されることとなる。こうして、社会の拡大再生産と個人の自我形成とが重ねられて、発展・発達と理解され、人間に普遍的なものだとされることとなっているのである。

この議論で重要なのは、一方向に展開する普遍的時間と、その普遍的時間にともなってまさに普遍化する空間とが自我形成と重ねられているということであり、その過程では、先行する「父」は否定され、自己が新たな「父」として拡大再生産されるという、超克と再生産の永遠の物語が紡がれているということである。そしてそれゆえに、この議論においては、所与である権利も、さらには権力も、超克と再生産の物語に組み込まれ、常に分配されつつ、組み換えられて、その機能を拡大する方向で、内実をより大きなものにしていくようになる。つまり、所与の権力であるリヴァイアサンは、絶対王権から組み換えられて市民社会となり、民主政体を構成し、さらには住民の参加による行政権力を構成して、殺す権力（王権）から生かす権力（「生権力」）へと移行し、権利も自然権（自由権）の一定の制限を経て、社会権の拡大へと展開し、社会権が拡大して、社会の生産力が拡大再生産されることで、自然権の基本である所有権がより十全に保障される、つまり自然権の制約によって社会権が拡大することで、自然権がより十全に保障されるという関係を構成することとなっていたのである。ここでは、権利の分配と所有が、拡大再生産という個人と普遍とを結びつける社会構造の展開によって好循環を形成しているのであり、そこにおいて重視されるのは、一方向に展開する普遍的時間と、その時間の展開にともなって拡大する普遍的空間、つまり自己実現の「場所」の拡大であり、自我の拡大再生産であった。だからこそ、経済が拡大しなくなると権利のあり方は自然権の主張つまり所有をめぐる争いへと逆戻りして、肥大化する自我を抱え込んだ人々がいがみあう抗争に明け暮れることとなるのだといえる。

4　エディプス・コンプレックスの不全化へ

1　「父」にならない個人

いま私たちが直面しているのはこのエディプス・コンプレックスの分配の不全化であり、その背後では、私たちの身体性の再生産を担ってきた時間性と空間性が、経済構造の変容にともなって否定され、そのことが「身体」の存在としての「場所」を解体し、結果的に私たちの存在の根拠である身体性を否定し、社会から排除するという事態が進行しているのである。このことは、私たちが自我形成の過程で、発達することをやめる時代へと足を踏み入れていることを示している。発達とは、一方向に進展し、展開する時間軸に沿って、自らが「父」を乗り越え、「父」となり、さらにその子どもによって乗り越えられ、その子どもが「父」となるという、いわば拡大再生産の物語であり、それは、私たちが自己という個体を「私」という自我へと形成することでありながら、そこには常にその「私」という個体が「われわれ」という普遍へと拡大していく帰属の物語が紡がれており、それが「国家」に自己を同値していくある種の国家的精神への同化という大文字の人格の物語と重なりあっていた。それは、卑近な例を挙げれば、私の存在が家族と同値され、それが企業と同値されて、国家へと同値され、自己の利益が国家利益と直結する感覚をもたらすことで、国家への帰属意識を強める「国民」として自己を形成することと同じである。そしてこの個人を国家へと同値する装置が、近代学校という制度であった。

学校では、個体であるすべての子どもたちが「平等」に扱われて、「国民」になる筋道を分配され、規律・訓練を通して、均質な「国民」である個人として形成される。学校という制度における信憑は、すべての子どもは誰もが同じように成長・発達し、誰もが同じように「国民」へと形成され得、誰もが同じように自我を形成して、「父」を乗り越えて、新たな「父」へと自らを拡大再生産することができ、その自我の拡大再生産を通して社会を拡大再生産し、それが国家を拡大再生産するという帰属の物語である。それが制度として永遠にかつ自動的に紡がれ続けること、これが学校システムの理想であった。そこでは、あたかも旧教育基本法制においてなされていたように、個人の人格的な形成のみを考えていれば、それが必然的に国民の形成へと収斂し、国家への統合が実現し、個人の利益と国家の利益とが同値されるという予定調和を信じ込むことができていた。この拡大再生産することがおとなになるということであり、その背後には、身体性の根拠としての「場所」があり、その場所を構成する時空つまり時間性と空間性の普遍的性格が存在していたのである。

しかも、すでに明らかなように、この「父」を乗り越えて自ら「父」になる拡大再生産の物語は、男性中心の社会観と歴史観、つまり普遍主義的な時空と相補的である。このことはまた、従来の教育学を支えていた自我形成と主体性の原理が、男性中心の物語を紡ぐものであったことをも意味している。

しかし、いまやこの時間性と空間性が私たちの社会過程つまり自我形成から排除され、私たちの身体性の「場所」が否定され、私たちは他者とともに社会を構成し、自己の人格形成と自我の発達を国家の拡大再生産と同値させることができなくなっている。これはまた、私たちが近代的自我へと自らを形成しなくなったということであり、それはとりもなおさずおとなにはならなくなったということである。このことは比喩的にいえば、私たちは、「父」を乗り越えることができなくなり、「父」にはならなくなったということである。

それはまた、押井守監督の映画『スカイ・クロラ The Sky Crawlers』におけるキルドレとティーチャーとの関係にも擬することができる。成長も発達もしない、そして殺されなければ老いることも死ぬこともなく、再生産はクローンとしての培養によるものでしかないキルドレは、敵対する集団のキルドレに勝つことはできても、いくら闘いを挑んでも、おとなの男であるティーチャーつまり「父」に勝つことはできない。彼らは、ティーチャーに闘いを挑んでは蹴散らされ、撃ち殺されて、クローンとして再生産されて、再び殺されにいくことしかできないのである。ここに描かれているのは、エディプス・コンプレックスの不全化であり、超克の物語の終焉であり、「国家」の消滅である。それゆえに、『スカイ・クロラ』で描かれる戦争は国家の戦争ではなく、人々が平和に飽きないようにするための、企業が請け負ったゲームとしての戦争に過ぎず、キルドレは命を懸けながらも、「父」を乗り越えることができない予めなる存在、つまり予め「父」を乗り越えることができない、単に殺されるだけという役割を与えられた存在として、再生産されては消費される消耗品でしかないものとして描かれる。たとえ、そこに草薙水素（クサナギ・スイト）や函南優一（カンナミ・ユーイチ）のように自我に目覚めようとする存在が生まれようとも、である。物語そのものが、マネーゲームの消費社会同様、出口のないゲームとしか描かれていないのである。しかも、この物語でティーチャーは一度も顔を見せず、本当に存在しているのかどうかも示されることはない。ただ、キルドレが殺される相手としてそこにいるだけに過ぎない。ここではエディプス・コンプレックスは「父」つまり「国家」によっては分配されず、「国家」は圧倒的な力で、キルドレである国民を消費し続けることになるのに、その姿は個人によって認知されず、同値もされない後景に退いたもの、つまりキルドレたちが存在するものと意識しているに過ぎないもの、としてあることになる。

このキルドレとティーチャーの関係は、今日の大衆消費社会における人々の姿に重なる。時間軸に沿って、普遍的な空間をつくりだしながら、成長し、発達する、このことをやめてしまった個人と社会、そして互いに争い、闘いながら、ティーチャーに殺され続けるキルドレ、それはまた、無時間性と無空間性そしてそれがもたらす無場所性、つまり無身体性ののっぺりとした社会、つまり成長も発達もせず、超克もない、いつまでも続く「終わらない日常」[33]の世界であり、そこにはすでに社会も国家も存在してはいない。そしてその日常の「世界」の中で、成長も発達もしない個人が、大きな帰属と超克の物語を失って、相互にいがみあう、リトル・ピープルつまり小さな権力が互いに傷つけあう終わりのない自然状態[34]が導かれることになる。

これはエディプス・コンプレックスの否定でありながら、それは個人のレベルにおいては否定ではなく、「否認」として作用することになる。その社会的な表現が、既述のような、人々の「お客様」化であり、他者とともに生きているという感覚を失い、他者を通した自己へのまなざしの回路を切断され、肥大化した、暴発する自我、つまり全能感に支配された消費者としての自我であり、その自我が権力と直結することによる政治のポピュリズム化と国家の暴走である。

3　臨教審の亡霊

このことは、本書が問おうとしている主題のひとつである生涯学習の政策・行政的な展開においても見出されるものである。日本の経済がいわゆる産業社会から消費社会・金融社会へと転換を始めたのが一九八〇年代半ばであるが、その頃、一九八四年から八七年にかけて設置された臨時教育審議会（臨教審）の議論が、そのことを如実に示している。臨教審は、校内暴力や不登校など学校における子どもたちの問題を取り上げて発足し、審議の過程で、生涯学習社会の建設を主張することとなり、学歴社会から学習社会への転換を訴え、さらに個人の自己実現を市場化によって促す方針を打ち出した。つまり臨教審は、旧来の公的な教育を受ける機会の保障と個人の社会への帰属を保障する体系を持った国家システムとしての教育という概念を、学習機会の市場を整備することで、個人が学習機会を購入して、自己の社会的な価値を高め、自己実現を進めるためのきわめて個私的な学習という概念へと再編しつつ、その概念を現実化するような制度の整備を主張する議論を繰り広げてきたのである。

この背後には、産業社会の国民つまり「われわれ」形成のシステムである学校教育が校内暴力や不登校などに代表される子どもたちの荒廃状況によって機能不全を起こしていることをとらえつつ、その状況を改善するためにも、教育を学校内部で完結するものととらえるのではなく、むしろ教育を個人の自己実現へと組み換えて、学習化し、学習を個人の責任で進めることで、自己の社会的な価値を高め、その有用感を強化することで、社会へと自己を位置づけることが、今後の大衆消費社会・情報金融社会にとっては重要であるとの認識が働いていた。つまり、法制的には旧教育基本法制に見られるように、個人の人格の発達を促すことがそのまま国家への帰属を経て、国民統合へとつながるというようなある種の予定調和型の教育政策・行政を構想することが困難になった社会経済状況を背景として、帰属が解体する新たな社会状況にあって、個人の自己価値の実現と社会統合を両立させるものとして「学習」を提起したのであり、その学習を市場を通して購入することで、自己責任によって自己実現を進め、社会的に有用な個人として自ら起つことで、社会的な位置づけを明確化できる個人の育成を目指そうとしたものだといえる。

従来の規律・訓練による国民形成のシステムが機能不全を起こす中で、個人の人格形成を基本としつつ、いわば「われわれ」の中の「私」を分配するのではなく、市場を通して自己を調達することで自己実現を図り、それが自己の社会的な価値を高めることで、自分の社会的な位置づけを明確化できる個人のあり方が主張されることとなったのだといってよいであろう。ここでは、帰属が解体する社会にあって、個人が市場を通して自己を調達することで、個人の開花が社会的な位置づけを明確化するという論理で、個体主義的な社会統合が予定調和的にとらえられていたといえる。この一つの集大成が、一九九〇年に制定された生涯学習振興整備法であろう。この法律は、旧文部省と旧通産省が手を携えて、学習を市場メカニズムを通して普及させることで、個人の自己価値の向上と社会的な位置づけの明確化を図った、ある種の産業振興法としての性格を持っていた。いわば国家への帰属から市場における自立へと個人の社会的存在を組み換えようとしたものだといってよい。そこではまた適応競争から生存競争へと、競争のあり方を組み換えつつ、その生存競争が社会的な個人の位置づけを明確化することで、社会が安定するという予定調和的な未来像が描かれていたともいえる。そして、このより具体的な措置として「生涯学習のためのまちづくり」が提唱されもした。

しかしその後、とくにバブル経済の崩壊にともなって、人々の雇用を基本とした経済生活が不安定化し、その社会的な位置づけの根拠が崩れることで、この自己価値の向上による個人の社会的存在の明確化と社会の安定化という予定調和が解体し、人々は市場における競争にさらされることとなった。しかも、経済は従来のような産業社会からいわゆる金融経済へと移行しており、労働による使用価値の生産ではなく、マネーという限られたパイの奪いあいによるマネーゲームが繰り広げられることとなった。所有をめぐる、いわばホッブズのいう意味での自然状態が出現することとなったといってよい。

それはまた、次のようにいえるかもしれない。公的な事業としての教育を個人の自己価値の向上という個私的な学習へと組み換え、市場化というパンドラの箱を開けてしまった結果、それは金融経済・大衆消費社会における自己利益の確保という個別化の圧力と相俟って、人々の社会的紐帯を切断し、社会の分散化への圧力を強めることとなったのだ、と。これを筆者は、「臨教審の亡霊」が跋扈していると呼んでいる。

4 「個人の必要」と「社会の要請」との乖離

このような事態に直面して、社会的統合の解体を危惧する立場から、とくに二〇〇〇年代に入って、従来のような学習の個私化が「社会の要請」に応えるものではないとの論調が出され、社会の再統合のために、生涯学習によって人々を組織化し、社会に参加させる施策が模索されることとなる。それが、平成の大合併と並行して議論されることで、この社会の再統合は基礎自治体における住民の行政参画によるものへと大きく舵を切ることになった。その住民の行政参画の一つのあり方が「学習成果の活用」ということであり、住民が自ら学んだ成果をもって社会参加することで、それを社会に還元し、自己を実現することが求められることとなった。これが「生涯学習によるまちづくり」への転回である。ここにおいて、個人の市場を通した個私的な学習の需要は、改めて「社会の要請」へと包摂されつつ、その成果の社会還元こそが個人の自己実現であるとの論理が強調されることとなるのである[35]。ここでは、この個人のニーズにもとづく学習の成果を社会還元して、自己実現を図ることが「知の循環型社会」と呼ばれるものだとされた。

そして、この個人ニーズにもとづく学習とその成果の社会還元を結びつけ、「知の循環型社会」をつくりだすための媒介として見出されたのが、コミュニティであった。それはまた、パンドラの箱に最後に残っていた「希望」のようなものだといってもよいかもしれない。そして、このコミュニティに希望をつないだのが、二〇一三年の第二期教育振興基本計画[36]であり、ほぼ時を同じくして提起された教育行政のネットワーク化の議論である。それはまた、一九九八年に提案されていた「生涯学習社会におけるネットワーク型行政[37]」を、さらに基礎自治体の教育行政において具体化しようとするものでもあった。そこでは、社会教育が従来の教育行政の範疇を逸脱して、さまざまな行政領域の施策や市場とも連携し、それらを改めて学校教育と家庭教育支援という従来の教育行政の枠内にある行政と結びつけつつ、全体を生涯学習振興行政として括り返そうとする構想が提示されている。

しかし現実には、この生涯学習社会における社会教育行政を基盤としたネットワーク型行政の実現は困難だといわざるを得ない。たとえば、第二期教育振興基本計画の構造をロジックモデルで解析すると、一面で「臨教審の亡霊」が跋扈したままであり、自己価値の向上と社会の牽引車としての人材育成が個体主義的に語られ、かつそれらを保障するための学びのセーフティネットの構築と学習機会へのアクセスの平等が提起され、それがさらに個人の学習成果の社会還元という形で活力あるコミュニティへと回収される構造を持っていながらも、この自己価値の実現および競争に勝ち抜いて社会を牽引していく人材の育成と、学習成果の社会還元によるコミュニティの活性化との間をつなげる論理が弱いままなのである(38)。それはまた、競争が「平等」の分配を基本とした個人間の比較優位の闘いの営みであるという旧来の競争概念から、この基本計画が自由ではないことを物語っている。

このことはとりもなおさず、パンドラの箱を開けて「臨教審の亡霊」を跋扈させる一方で、その最後に残った希望であるコミュニティを「臨教審の亡霊」の論理によって解釈することで、一見、自己価値の実現とその成果の社会還元によるコミュニティ活性化の好循環を生み出しているように見えて、実際には、コミュニティを「臨教審の亡霊」の論理によって切り刻み、社会の基盤であるコミュニティの紐帯を切断して、人々を分配と所有の競争へと駆り立て、結果的に自己価値の向上を実現するよりは、比較優位の競争において、相互につぶしあう下方平準化、つまり社会の活力のより低位への平準化を引き起こしてしまっていることを意味している。

そしてそれは現実に起きていることでもある。それが、権力と同値した成長しない自我の暴発と政治のポピュリズム化であり、それらがもたらす国家の暴走である。

5　「父」を無効化する社会の構想へ

私たちがいまここで模索し、構想しなければならないのは、産業社会における「平等」の分配にもとづく所有の「自由」の追求ではなく、また消費社会における限られたパイの奪いあいの「自由」でもなく、むしろ個人の多様で多元的な想像と創造つまり生成と変容の自由を相互に認めあう社会のあり方、いいかえれば、平等がもたらす平準化と比較優位の競争ではなく、承認がもたらす多様で多元的な自己の自由な生成という関係論的な自己のあり方であり、その自己が存在する多重な社会のあり方なのではないだろうか。このことは、既述の一般意志による日常的な実践の事後的な確認、つまり自分と他者との相互承認関係を基盤とした権利の発明と組み換えの議論と重なるものである。

それはまた、出口のないキルドレの世界である今日の社会にあって、希望としての瑞季（ミズキ）を見出すことにつながっている。つまり、草薙が意識し、その実現に苦しみ、函南が気づきつつも、「父」＝ティーチャーによってあっけなく蹴散らされてしまった自我を、社会という現実の世界からずらしていくこと、そこに草薙の子どもである成長する瑞季が存在する必要があったということである。瑞季はすでに超克する者としては存在していない。それはずらすものとしてある。なぜなら成長する子ども瑞季は、キルドレである草薙とおとなの男つまり「父」であるティーチャーとの間の子どもとして描かれながら、その子どもは草薙＝キルドレの子どもであることによって、超克する対象＝おとなを予め排除された存在としてある。この社会にはすでにエディプス・コンプレックスは備給されておらず、成長は前に行く者を超克して、相似形を描きながら、拡大再生産するものとしてはあり得ない。だからこそ、そこでは、同じ一つの時間軸に沿って成長・発達し、前の世代を乗り越えて、自ら「父」になり続ける成長・発達つまり拡大再生産、すなわち時計時間と工場空間が構成する普遍的な大文字の物語、いわばタテへと進展する物語は否定され、多様な時間軸と多様な空間構成を前提とした、ヨコへと展開する物語が描かれ、かつそれが多重性をもってこの世界を構成することにつながる。「ここではないどこか」へのブレイクスルーではなく、〈いま、ここで〉という現実を多重に構成する「拡張現実」こそが意味を持つことになるのである。[39]だからこそ瑞季は、エディプス・コンプレックスにとらわれてきた近代人の主流であり、かつエディプス・コンプレックスが否定される今日においては、それを否認として用いることで互いに傷つけあうことしかできない「男」（父になれない幼児のままの男、それはそのままキルドレの姿に重なる）ではなくて、成長し、成熟する「女」として措かれなければならなかったのだといえる。それはあたかも「父」つまり体制＝権力の胎内に閉じ込められたキルドレが、そこで宿した、「父」を殺すのではなく、その内部に深く潜ることで地下茎のようにネットワークを張りめぐらせて、それを多重化して、「父」を無効化する、新たな社会の構成を意味している。このことはまた、この社会が男性中心の普遍の物語を紡ぐものではなくなりつつあることを物語っているのだともいえる。

そしてここに、私たちは希望を見出すことができるのではないだろうか。私たちが瑞季としての自己を生きることで、社会をずらすこと、つまり新たなレイヤーをつくりながら、それを変化させ続けること、こういうことが求められているのだといえる。それはまた、上述の議論を受けていえば、社会教育という営みそのものが瑞季となるということであり、その方向性は、居合わせた見知らぬ人々との間で当事者性を構築し、社会を多重に構成していくことである。[40]それは、権力に直結して、いがみあい、自己を消費する個体ではなく、社会を多重に構成しつつ、さまざまな価値を生成し、多重なレイヤーの中で自己を生み出しては、変化し続け、そうすることで、社会を常に新たに構成し続け、かつ権利を、所与のものの分配ではなく、自らの存在に即した尊厳をもとに、相互承認関係の中で、生成し続ける、関係態としての個人を生み出すことであり、そのような個人によって、分配する強権としての権力を宙吊りにすることでもある。

それはまた、キルドレが覆うこの社会の中で、私たちを瑞季へと生成し、社会をずらしつつ、そうすることでキルドレ自身の消費の循環を相互承認関係による生成―変化の連続へと組み換えること、すなわち個人が成長・発達しなくなった社会において、承認による新たなレイヤーを多重に生成し、変化させていくこと、つまり普遍を否定することである。ここで、私たちには、瑞季こそが当事者であり、かつ私たち自身であるように社会を構成していく、アクターでありながら、その営みでもあるもの、つまり動的な関係論的存在へと自らを生成していくこと、このことが問われているのだといえる。

6　当事者性へ

問われているのは〈わたしたち〉という当事者性のあり方であり、既述の社会の構造的な変化にもとづけば、社会組織への帰属から市場による自己価値の分配と消費への展開を経て、私たちが逢着している相互承認関係における当事者性の生成とそのことによる社会の多重な構成と組み換えのあり方であり、それはまた当為としての自我の分配と所有、そしてその市場化を経て、普遍的な一方向に流れる時間と一平面的に拡大する空間がもたらす身体性にもとづく自我の形成ではなく、むしろそこに居合わせた存在としての身体とそこに宿る尊厳・精神、そしてそれらが相互承認関係の中で他者とともに関係態として生成し、変化していくその動態にこそ、自らの存在を預けるあり方、このことがいまや問われる必要があるということである。

このような当事者性と社会の多重なレイヤーの構成とを重ね、その動態の中に自分の存在を預ける身体性のあり方は、次のような実践とも通底している。筆者はある研究集会について、次にように報告したことがある。

——文部科学省の事業「学びを通じた地方創生コンファレンス」の一環として、鹿児島大学で開かれた「大学で話す　みんなの暮らし」に出かけてきました。私が参加した分科会は「まちづくりと生涯学習」にかかわるものです。鹿児島県の西の離島「甑島」（こしきじま）で「山下商店」という豆腐屋さんを展開しているまちづくり・まちおこしのベンチャー企業からの報告を受けて、さまざまな議論が繰り広げられました。

興味深かったのは、まずこの報告が、『公民館図説』（小和田武紀編著、寺中作雄監修、岩崎書店、一九五四年）から公民館のイメージを絵にしたスライドを提示して、いまの公民館はこうなっていないのではないか、そしてまちづくりの実践は、まさに公民館の実践なのではないか、と指摘したことでした。『公民館図説』で示されているのは、一九四六年に出された公民館構想で語られているイメージです。つまり、公民館は、村のお茶の間であり、社交の場であり、民主主義の訓練場であり、民主的な社会教育機関であり、文化交流の場であり、産業振興の機関であり、そして郷土新興の機関であり、さらに青少年育成の場つまり次世代育成の場だということなのです。

この構想は、戦争で疲弊した社会を立て直すために、とくに農村部を中心に、人々自らの生活の基盤である地域社会において、ともに助けあいながら、新しい、民主的で平和な、物質的に豊かで、精神的にも高い社会をつくることを目指して、いわば住民総出で生きるに値する社会をつくるために出されたものです。それはまた、この社会を次の世代に受け渡していくことまでもが見通されたものでもあります。

とくにこの「図説」で興味深いのは、「村のお茶の間です」という絵で、老若男女、乳飲み子までが囲炉裏を囲んで、楽しげに会話をしている絵が描かれていることです。すべての世代が、男女を問わず、新しい社会の一員であることが示され、すべての人々がこの社会のメンバーであり、とくに子どもや乳飲み子たちが次の社会を担うメンバーとして、すでに描き込まれているのです。

これは少し話を誇張すれば、民主主義の国家というもののあり方を如実に表しています。国家は企業とは異なり、その成員には無限責任が課せられます。その成員の生命と生活を守るためのシステムとして構築される国家には、企業とは異なって、倒産が許されません。それはまた、責任論としては、いまの世代が、まだ生まれてこない世代に対して責任を負うとともに、いまだ生まれていない世代が自分の知らない世代が犯した過ちについても責任を負わなければならないというシステムでもあります。この、まだ見ぬ世代に対する責任を負いつつ、自らあずかり知らぬ世代が犯した過ちに対して責任を負い続けるための仕組みが、民主主義という制度ですし、それは効率よく成果をあげるためのものではなくて、いかに時間をかけつつ、過ちを減らすのかという目的のためにつくられた制度だといってもよいと思います。「正しく過ちを犯す」リーダーに対して、その「正しさ」は本当に正しいのか、と懐疑のまなざしを向けるのが民主主義です。ですから、そこで重要になるのは、まだ見ぬ世代に対する想像力と、すでに過ぎ去ってしまった世代への想像力に媒介される、自分へのまなざしです。

つまり、まだ見ぬ世代と過ぎ去ってしまった世代の目から自らにまなざしを向け、常に自己のあり方を他者とともに律しようとすることが、民主主義の基盤となります。それはまた、一般意志に定礎された想像力だといってもいいのかもしれません。そして、それこそがすべての人々が世代と時空を超えて当事者であるということなのです。そういうものを、この『公民館図説』の絵は図らずも描き出しています。この絵の公民館の姿が、これからのまちづくりの基本なのではないかと、ベンチャー企業の彼はいうのです。

これはなかなかに心憎い指摘だと、唸りました。彼はいいます。「山下商店という豆腐屋は、地元の商店ではないのです。店主もIターン者で、地元とは縁もゆかりもない人です。でも、彼は、甑島に昔、豆腐屋があって、人々が買い物カゴを下げては、買いに来ていた、そういう風景を大切にしたいと思って、原料にも製法にもこだわって、数量限定の豆腐の製造販売をやっています。それをプロデュースしているのが、われわれの会社なのですが、きちんとした理念を持って、コンセプトのはっきりした、よいものをつくれば、じわりじわりと口コミで広がって、ファンが増え、今ではこの豆腐屋の豆腐は鹿児島市内でも売られるほどになりました。」

「そして、豆腐が有名になることで、豆腐やおからを使ったさまざまなスイーツやお菓子などの開発も進み、それがまた人気を博することになって、地域経済に貢献することになります。さらに、われわれ企業がデザインを担当して、甑島を再発見する冊子をつくったり、全国に向けて、甑島の魅力をアピールするリーフレットをつくったりして、観光客を引き寄せます。そこからさらに、甑島でかなり高いお金を取って起業家セミナーを行ったりして、こういう過疎地のまちおこしなどに関心のある若い人たちを惹きつけたりすることができるようになっていきます。」――

7 「正しさ」を日常生活の正しさで問い返す

報告はさらに次のように続けられる。

――と、まあ絵に描いたようなサクセスストーリーなのですが、「でも」とこの彼はいうのです。「でも、お豆腐は、商品なのですが、山下商店は豆腐を売っているのではないのです」と。そして、こう続けるのです。「お豆腐は確かによく売れます。でも、お豆腐は商品でありながら、商品ではないのです。お豆腐を介して、人と人が結びついていくこと。このことこそが甑島にとっては大事なのです。お豆腐は、山下商店というイメージをともないながら、人と人とを結びつけていくメディアのようなものなのです。」

ですから、いくら忙しくなっても、山下商店は豆腐の移動販売・対面販売を続けていますし、甑島での配達も行っているというのです。

この視点は重要です。豆腐を介して会話が弾み、そこにともに認めあう関係がつくられることで、相手に対する想像力が生まれ、そこから次のアイデアが生まれてくることになります。それが相手から見たそのアイデアの検討へと展開して、そのまちにとってよりよいまちおこしの動きへとつながっていきます。それはまた、その地域を持続可能なものとして生成していくことへとつながります。実際の事業展開としては、こういうことなのだと思います。

しかし、私には、次のことを、ここに見出す必要があると強く感じられました。つまり、こういうことです。

この営みでは、人々はお互いに慮ることで、よりよいまちの経済のあり方を構想し、それが実現していくことで、そのまちは、これまでそこに生きてきた人々の文化を受け継ぎながら、これから生まれてくるであろう人たちに責任を負うことのできる文化をつくりだして、それを受け継いでいくようになります。そして、豆腐を媒介にした対話こそが、その経済を直接的に支えつつ、山下商店の経営のあり方を利潤追求だけに暴走させない直接民主制的な歯止めとなっているのです。

まちおこし・まちづくりという経済中心になりがちな営みが、実は小さな政治性を帯びつつ、住民参加の文化的な営みとして展開することで、そのまちが持続可能性を格段に強めることにつながっているのです。

このことは少し難しい話をすれば、権利のあり方とも深くかかわります。私たちは、権利を所与のものとして、その分配と所有を主張しがちです。そのとき、私たちがその権利を主張する相手は、同時代の人々または同時代の権力という域を出てはいないのではないでしょうか。しかし本来的には、その権利とその分配には時間性と空間性が貼りついていて、私たちが自分の権利を所与のものとしてその分配を主張し、それを保障されるためには、それが誰に対してでも同様に保障されているはずだという同時代性とともに、歴史性およびまだ見ぬ未来のメンバーに対しても同じく保障されるべきだという時間性が意識されていなければなりません。そこにはまた、私たち個人が、孤立してあるのではなくて、他者とともに、同じ人間として、存在しているという、時空を貫く普遍性への信頼が存在しているはずです。これが一般意志です。権利は関係論的に保障されているはずのものなのです。

このことはまた、私たちに、自分の権利を考えるときには、すでに逝ってしまった先人たちと、これから生まれてくるであろう次の世代にも同様に権利が保障されていなければならず、私たちは先人たちから責任を受け継ぎ、次の世代に対する責任を負っているのだという、想像力を持つことが要請されていて、それが単なる権利の分配と所有ではなくて、むしろ他者との間で想像力を媒介として関係を組み換え続けることで、権利を生成し、保障しあい続ける循環を生み出して、この社会を構成し続けることが求められるという、分配と所有から、生成と変化・循環へと権利の様態を組み換え続けることが求められていることを示しています。

ここにおいて、私たちが生きる地域社会は、単に私たちが担っているのではなくて、先人たちとともに次に来る世代までもがすでにそこに存在して、この社会に対して、生きるに値する社会であることを要請しているのだということになります。この先人たちと次に来る世代の要請つまり呼びかけに応答すること、このことが私たちが責任を果たすということなのだと思います。

分科会の席上では、私からは、まちづくりは、住民一人ひとりが生きる権利を誰かに向かって主張し、分配せよと要求し、私有するということではなくて、他者とともに権利を豊かに生成し、組み換え、それを循環させることではないかとお話ししたのですが、そこには同時代性、精々いま一緒に生活している人々との間で、という感覚しかありませんでした。しかし、改めてこの分科会の議論を振り返ると、そこには、国家というものが本来持っていなければならない歴史性と空間性というものが、小さなコミュニティのあり方においても貫かれなければならないのではないか、と思います。この歴史性と空間性つまり場所が、私たち一人ひとりを所与の権利の呪縛から解き放ち、私たちが、一人ひとりの人格の尊厳から出発して、新たな権利を他者への想像力を媒介として生み出しつつ、常に他者との間に、そしてその他者とはいまともに生きている人たちだけではなく、すでに逝ってしまった世代とまだ見ぬこれから来る世代をも含めて、あらゆる人々をフルメンバーであるとして受け止め、その間に想像力をめぐらすことで、常に人々との関係を生きるに値する方向へと組み換え続けていくこと、つまり自分の存在を関係態としてつくり続けていくこと、それがまちづくりということなのではないか、と思えてならないのです。そしてそれが、当事者となるということなのではないでしょうか。

このことはまた、方法論的には、原理主義を排して、「正しさ」に常に健全な懐疑の目を向けつつ、人々の幸せとは何かを基本に当事者が議論を繰り返して、自らの生活のあり方を他者とのかかわりの中で模索することで、小さなコミュニティのあり方から社会を構想しようとしたプラグマティズムに通じるところがあります。——

5　当事者志向のまちづくりへ

1　〈社会〉を生成する〈学び〉

上記の観点から改めてまちづくりのあり方を考えると、次のようにいうことができる。つまり、まちづくりとは、価値の分配と所有の論理でとらえられるものではなく、人々の生活を「お客様」化とそれが直結する政治のポピュリズムからすくい上げ、人々の身体性に根ざした、固有でありながら普遍的な価値を生み出し続け、生活を価値的に豊かにして、地域社会を生きるに値する〈社会〉へとつくりだしていく実践のダイナミズム、すなわち価値の生成と循環を創成することである。それはつまり、国家によってグローバル資本へと売り渡されることを拒否し、国家によって棄てられる自らの生活の基盤である〈社会〉を、自らの手で、居合わせた他者とともに手を携えて生成していく力を人々が身につけること、そしてそのように生きることを自らの存在のあり方として獲得していくことである。

それは、これまでのように、社会全体が一つの価値を志向して、一つの方向を向いて、単一のレイヤーが拡大することで、人々が生活の豊かさを実感するようなあり方ではなく、人々がそれぞれの価値を持ち、その価値がぶつかりあうことで、否定しあうのではなく、新たな価値を生み出して、関係を次の関係へと組み換えていくような、常に新たな価値が生まれ、その価値がさらに新たなネットワークをつくりだし、それが重層的にさまざまなレイヤーへと展開して、そのレイヤーの間を人々が自由に行き来しては、自分の居場所をつくり、そのレイヤーを軽やかに移動する自由を互いに認めあうことで、新たな価値をつくりだす楽しさを共有するような、そういう新たな〈社会〉のあり方をつくりだすことでもある。それはまた、発展や拡大ではなく豊穣性を価値とするということでもあるといってよいであろう。

このような〈社会〉では、子どももお年寄りも、障がいを持った人も、母語が異なる人も、それこそ老若男女を問わず、すべての人々がフルメンバーとして、その場所を得、その存在を認められ、居合わせるだけで、お互いに「ありがとう」といってしまうような関係がつくられていく。そうしたことが、〈社会〉を次の世代へときちんと受け渡していくことへとつながるのである。それはまた、〈学び〉という価値生成の営みが、人々の生活の営みでもあり、〈社会〉を生み出す営みでもあって、それは人々が社会に新たなレイヤーをつくりだして、そこに自らをきちんと位置づけていくこと、そしてそれをベースにしてさらに新たなレイヤーを生み出し、その多重なレイヤーの間を軽やかに移動しながら、新たな生活のスタイルや価値を生み出し続けること、そういうことに他ならない。

それはまた、これら〈学び〉の実践が、場所でありながら動きであり、組織でありながら運動でもあって、それらが人々を相互に結びつけることで、新たな〈社会〉を生成し続ける動的なプロセスの結節点でもあることを示している。この結節点にかかわりながら、自分をその結節点としてつくりだしていくこと、このことこそが、自分を〈社会〉に位置づけ、〈社会〉を担う当事者として生成していくことである。

2 研究者が当事者となるということ

この当事者としての自己生成という観点はまた、まちづくりにかかわる研究者のあり方とも深く結びついている。一般に、対象を客体化して、客観視することが、研究者としての基本的なスタンスであるといわれる。しかしその客観視とはどういうことであるのか、実は社会科学的に、とくに人間の成長の営みを社会関係の中で扱う教育学として、はっきりしているわけではない。俗にいう客観視とは、研究対象を突き放し、自分との関係を切断した上で、その対象を観察し、分析することだとされる。しかしそれが客観ということではない。そこには、観察し、分析する自分というものが否応なく存在してしまい、観察し、分析する自己を組み込まないという判断が事前になされていることにおいて、その客観は主観でしかないからである。そして教育学では、それがいわば当為の学問でもあることによって、そこに往々にしてある種の原理が滑り込むこととなる。それは、所与の価値だといってもよい。そういうものに依拠して、対象を切り取り、評価することが、研究であると見なされることになる。

このような客観視においては、研究のスキルを学び、そのスキルが切り取ることのできる対象の一部分を所与の価値にもとづいて扱い、評価することで、一見すると研究が成立しているかのように見える。しかしそこには、教育学にとって致命的な問題が潜んでいる。つまり、その客観視には客観視している自分が組み込まれていないがために、その主体はきわめて曖昧なものであり、それゆえにその曖昧さを糊塗するために、社会科学としてなくてはならない自己への懐疑を回避しようとして、ある種の原理、またはある所与の価値にすがろうとしてしまうことになるのである。その結果、研究そのものが原理主義的になり、いわば所与のイデオロギーに支配された硬直したものへと堕してしまう。

研究者に求められるのは、そのような硬直した研究を乗り越えて、自らこの社会に生きる人々とともに、社会を築いていくとはどういうことかを、問い続け、新たな価値を生み出し続けて、社会をより豊穣なものへと組み換えていける力を持つことである。そのためには、研究者は社会に生きる人々を対象化する必要があるが、それは自己を除外した客観ではなく、むしろ自己を自分と他者との「間」につくりだし、他者を介して自己を見つめることで、自己の中に他者を見出し、その他者から社会を照射することで、自己の立ち位置を常に批判的に検討し、社会の諸問題を受け止め、その解決を我が事として引き受けようとする自己生成が必要となる。それは何も、他者に成り代わって、代弁し、また犠牲になるということではない。そこでは、自己が、他者と自分つまり社会のダイナミズムの結節点として生成されつつ、そのダイナミズムを次の新たな社会へとつなげていこうとする志向性に貫かれた、新たな関係態としての自己の存在が生み出されている。その自分をベースにして、社会を照射することで、自己の存在の生成そのものが他者でありながら自己そのものでもあるという視点から、社会をとらえ、その変革の方途を探ることへとつながっていくようになる。このことそのものが対象を客観視するということである。

それはこういってもよい。自己を他者との「間」につくりだすことで、常に残ってしまう違和感に耳を傾けること、そうすることが実は自己と社会との間の差異を意識し、それが自己を介して社会を客観視することにつながり、その違和感を解消しようと足掻くことが、新たな価値を生み出すことになるのだ、と。そこでは自己は研究者として、社会普遍と自分個人との「間」を往還する固有特殊すなわち自己を含み込んだ〈社会〉の当事者として形成されていることになる。

このような客観視においては、そこに自己が他者とともに息づきつつ、違和感を感じ、それを他人事ではなく、自分事として引き受け、なんとかしようと足掻くことで、当事者としてこの社会に生きようとする自己が生まれてくることになる。このような自己を自分がとらえることで、私たちは〈社会〉を他者とともにつくりだし続けることができる。このような自己形成こそが研究者として自立していくということ、つまり新たな価値を自律的に生み出していくことなのであり、そこに研究のオリジナリティが息づくことになるのではないだろうか。

3　当事者志向のまちづくり

以上の観点から、改めてまちづくりの実践への研究的アプローチを考えると、人々の生活の現場つまり〈社会〉へのかかわりをめぐって、次の点に留意することが求められる。つまり、研究者自身が、実践を通して、かかわったまちづくりの当事者へと変成していくということである。この場合、研究そのものが地域の自発性・日常性を重視するものであるため、研究者が、地域コミュニティのさまざまなまちづくりの実践プロジェクトに参加・介入しながら自らの研究実践を構築し、また修正していくこととなる。この試行錯誤が研究の過程でありながら、一つの研究手法ともなるものである。そこではとくに、当該コミュニティでさまざまな活動を進めているアクターとの連携が鍵となる。その上で、人々が生活実践の試行錯誤の過程つまり〈学び〉のプロセスにおいて、価値を変容させる様態を問う観点から、当該コミュニティにおいて人が生活することとその日常性に潜む価値をとらえることが目指されることになる。そこから、価値といういわば形而上の問題を、研究者自身の存在を媒介として、人々の日常生活における実践という形而下の課題へと組み換え、かつそれらを人々の生業の持つ価値との関連で検討し、住民が〈社会〉を生成し、営む筋道を構築することが志向されるのである。また、これらの実践の過程で、当該地域の住民が自立的に自らのまちづくりを展開する力をつけることへとつながっていく。これこそが、多元的な価値を持つ持続的なまちづくりを保障する鍵となるのである。

以上のような取り組みを、当事者志向のまちづくりと呼ぶこととしたい。ここでは、住民も研究者も相互に媒介しあいながら、この取り組みの当事者となっているのである。本書で紹介してきたまちづくりの取り組みは、筆者が当該コミュニティの当事者へと自己生成し、かつ〈社会〉をつくりだす動的なプロセスの一例でもあったのだといえる。ここに見られるのは研究者と実践フィールドの住民との往還の関係ではなく、研究者と住民が相互の「間」において当事者へと自己生成することでつくりだされる〈社会〉の姿である。そして、この当事者への自己生成こそが〈学び〉の営みなのだといってよい。

人々は、このようなまちづくり、つまり自らの生活の現場である〈社会〉の生成と組み換えを進めることで、権力に自己を同値する渇望から解放されつつ、権力を動的に生成され、組み換えられるものとして宙吊りにし、権力の暴走を防ぎながら、また自ら「お客様」化から脱し、他者とともに存在する自己を〈わたしたち〉の〈わたし〉として立ち上げ、自らの身体性にもとづく実感に基礎づけられた生活の営みをつくりだすことができるようになる。そこには、生きている実感に定礎される身体と、その身体に定礎される言葉つまり論理と知性が生成され続けているのである。

(1) たとえば、神野直彦『「人間国家」への改革——参加保障型の福祉社会をつくる』、NHK出版、二〇一五年など。
(2) 神野直彦、同前書。
(3) 渋谷望『魂の労働——ネオリベラリズムの権力論』、青土社、二〇〇三年など。
(4) 神野直彦、前掲書。
(5) 神野直彦、同前書。
(6) 神野直彦、同前書。
(7) たとえば佐藤一子『生涯学習と社会参加——おとなが学ぶことの意味』(東京大学出版会、一九九八年)の「Ⅱ「社会における学び」から「社会を創る学び」へ」「Ⅴ 地域にねざす学びの共同性」における議論など。
(8) 同前書、一八七頁。
(9) 同前書、六六頁。
(10) 同前。
(11) 同前。
(12) 同前書、六六―六七頁。
(13) 同前書、六七頁。
(14) 同前書、六七―六八頁。
(15) 同前書、六八頁。
(16) 同前。
(17) たとえば、鈴木敏正『主体形成の教育学』、御茶の水書房、二〇〇〇年。同『生涯学習の教育学』、北樹出版、二〇〇四年、二〇〇八年(新版)など。
(18) 神野直彦、前掲書。

(19) 松下圭一『社会教育の終焉』、筑摩書房、一九八六年、公人の友社、二〇〇三年(新版)。
(20) 同前書、三頁。
(21) 同前。
(22) 同前書、九頁。
(23) 同前書、一一頁。
(24) 同前書、一二頁。
(25) 同前書、一七六頁。
(26) たとえば、堀尾輝久『現代教育の思想と構造――国民の教育権と教育の自由の確立のために』、岩波書店、一九七一年。
(27) たとえば、小川利夫「社会教育「終焉」論批判――視座と課題」、社会教育推進全国協議会『社会教育研究』六号、一九八七年、五―一五頁。笹川孝一「松下圭一著『社会教育の終焉』への疑問」、『月刊社会教育』一九八六年一二月号、七一―七八頁。宮坂廣作「社会教育の蘇生のために――松下圭一「社会教育行政終焉論」との批判的・親和的交信」、東京大学教育学部教育行政学コース『社会教育学・図書館学研究』第一一号、一九八七年、三三―五一頁。鈴木真理「社会教育の周辺――コミュニティと社会教育のあいだ・再考」、東京大学教育学部教育行政学コース『社会教育学・図書館学研究』第一一号、一九八七年、五三―六六頁。荻野亮吾「市民社会における社会教育の役割に関する考察」、『東京大学大学院教育学研究科紀要』第四七巻、二〇〇八年、三四七―三五六頁。山田正行「自己教育思想の実践的把握に向けて」、『講座生涯教育I　自己教育の思想史』、雄松堂、一九八七年、一七九―一九九頁、など。
(28) たとえば、互盛央『日本国民であるために――民主主義を考える四つの問い』(新潮社、二〇一六年)における議論など。
(29) フェルディナン・ド・ソシュール、小林英夫訳『一般言語学講義』、岩波書店、一九七二年(改版)。分割不可能な関係態としての存在と分割可能な個体としての存在の関係は、ソシュールのいうラングとパロールの関係にも擬することができる。パロールはある言語の個人的な使用による意味の生成だが、そのためにはその言語であるラングが成立していなければならない。しかし、ラングは社会的なコードだが、記号でもなければ、意味でもなく、記号間の差異によって構成されているものであり、その個人的な使用によって、パロールつまり個別の意味が発生し、固有の言語が語られることとなる。言語は常に事前にいえることしかいえないのに、何をいいたかったのかは私たちが事後的に確定することしかできないということである。

(30) G・W・F・ヘーゲル、長谷川宏訳『精神現象学』、作品社、一九九八年、二一頁。

(31) 同前。

(32) 務台理作「論理と日常生活」、「矛盾の論理」、「全体主義の論理」、同『務台理作著作集　第三巻　表現的世界の論理』、こぶし書房、二〇〇一年など。

(33) たとえば、宮台真司『終わりなき日常を生きろ——オウム完全克服マニュアル』、筑摩書房、一九九五年など。

(34) 宇野常寛『リトル・ピープルの時代』、幻冬舎、二〇一一年など。

(35) たとえば二〇〇四年の中央教育審議会生涯学習分科会審議経過報告書「今後の生涯学習の振興方策について」、二〇〇八年の中央教育審議会答申「新しい時代を切り拓く生涯学習の振興方策について」、さらに二〇一一年の中央教育審議会生涯学習分科会「生涯学習・社会教育の振興に関する今後の検討課題等について」など。

(36) 「教育振興基本計画」（平成二五年（二〇一三年）六月一四日　閣議決定）。

(37) 生涯学習審議会「社会の変化に対応した今後の社会教育行政の在り方について（答申）」、平成一〇年（一九九八年）九月。

(38) たとえば、筆者も参加して行われた三菱総合研究所における第2期教育振興基本計画の構造のロジックモデルによる解析など。

(39) たとえば、宇野常寛、前掲書など。

(40) 牧野篤『認められたい欲望と過剰な自分語り——そして居合わせた他者・過去とともにある私へ』、東京大学出版会、二〇一一年など。

おわりに　わくわくを贈りあう〈社会〉へ

欲望を贈りあう運動

本書での議論と実践の紹介で描かれたこと、それは次のような人々の存在のあり方であったといえる。それはつまり、人々が他者との間で〈社会〉をつくる実践を贈りあうことで、その贈与に対して、お返しをしなければならないかのようにして駆動される、新しい自分をつくりだす喜びに満たされた姿であり、いわゆる消費者とは異なる「つくること」の喜びを分かちあい、受け止め、それがさらに新しい〈社会〉をつくることへと多元的に展開し、多様な楽しさを分かちあい続けるという新しい消費社会の当事者の姿である。その姿はまた、モノの消費、コトの消費、サービスの消費を経て物語の消費、さらには自己の消費へと展開し、社会的な病理と呼ばれる人々の不調を生んできた消費社会のあり方を、人々自身が乗り越えて、消費社会の次にくる社会のあり方を生み出し始めたことを示しているといってよいのではないだろうか。

それは、これまでのようなエディプス・コンプレックスに支配された、人々が「父」としての強権によって人格を支配され、かつ分配され、「父」を乗り越えて「父」になっていく拡大再生産の社会、つまり所与の権力によって所与の人権が分配される社会を棄て、[1]むしろ自らの生活の地平において、相互に承認しあうことで、また、まるでリン・ハントがいうように常に人権と権利を発明し続けることで、[2]生活のレイヤーを多重につくりだし続ける〈社会〉

へと、新たな社会の構造を生み出しているということでもある。このことは、権利を、所与であり、権力によって分配され、保障されるべきものと見なすことから、私たち自身がそれぞれの諸関係において、互いに存在を承認しあう、つまり尊厳を認めあうことによってこそ発明し、保障しあうべきものへと組み換えることを意味している。

それは、私たちの生活のあり方によりひきつけていえば、人々が、権力が提示する一つの価値を共有し、その価値への適応競争を繰り広げることで、拡大再生産と財政出動による福祉国家の拡大を実現していた産業社会から、価値の多元化と多様性が叫ばれ、価値相対化が進められ、個性が価値化されながらも、他者との間で比較優位をとることが社会的なメッセージとして発せられ、その結果、人々がいがみあい、下方平準化していくいわゆる大衆消費社会のあり方を経て、人々が行き着いた新しい消費社会の姿である。それはすなわち、新たな〈社会〉をつくりだすことのプロセスを楽しむという意味で消費しつつ、その楽しみを他者とともに享受しつつ、常に次の〈社会〉へと、自己と他者とをつくりあげ続ける「運動」としてあるものでもある(3)。

この運動はまた、ラカンのいう「他者の欲望を欲望する」存在としての私たちの社会的なあり方と重なる。たとえば、私たちが天涯孤独で、身寄りもなく、友だちも恋人もおらず、一人さみしく食事をとると仮定してみる。その食事は、どのようなものになるだろうか。一人だし、おカネもあるし、時間もたっぷりあるから、高価なフルコースを、時間をかけて、誰にも邪魔されずに食べようとするだろうか。もちろんそういう人もいるかもしれない。しかし、多くの人は、空腹を満たしたいという生理的な欲求が満たされれば、どんなに粗末なものでもよいと考えるのではないだろうか。面倒だから、コンビニ弁当やおにぎりでいいやとか、ありあわせのもので簡単にすませておけばいいや、お茶漬けくらいで、と思うのではないだろうか。そして、こういうことも、人々にはわかっているはずだ。豪勢な食事も粗末な食事も、どちらもお腹がふくれるということにおいては同じだが、またどちらもそれで心の空腹が満たされるわけではない、と。豪勢な食事をとっても、それで少しは気分は高揚するかもしれないが、もの悲しさにまつわりつかれるのではないか、と。そしてだからこそ、一人で食べるのではなくて、どこかの食堂や飯屋に出かけて、つかの間ではあっても、せめても他人の中に身を置こうと考えたりするのではないだろうか。

そういう自分が誰かと一緒にご飯を食べることを想像してみるとどうだろうか。孫が来るから、家族と一緒に食べるから、知人や恋人が来て、一緒にご飯を食べるから、と考えてみると、自分は空腹が満たされればどんなご飯でもいいや、と思いつつも、孫や恋人にも同じお茶漬けですませなさいというだろうか。いや、そうではないのではないか。自分は粗末なものでもいいけれど、孫には、「あの子はとんかつが好きだから」ととんかつを用意し、恋人には「こんなものを食べて欲しい」とレストランに誘うのではないだろうか。

私たちがそこで欲しがっているのは、生理的な欲求の満足ではなくて、他者が喜ぶことを自らの喜びとしたいという心の欲求であり、それは他者の欲望を満たすことでやってくる、自分への満足なのではないだろうか。ラカンのいう「他者の欲望を欲望する」とはこういうことなのだといえる。

欲望とは実は、個人の個体に存するのではなくて、関係から生まれてくるものである。これが、市場の基本的な原理でもある。その欲望を満たすために、ものが人々の「他者の欲望を欲望する」関係において流通するということが、市場の基本的なあり方なのだといえる。それゆえに、個人と個人を分断してしまう社会においては、市場は健全に発達しない。

そして、この市場には、私たちがまずは具体的な他者に対する想像力を働かせて、その想像される他者の欲望を満たそうとする働きが作用している。欲望はその当初から、関係によって規定される想像によって生み出されるものだといえる。それはまた、もしそれが自分だったらという想像をも基礎としている。自分だったらこんなものが欲しいから、あの人にもこんなものをあげたい、そしてその人が満足する顔を見たい、そういう想像力が基盤となっている。そこから市場は、他者への想像力を基盤として生み出される見知らぬ人々への信頼を媒介として、普遍性をまといつつ、拡大していくこととなる。

存在を他者に負う存在

このことは、私たちは自分の存在を、常に他者に負っている、この社会に生まれ落ちたときから、他者に対して負債を抱えている、絶対的な受動性によって規定されているものだということでもある。しかし、私たちはこのような絶対的な受動性を抱え込んでいるがために、他者に対してその負債を払おうとしてしまわざるを得ない。つまり、贈り物をしてしまわざるを得ない。他者を喜ばせ、自分も喜ぼうとしてしまわざるを得ない。私たちはすでにこの社会から純粋贈与を受け取った存在として生まれ出てこないではいないということであり、その純粋贈与を受け取った者として、居合わせた他者、つまりこの社会に対して反対給付をせざるを得ない存在としてある、そういう絶対的に受動的な存在だからこそ、絶対的に動かざるを得ない、能動的な存在としてあるということでもある(4)。

そしてこのことは、常に自分を他者の喜びによって満たしていこうとするが、満たせば満たすほど、自分の中に空虚が広がっていってしまって、もっと満たしたくなっていくという、私たちの欲望のあり方と重なっている。その欲望こそが、他者との間に生まれ続ける、空虚であり、その空虚を満たすことで生まれてくるわくわくした感覚が、自分自身の固有性を担保してくれる実存の根拠だといってよいのではないだろうか。それはまた、自分が他者との間に生きていて、他者の喜びを生み出すことによって、自分の喜びが生まれるという〈贈与―答礼〉の循環が、自己生成と変容において生じていることと同じである。

この自分の空虚を満たし、わくわくする感じとは、つまり自分が常に新しく生み出され続け、それを発見し続ける、自己生成と変容のスリリングな感覚なのではないだろうか。本来、労働とは生産と消費を通して、このスリリングな感覚をこの社会において得ることができる営みであったはずである。

しかし、私たちがすでに住人となっている大衆消費社会とは、労働を排除することで、そのようなスリリングな自己生成と変容の感覚を否定する社会となっている。そこでは、人々の間の紐帯は切断され、人々が孤立して、欲望は生理的欲求の極限にまで切り詰められる一方で、孤立によって不安定化する実存への欲求を、外からのあてがい扶持の「意味」で充塡するような市場が広がらざるを得ない。この市場では、〈贈与—答礼〉の循環は生まれず、人々は自身の空虚を他者の喜びで埋めることで自分が生まれ出、新たになっていくわくわく感を得られず、不安を埋め合わせるために、他人に与えるのではなく、常に求めることばかりとなってしまい、他人といがみあわないではいられなくなってしまう。

わくわくを贈りあう実践

このような不機嫌な社会の中にあって、本書で見てきたいくつかのまちづくりの実践は、わくわくする自分を他者とともにつくりだすことで、常に〈社会〉をつくりだし続ける「運動」としてあった。それは、他者との間で、他者をも巻き込んで、他者とともに、一方的にわくわくする自己をつくりだすこと、つまり自分を一方的に他者に預ける、すなわち信頼を一方的に贈ることで、他者を一方的に取り込んで、自分を充塡していくことで、自分の中にさらに空虚をつくりだし、さらに他者を求めてしまうという連鎖、いわば市場の原理とでもいうべき純粋贈与—反対給付の循環[5]ができあがっていることと同じである。

私たちが各地の実践で垣間見るのは、このような他者とともに、わくわくする自分をつくりだし続ける営みであり、それが人々の存在を〈社会〉へとつくりだし、その小さな〈社会〉が無数に生まれることで、それぞれに重なり、影響しあって、多重なレイヤーが生まれ、そのレイヤーの間を自由に行き来することで、さらに多様な〈社会〉をつくりだしていく、人々の存在のあり方である。それは、人々が他者とのかかわりにおいて、尊厳を認めあい、新たな権利を発明し、そのかかわりを〈社会〉へとつくりあげていく、自己生成の営みであり、〈学び〉と呼ぶべきものでもある。そこでは、〈社会〉をつくることが〈学び〉であり、〈学び〉が〈社会〉そのものでもあるという構成をとりながら、社会が常に組み換えられ続け、人々が新たな価値を生み出し続けることとなる。そのプロセスを享受しあい、その楽しさを共有する、つまり消費するという新しい消費社会の姿が、ここにとらえられることとなる。

この社会では、すべての人々が〈学び〉の当事者であり、〈社会〉をつくる当事者でもあり、かつまたその存在そのものが〈学び〉であり〈社会〉である。こういうわくわくを贈りあうような〈社会〉づくりの実践が、各地で始まっているのである。

(1) ジル・ドゥルーズ、フェリックス・ガタリ、市倉宏祐訳『アンチ・オイディプス』、河出書房新社、一九八六年など。
(2) リン・ハント、松浦義弘訳『人権を創造する』、岩波書店、二〇一一年。
(3) 牧野篤『「つくる生活」がおもしろい――小さなことから始める地域おこし、まちづくり』(さくら舎、二〇一七年)にいくつかの事例が紹介されている。
(4) マルセル・モース、有地亨訳『贈与論』、勁草書房、一九六二年など。
(5) 同前。

あとがき

全国各地の市町村やさらにその基層にあるコミュニティに出かけて、様々に展開されるまちづくりの現場にかかわらせていただく機会が増えています。そこでは、この社会が、ようやく、確実に、草の根の人々の生活において、深い、構造的な変容を起こそうと動き始めていることを感じ取ることができます。その動きの主役は、地域コミュニティの住民なのですが、そこで垣間見えるのは子どもたちとくに中学生・高校生たちの新しい姿です。

この草の根の動きはまた、要求する住民自治から「つくりだす住民自治」へと、コミュニティのあり方を変えつつあります。それは、過去の経済成長の記憶の桎梏から徐々に解き放たれた住民たちが、自らコミュニティを生成し、引き受け、それを次の世代にきちんと受け渡そうとする運動として生まれているものです。そして、その蔭に、経済成長という体験を持たない子どもたちが、先達がつくった豊かな社会の資産を受け継ぎながら、しかし既に拡大しない経済の時代において、その物質的な豊かさを、価値的な豊穣性へと組み換えようとするかのようにして、自らこの社会を引き受け、次の社会へと歩ませようとしている姿が見え隠れするようになっているのです。そこでは、価値の多元性と対抗性を基本にして、対話による新たな価値の生成が不断に行われ、子どもたち自身が新たな生活の価値をつくりだす実践を進めて、自分をこの社会に位置づけていく、そんな動きを目にすることができます。

自分の生の空虚さに苛まれて、生きる意味を求めるのではなく、むしろ自らの価値を他者の価値と交流させて、常に新たな価値を生み出し、そのプロセスで新たになっていく自分を他者と共に感じ取り、そこにうれしさや楽しさを見出すことで、新たな価値を生成し、流通させようとするような、新たな経済が動き始めているように見えます。

この意味では、本書で取りあげた様々な実践は、子どもたちの手によって、既に過去のものとされつつあるといえるのかも知れません。そして、このような社会では、既存の規範権力は彼らの関係性において宙吊りにされ、また環境管理型権力も換骨奪胎されて、新たなコミュニティをつくりだす自由を権利として保障し合う、関係性の権力へと組み換えられ、社会は所与性を前提とする分配・所有という静的な構造の社会から、生成と変容を基本とする動的な構造を持つコミュニティが多様かつ多重に構成する社会へと迫り出してくるかのようなのです。私たちはこのような新しい社会の到来のとば口に立っているのだとはいえないでしょうか。

今後、こういう新たな社会の姿を追っていければと思います。

本書は、前著『生きることとしての学び』(東京大学出版会、二〇一四年)の課題意識を受け継ぎつつ、構想されたものです。それは、「所与・分配ではなく生成・変容」であり、また「自我論や人格論を組み込んだコミュニティ論を描き出すこと」(前著「あとがき」)なのですが、本書ではそのコミュニティのあり方を、個人と個人が形成する社会という観点よりは、より踏み込んで、個人が個体ではなく関係態である存在であり、かつ集合体である住民・国民として構成する〈社会〉と描くことで、個人の変容のプロセスそのものが〈社会〉の生成のプロセスでもあることを描き、そこに当事者性の復権を見ようとしたものだといってもよいかもしれません。そのプロセスこそが〈学び〉なのです。このアイデアは、各地で魅力的で刺激的な実践を進めている住民と触れる中で、生まれてきたものです。そして、実践の現場にかかわることで、私自身が確かに当事者になるプロセスに巻き込まれていると感じるのです。この私自身の変容のプロセスそのものが、研究の過程でありながら、研究の手法でもあるものとして起ち上がっているのです。

本書は、前々著、そして前著に引き続き、東京大学出版会の後藤健介さんにお世話になりました。いつもながら、あれこれ思い惑う私に粘り強く寄り添い、伴走するかのようにして対話し、私の中にあるものを丁寧に引き出して下さるかかわり方に、安心して身を委ねることができる、こういう信頼感の中で執筆を進めることができたのは、筆者としてはとてもありがたいものでした。ここに記してお礼を申し上げます。ありがとうございました。

牧野　篤

二〇一七年一二月二四日

索　引

さ 行

や　行

ら　行

わ　行

著者略歴
1960年生まれ．東京大学大学院教育学研究科教授
名古屋大学大学院教育学研究科博士課程修了．博士（教育学）．中国中央教育科学研究所客員研究員．名古屋大学大学院教育発達科学研究科助教授・教授を経て，2008年より現職．

主要著書
『〈わたし〉の再構築と社会・生涯教育』（大学教育出版，2005年）
『シニア世代の学びと社会』（勁草書房，2009年）
『認められたい欲望と過剰な自分語り』（東京大学出版会，2011年）
『人が生きる社会と生涯学習』（大学教育出版，2012年）
『生きることとしての学び』（東京大学出版会，2014年）
『農的な生活がおもしろい』（さくら舎，2014年）
『「つくる生活」がおもしろい』（さくら舎，2017年）

社会づくりとしての学び
信頼を贈りあい、当事者性を復活する運動

2018年 3月28日　初　版

[検印廃止]

著　者　牧野《まきの》　篤《あつし》

発行所　一般財団法人　東京大学出版会
代表者　吉見俊哉
153-0041 東京都目黒区駒場4-5-29
http://www.utp.or.jp/
電話 03-6407-1069　Fax 03-6407-1991
振替 00160-6-59964

組　版　有限会社プログレス
印刷所　株式会社ヒライ
製本所　牧製本印刷株式会社

ISBN 978-4-13-051338-8　Printed in Japan

生きることとしての学び
二〇一〇年代・自生する地域コミュニティと共変化する人々

牧野　篤　著　　A5判・五八〇〇円

外界・身体の感覚の喪失、社会・経済・行政の混乱と停滞、そのはざまにあって〈学び〉が意味ある試みであるとすれば、それはなにか。著者らによる多世代交流プロジェクトが、高齢化地域に住まい「次の世代」を産むまでの理論と実践の軌跡。

認められたい欲望と過剰な自分語り
そして居合わせた他者・過去とともにある私へ

牧野　篤　著　　四六判・三二〇〇円

他者を失い、データベース化する自己、自閉する自分語り…。いま、また別様に〈わたし〉を語ることとは、他者との共存、過去の救済とは、どう可能か。気鋭の著者が、戦後教育学、日中関係、台湾のフィールドワーク、アニメ、現代思想をも縦横に論じ、教育ということの可能性を考える。

「サードエイジ」をどう生きるか
シニアと拓く高齢先端社会

片桐恵子　著　　四六判・二八〇〇円

退職後もアクティブなシニア「サードエイジ」。身の丈でできる社会参加、就労、学習が、自分の生き方を豊かにし、地域社会を支え担ってゆく可能性。社会老年学の最近の成果をわかりやすくまとめた、超高齢化「課題先進国」日本から発信する未来像。

ここに表示された価格は本体価格です。ご購入の際には消費税が加算されますのでご了承ください。